ARTIFICIAL
INTELLIGENCE
Quality
Deep Learning
Management
Machine Learning

박영근
최애숙
김문호
지음

더 괜찮은 개발자가 되기 위한

AI 품질 관리 가이드

프리렉

더 괜찮은 개발자가 되기 위한 AI 품질 관리 가이드

초판 1쇄   2021년 5월 20일

지은이 박영근, 최애숙, 김문호 공저
발행인 최홍석

발행처 (주)프리렉
출판신고 2000년 3월 7일   제 13-634호
주소 경기도 부천시 원미구 길주로 77번길 19 세진프라자 201호
전화 032-326-7282(代) **팩스** 032-326-5866
URL www.freelec.co.kr

편집 고대광
표지 디자인 황인옥
본문 디자인 김경주

ISBN 978-89-6540-295-4

저자 소개

박영근·최애숙·김문호 공저

박영근

㈜스텝포워드솔루션 대표
前 국방기술품질원 선임연구원
과학기술정보통신부장관 표창
국방부장관 표창
저서 〈소프트웨어 품질관리 실무가이드〉
이메일: ykpark@stepforward.co.kr

최애숙

㈜스텝포워드솔루션 이사
정보통신산업진흥원 SW품질관리 전문 강사
前 비즈피어㈜ SW프로세스개선/QA 컨설턴트
前 동양시스템즈 SW품질보증 담당
이메일: cas001@stepforward.co.kr

김문호

㈜스텝포워드솔루션 이사
TTA 소프트웨어 테스트 전문 강사
前 가온테스팅 수석 컨설턴트
前 SGS 신뢰성 사업부 수석 컨설턴트
이메일: mhkim@stepforward.co.kr

머리말

인공지능 시스템(Artificial Intelligence system)은 아마도 인류 역사상 가장 복잡하고 놀라운 창조물이 아닐까 생각합니다. 이제는 가전제품에서부터 자율주행 자동차, 지능을 갖춘 로봇, 고도의 의사결정 영역에 이르기까지 우리 생활 전반에 걸쳐 아주 빠른 속도로 다가오고 있습니다.

AI 기술은 우리 사회가 상호작용하는 방식을 크게 바꿀 수 있는 잠재력을 가지고 있기 때문에 우리의 삶에 미치는 영향이 대단히 큰 기술입니다. 아직까지 완전히 성숙된 기술은 아니기에 AI 기술로 인한 사고나 부정적인 현상도 여러가지 매체를 통해 우리에게 전해지기도 하지만, 이러한 시행착오를 거쳐가면서 궁극적으로는 우리의 삶을 훨씬 더 편리하게 바꾸는 기술로 자리 잡게 될 것입니다.

현재 인공지능 분야는 산·학·연의 전문가들이 더 좋은 알고리즘 등 AI 기술 자체의 고도화에 더 많은 관심을 두고 있고, 이 기술이 탑재된 시스템의 성능, 품질, 테스트 등의 영역은 상대적으로 활발한 연구가 진행되고 있지 못한 상황입니다. 관련된 국제 표준조차 아직은 논의 단계에 머물러 있습니다. 하지만 AI 기술이 우리 사회에 신뢰를 얻고 광범위하게 적용되기 위해서는 AI 기술이 탑재된 시스템의 성능, 품질, 테스트 등은 반드시 연구해야 할 필요가 있는 분야입니다.

이 책은 AI 기술의 기본 사항을 설명하고, 이 기술을 둘러싼 주요 고려 사항, 특히 신뢰할 수 있는 AI 기술이 되기 위해서 고려해야 할 사항들을 다루고 있습니다. AI 시스템의 성능, 품질, 테스트 등 AI 기술이 탑재된 시스템을 개발하거나 운용할 때 사전에 챙겨보아야 할 사항들을 국내외 여러 논문과 사례들을 참조하여 정리하였습니다.

'신뢰할 수 있는 AI 기술, 보다 높은 품질을 갖춘 AI 시스템이 되기 위해 우리는 무엇을 준비해야 하는가' 라는 건강한 토론의 장이 보다 활발하게 열리고 이를 통해 AI 기술을 둘러싼 생태계가 더욱 더 발전해 나가기를 기대하는 마음입니다.

부족하나마 독자 여러분들의 관심과 성원을 부탁드립니다.

대표 저자 박영근

목차

3

AI 시스템
품질관리

1

Chapter

인공지능 시스템을 살펴보면

인공지능에 대한 기본적인 소개나 기술은 다양한 매체를 통해 많이 접하고 있습니다. 이 장에서는 AI 시스템의 성능과 품질, 테스트 등을 설명하기 전에 인공지능의 정의와 종류, 사용 기술, 용어, 알고리즘 등을 정리하고, 실제 이러한 알고리즘을 채택하여 우리 주변에서 사용 중인 AI 시스템은 어떤 것이 있는지 사례들을 살펴보겠습니다.

1.1 >>> | 인공지능이란

요즘은 우리 생활 주변에서 인공지능, AI(Artificial Intelligence)라는 용어를 자주 듣게 됩니다. 청소기나 전기밥솥 같은 가전제품에도 AI 기능이 탑재되어 있다고 광고를 하는 시대입니다. 그런데 '인공지능이 무엇인가'라는 질문에 제대로 대답할 수 있는 사람이 생각보다 많지 않습니다. 정의 자체가 그리 간단하지 않아서일 것입니다. 이것은 인공지능의 기준을 정하기가 쉽지 않기 때문입니다. 옥스포드 사전 2019년판에 따르면 'The theory and development of computer systems able to perform tasks normally requiring human intelligence'라고 나와 있기도 합니다만, 우리가 일반적으로 컴퓨터 또는 컴퓨터의 처리 능력을 탑재한 각종 시스템을 대상으로 경우에 따라서 인공지능이라는 단어를 사용하게 되는데 이때 '알려준 것 이상의 일을 처리할 수 있다'라는 조건을 만족한다면 인공지능을 갖추고 있다고 하겠습니다. 즉, '스스로 생각하여 판단하는 기능을 보유하고 인간이 해결하던 여러 작업을 스스로 수행하는 장치'를 AI 시스템이라고 보면 되겠습니다.

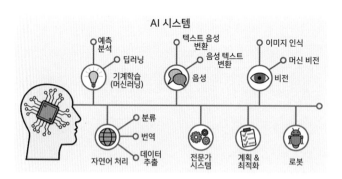

그림 1-1 AI 시스템이 수행하는 인간의 행동 예시(출처: 8 ways to effectively advocate for AI, https://www.zdnet.com/article/8-ways-to-effectively-advocate-for-ai/)

과거에는 광학문자 인식이나 컴퓨터 체스와 같은 것을 인공지능 영역으로 간주했지만 이제는 일상적인 컴퓨팅으로 분류합니다. 요즘은 빅데이터, 사물인터넷(IoT) 기반의 이미지 인식과 자연어 처리, 실시간 분석 도구, 로봇 공학 등 보다 고급 기능을 수행하는 시스템을 AI 시스템으로 간주하는 것이 일반적입니다. 이처럼 인공지능은 시간이 지나면서 점점 더 기술이 발전해 왔는데, 인공지능과 함께 자주 듣게 되는 머신러닝, 딥러닝은 좀 더 고도화된 AI 기술 분야 중 하나입니다.

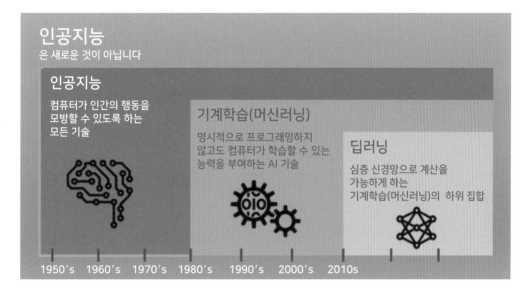

그림 1-2 인공지능과 머신러닝, 딥러닝(출처: What's the Difference Between AI, Machine Learning, and Deep Learning?, https://blogs.oracle.com/bigdata/difference-ai-machine-learning-deep-learning)

1.2 >>> 머신러닝이란

머신러닝(Machine Learning, 기계학습)은 인공지능의 하위 집합으로, 사람이 학습하듯이 컴퓨터에게도 데이터들을 제공해주고 학습하게 함으로써 새로운 지식을 얻어내는 기술 분야를 말합니다. 즉, 머신러닝(ML) 시스템이라고 부르고 있다면 그 시스템은 '사람이 제공하는 프로그램(rule) 없이 제공된 데이터만으로 자기 스스로 학습하여 사람이 원하는 결과물을 출력하는 시스템'을 말합니다. 머신러닝은 인공지능의 하위 집합이지만 요즘은 인공지능과 같은 의미로 거의 사용하고 있습니다.

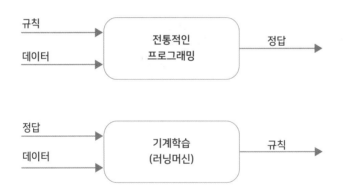

그림 1-3 전통적인 소프트웨어 프로그래밍과 머신러닝의 차이(출처: Machine Learning Zero to Hero(Google I/O'19), https://www.youtube.com/watch?v=VwVg9jCtqaU)

머신러닝은 컴퓨터가 스스로 배울 수 있는 능력을 갖추어 환경과의 상호작용에 기반한 경험적인 데이터로부터 문제의 해답을 제공하는 기술 분야입니다. 좀 더 풀어서 말하자면 컴퓨터가 학습할 수 있는 데이터를 제공하면 정해진 알고리즘이 데이터를 학습하여 머신러닝 모델(학습용 데이터에 맞춰진 규칙 알고리즘)을 생성하고, 새로운 데이터를 입력받았을 때 우리가 원하는 결과(예: 예측, 판단, 분류결과 등)를 얻게 되는 것입니다. 이때 입력 데이터에서 뽑아낼 수 있는 여러 특징을 머신러닝에서는 '피처(feature)'라고 부르며, 입력 데이터의 피처를 잘 정의해야 이후 단계의 모델학습 과정을 효율적으로 진행할 수 있습니다.

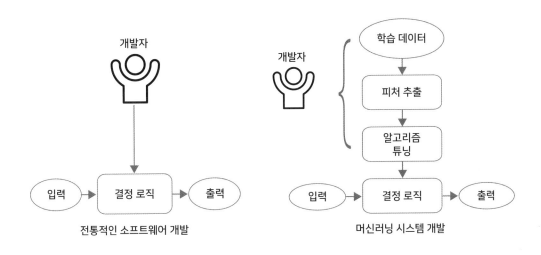

그림 1-4 전통적인 소프트웨어 개발과 머신러닝 개발의 차이(출처: DeepXplore: Automated Whitebox Testing of Deep Learning Systems, https://www.cs.columbia.edu/~junfeng/papers/deepxplore-sosp17.pdf)

그림 1-3과 **1-4**는 사람이 규칙을 찾아서 문제 해결을 하는 전통적인 프로그래밍 방식과 데이터와 학습을 통해 스스로 규칙을 찾아가는 머신러닝의 접근 방식을 단편적으로 비교한 그림입니다.

이렇듯 머신러닝은 주어진 데이터로부터 결과를 찾는 것에 초점을 두는 것이 아니라, 주어진 데이터로부터 규칙성을 찾는 것에 초점이 맞춰져 있습니다. 일단 규칙성을 발견하면,

그 후에 들어오는 새로운 데이터에 대해서 발견한 규칙성을 기준으로 정답을 찾는데, 이는 기존의 프로그래밍 방식으로 접근하기 어려웠던 수많은 문제에 대한 최적의 해결 방법이 되고 있습니다. 이때, 주어진 데이터로부터 규칙성을 찾는 과정을 우리는 '학습(training)'이라고 합니다. **그림 1-5**는 머신러닝 모델을 생성하는 일반적인 과정입니다.

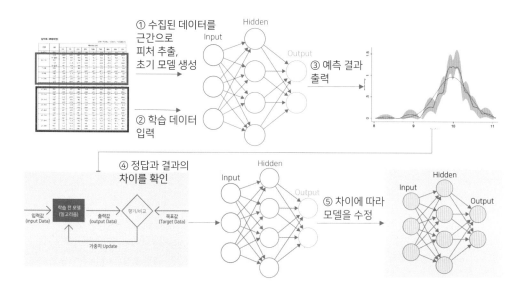

그림 1-5 머신러닝 모델 생성 과정 개요

머신러닝 중에서 특정 작업을 위해 선정된 알고리즘으로 피처 추출(feature selection) 기반의 학습을 시키는 것이 아니라, 인간 두뇌의 뉴런을 모방한 여러 층의 인공신경망(Artificial Neural Network) 아키텍처로 학습을 시키는 기술 분야를 '딥러닝(Deep Learning)'이라고 합니다.

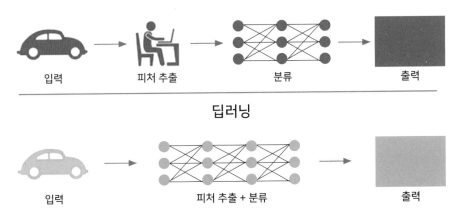

그림 1-6 머신러닝과 딥러닝의 차이(출처: Deep Learning Spreads, https://semiengineering.com/deep-learning-spreads/)

인공신경망은 여러 개의 노드(node)로 구성된 다수 개의 레이어(layer)로 이루어진 심층 신경망(DNN, Deep Neural Network)입니다. 이러한 이유 때문에 'Deep'이라는 단어를 강조하여 일반적으로 '딥러닝'이라고 표현하고 있습니다. 딥러닝 모델과 상대적인 개념으로 'shallow(얕은) model' 모델도 있습니다. 지금처럼 컴퓨터 하드웨어 성능이 발달하기 이전에 활용되었던 모델들입니다. '어떤 것을 딥러닝 모델이라 분류하는가'라는 엄밀한 기준은 없지만 일반적으로 은닉층(hidden layer)이 두 개 이상이면 딥러닝 모델로 간주합니다. **그림 1-7**은 'shallow model'과 대비되는 딥러닝 모델의 구조이고, **그림 1-8**은 shallow model(왼쪽)과 딥러닝 모델(오른쪽)의 예시가 되겠습니다.

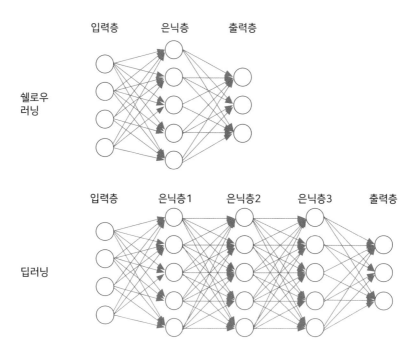

그림 1-7 얕은(shallow) 모델과 딥러닝 모델(출처:출처: Neurons, Activation Functions, Back-Propagation, Epoch, Gradient Descent: What are these?, https://towardsdatascience.com/neurons-activation-functions-back-propagation-epoch-gradient-descent-what-are-these-c80349c6c452)

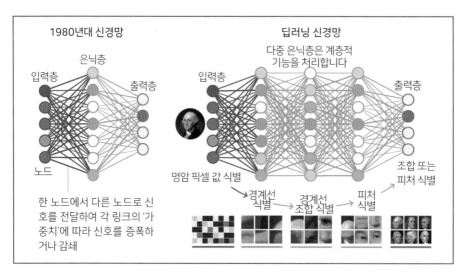

그림 1-8 이미지 인식에 활용된 딥러닝 모델 예시(출처: News Feature: What are the limits of deep learning?, https://www.pnas.org/content/116/4/1074)

그림 1-2에서 본 것처럼 인공지능의 하위 분야로 머신러닝이 있고, 머신러닝의 하위 분야로 딥러닝이 있지만 하드웨어 성능이 급속도로 발달함과 동시에 AI 기술도 점점 발전하면서 요즘은 'shallow(얕은) 모델'보다는 딥러닝 모델로 주어진 문제를 해결하는 경우가 많아지고 있습니다. 그러다 보니 'AI', '머신러닝', '딥러닝'이라는 용어를 구분하지 않고 사용하는 경우도 많아졌습니다. 즉, 'AI'라고 하면 자연스럽게 '머신러닝'을 떠올리고, 대부분 '딥러닝'으로 구현되었을 거라고 생각한다는 것입니다. 각각을 특별히 구분하지 않으면 내용을 이해하는 데 혼선을 초래할 가능성이 있지 않는 한, 이 책에서도 'AI', '머신러닝', '딥러닝'을 특별히 구분하지 않고 혼용하여 사용하겠습니다.

1.3 머신러닝 알고리즘의 종류

>>>

머신러닝은 학습용 데이터를 이용한 학습 과정이 대단히 중요합니다. 학습 방식에 따라서 크게 세 가지로 구분하며, 지도학습(supervised learning), 비지도학습(unsupervised learning), 강화학습(reinforcement learning)이 바로 그것들입니다.

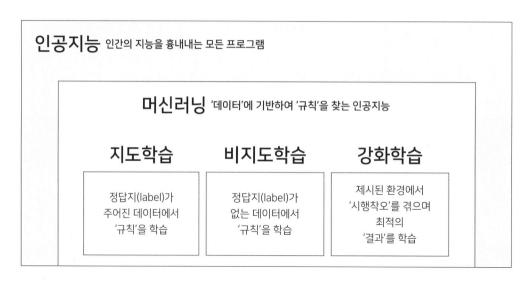

그림 1-9 학습 방식에 따른 머신러닝 구분

각각의 학습 방식마다 적절한 알고리즘이 이미 개발되어 있는데, **그림 1-10**에 지도학습과 비지도학습에 적합한 머신러닝 알고리즘을 나열하였습니다. 그림에 포함되지 않은 강화학습 방식에는 Markov Decision Process, Q Learning 등이 있습니다.

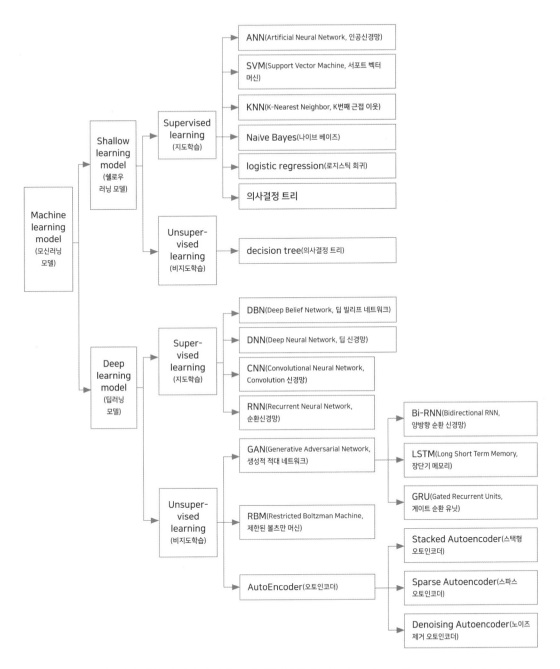

그림 1-10 머신러닝의 지도학습과 비지도학습 알고리즘 분류(출처: Machine Learning and Deep Learning Methods for Intrusion Detection Systems: A Survey, https://www.mdpi.com/2076-3417/9/20/4396/pdf)

1.3.1 지도학습

지도학습(supervised learning)은 정답(label)이 주어진 학습용 데이터로부터 '규칙'을 찾아 모델을 생성한 다음 새로 주어진 입력에 대해 그 모델이 올바른 결과를 찾아내는 방식인데 **그림 1-11**과 같은 형태가 지도학습의 전형적인 워크플로우입니다.

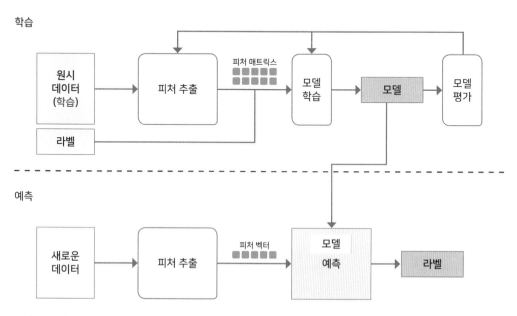

그림 1-11 지도학습 개요

1) ANN(Artificial Neural Network)

분류는 주어진 데이터를 정해진 카테고리(라벨)에 따라 선택해서 분류하는 방식을 말합니다. 분류에는 '맞다', '아니다'와 같은 이진분류와 '강아지', '고양이', '토끼', … 등 여러 경우의 정답 중 하나로 분류하는 다중 분류가 있습니다. 딥러닝이 발전하기 이전에는 ANN(Artificial Neural Network) 알고리즘으로 이러한 분류 문제를 대부분 해결했습니다.

우리의 일상 생활에서 마주하는 많은 문제 중에는 두 개의 선택지 중에서 정답을 골라야 하는 이진분류 문제가 상당히 많습니다. 예를 들어, 메일을 받았을 때 정상 메일인지 스팸 메일인지를 판단하는 문제가 대표적입니다.

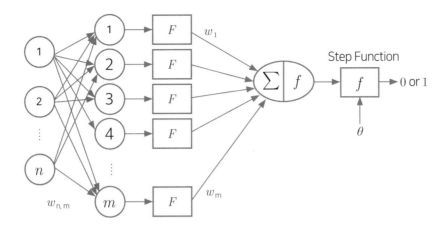

그림 1-12 이진분류를 위한 ANN 알고리즘 예시(출처: A Two-Step Supervised Learning Artificial Neural Network for Imbalanced Dataset Problems, https://www.researchgate.net/figure/An-architecture-of-ANN-for-binary-classification_fig1_236678811)

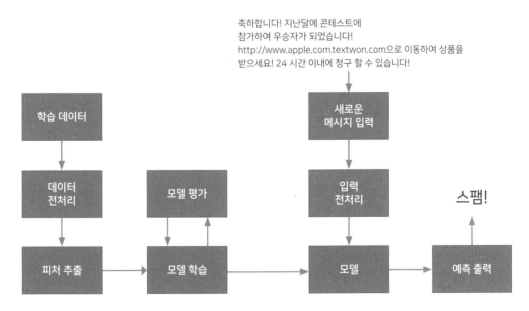

그림 1-13 이진분류가 적용된 스팸 메일 분류 시스템 예시(출처: Develop a NLP Model in Python & Deploy It with Flask, Step by Step, https://towardsdatascience.com/develop-a-nlp-model-in-python-deploy-it-with-flask-step-by-step-744f3bdd7776)

다중 분류는 주어진 입력에 대해서 두 개 이상의 선택지 중에서 정답을 결정하는 방식입니다. 예를 들어, **그림 1-14**처럼 입력된 동물 이미지를 인식하고 스스로 학습한 규칙에 의거 판단하여 개와 고양이, 팬더 중 하나로 결과를 알려주는 경우입니다.

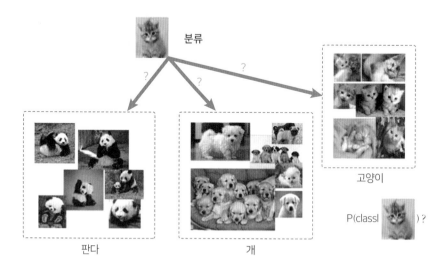

그림 1-14 다중 분류(Multiple Classification) 예시(출처: 비즈트리뷴, 구글 포토, 머신러닝 얼굴인식 응용 …반려동물 식별 서비스 제공, http://www.biztribune.co.kr/news/articleView.html?idxno=28585)

이처럼 ANN 알고리즘은 분류 문제를 처리하기에 적합한 알고리즘이며, 모델이 간단하다 보니 모델 피팅(fitting)이 복잡하지 않다는 장점이 있지만 그런 이유로 과대적합(over-fitting) 가능성이 크다는 단점도 있습니다.

2) SVM(Support Vector Machine)

머신러닝의 지도학습 중 분류 목적으로 사용되는 알고리즘으로 Support Vector Machine(SVM)이 있습니다. 높은 인식률로 입력 데이터를 여러 그룹으로 분류할 때 많이 사용합니다.

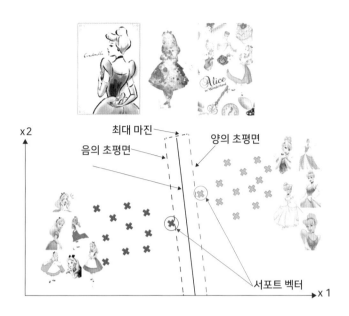

그림 1-15 분류에 적용된 SVM 알고리즘 예시(출처: A Top Machine Learning Algorithm Explained: Support Vector Machines(SVM), https://www.kdnuggets.com/2020/03/machine-learning-algorithm-svm-explained.html)

SVM은 학습용 데이터가 벡터 공간에 위치하고 있다고 생각하여 학습용 데이터의 피처 (feature) 수를 조절함으로써 그룹을 분류하는 경계선(hyperplane)을 찾고, 이를 기반으로 패턴을 인식하는 방법입니다. **그림 1-15**의 예시처럼 입력된 이미지가 신데렐라인지, 이상 한 나라의 앨리스인지 두 그룹을 분류할 수 있도록 최대한 두 그룹에서 멀리 떨어져 있는 경계선을 구하는 방식입니다. 학습용 데이터가 적을 때에 적용하기 좋다는 장점이 있는 반 면 빅데이터나 다중 분류에는 특성이 좋지 않은 단점이 있습니다.

3) KNN(K-Nearest Neighbor)

KNN 알고리즘도 주로 분류 문제를 해결할 때 자주 활용하는 비교적 간단한 지도학습 알 고리즘입니다. 분류 대상과 가까운 k개를 뽑아 그중 가장 많은 비율을 차지하는 쪽으로 분 류하는 방식인데, 데이터 포인터 간의 거리를 근거로 이웃한 데이터와 유사성을 판단하게 됩니다. 구현이 간단하면서도 데이터 노이즈의 영향을 덜 받기 때문에 대규모 학습용 데이터에 적용하기 좋은 장점이 있습니다. 반면에 학습 시간이 비교적 길고 k 값을 결정하기에 복잡한 경우가 있다는 단점이 있습니다.

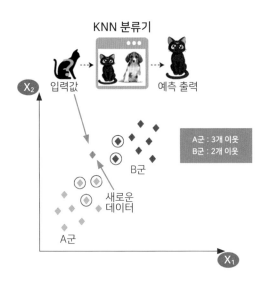

그림 1-16 분류에 적용된 KNN 알고리즘 예시(출처: K-Nearest Neighbor(KNN) Algorithm for Machine Learning, https://www.javatpoint.com/k-nearest-neighbor-algorithm-for-machine-learning)

4) 나이브 베이즈(Naïve Bayes)

이 알고리즘은 모든 데이터 세트의 피처(feature)가 동일하게 중요하다는 가정(실제 응용 환경에서는 드문 상황이기 때문에 naïve라는 단어를 붙이게 됨)하에, 사전에 알고 있는 지식을 기반으로 한 사건의 확률을 설명하는 베이즈(Bayes)의 확률 정리를 활용해서 분류하는 방식입니다. 예를 들어, 특정 동물 이미지를 고양이로 분류 가능하게 하는 특성들(짧은 귀, 입 주변 수염, 몸 길이 60cm 이내 등)은 서로 연관성이 없다고 가정하고 각각의 특성이 고양이일 확률에 독립적으로 기여하는 것으로 간주하여 확률적으로 분류하는 것입니다. 간단한 디자인과 단순한 가정에도 불구하고, 많은 복잡한 실제 상황에서 잘 작동한다는 점과 분류에 필요한 매개변수를 추정하기 위한 학습용 데이터의 양이 적어도 괜찮다는 점 등이 장점이지만 독립성 가정이 종종 부정확한 결과를 낸다는 단점이 있습니다.

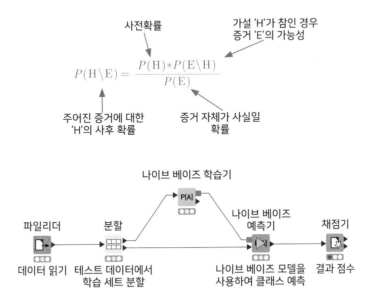

그림 1-17 나이브 베이즈(Naïve Bayes) 알고리즘 개요(출처: A simple explanation of Naive Bayes Classification, https://stackoverflow.com/questions/10059594/a-simple-explanation-of-naive-bayes-classification)

5) 로지스틱 회귀(Logistic Regression)

로지스틱 회귀는 이진분류에 사용하는 알고리즘으로 0과 1 즉, 결과가 둘 중 하나인 경우를 출력합니다. 간단한 예는 환자의 병리학적 사진을 입력으로 환자가 암에 걸렸는지(1) 아닌지(0)를 알고자 할 경우에 사용할 수 있는 알고리즘입니다. 시그모이드(Sigmoid) 함수를 사용해서 종속변수(라벨, 예측하려는 항목)와 하나 이상의 독립변수(특성) 간의 확률 관계를 측정하게 됩니다. 효율적이고, 많은 계산 자원이 필요하지 않기 때문에 학습을 효율적으로 할 수 있지만 비선형 문제 해결이 곤란하다는 단점과 과대적합(over-fitting)에 취약하다는 단점이 있습니다.

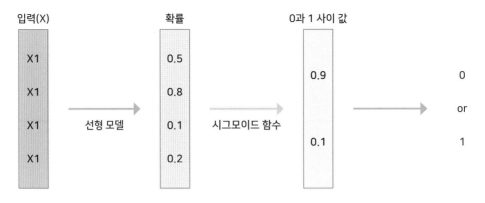

그림 1-18 로지스틱 회귀(Logistic Regression) 알고리즘 개요

6) 의사결정 트리(Decision Tree)

의사결정 트리는 데이터 마이닝에서 일반적으로 사용하는 방법으로, 몇몇 입력변수를 바탕으로 목표변수 값을 예측하는 모델을 생성하게 됩니다. 시각적이고 명시적인 방법으로 의사결정 과정과 결정된 내용을 보여주는 특징이 있습니다. 의사결정 트리의 '학습'은 학습에 사용되는 자료 집합을 적절한 분할 기준으로 나누는 과정이고, 분할로 인해 더 이상 새로운 예측값이 추가되지 않거나 부분집합의 노드가 목표변수와 같은 값을 지닐 때까지 계속됩니다. **그림 1-19**는 환급 여부, 결혼 여부, 소득금액, 과거 부정행위 여부 능을 기준으로 특정인의 부정행위 여부를 판단하는 의사결정 트리의 예시입니다. 대단히 직관적이고, 피처(feature)를 자동으로 선택할 수 있다는 장점이 있는 반면, 데이터 간 상관관계가 무시되고, 다수를 차지하는 클래스에 분류 결과가 따라가는 경향을 보이는 단점이 있습니다.

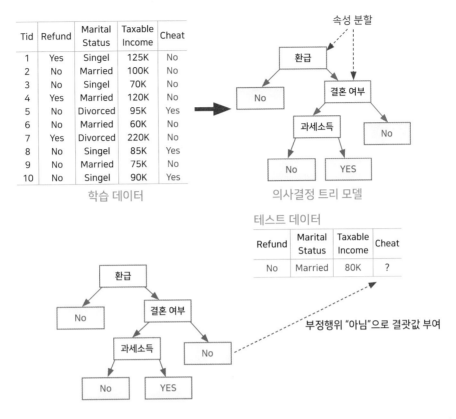

학습 데이터

의사결정 트리 모델

테스트 데이터

Refund	Marital Status	Taxable Income	Cheat
No	Married	80K	?

부정행위 "아님"으로 결괏값 부여

그림 1-19 의사결정 트리(Decision Tree) 알고리즘 예시(출처: Decision Tree Classifier, http://mines.humanoriented. com/classes/2010/fall/csci568/portfolio_exports/lguo/decisionTree.html)

7) DNN(Deep Neural Network)

DNN 알고리즘은 사람의 두뇌 신경망을 모방하여 입력층(input layer)과 출력층(output layer) 사이를 여러 개의 은닉층(hidden layer)로 구성한 알고리즘으로 지도학습과 비지도학습에 모두 활용되는 딥러닝의 가장 기본적인 구조입니다.

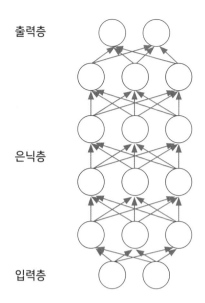

출력층

은닉층

입력층

그림 1-20 DNN 알고리즘 개요(출처: Machine Learning and Deep Learning Methods for Intrusion Detection Systems: A Survey, https://www.mdpi.com/2076-3417/9/20/4396/pdf)

8) CNN(Convolutional Neural Network)

CNN 알고리즘은 이미지 데이터를 처리하는 데 유용한 딥러닝 알고리즘입니다. 합성곱층(convolutional layer), 풀링층(pooling layer), 완전연결층(fully-connected layer) 등으로 구성되어 최종 출력을 얻어냅니다. 합성곱층은 피처를 추출하는 목적, 풀링층은 일반성을 향상시키는 목적으로 활용합니다. 2D 이미지를 다루게 되므로 입력 이미지는 행렬로 변환하여 처리하게 됩니다.

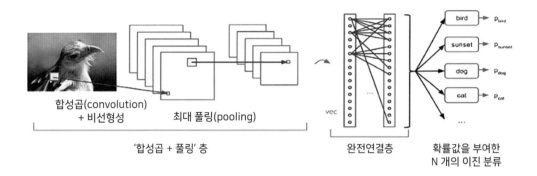

합성곱(convolution) + 비선형성   최대 풀링(pooling)

'합성곱 + 풀링' 층   완전연결층   확률값을 부여한 N 개의 이진 분류

그림 1-21 CNN 알고리즘 개요(출처: Convolutional Neural Network, https://towardsdatascience.com/covolution-al-neural-network-cb0883dd6529)

9) RNN(Recurrent Neural Network)

RNN 알고리즘은 딥러닝에서 널리 사용되는 알고리즘 중 하나이고, 최근 입력을 기억할 수 있도록 독특한 디자인을 가지고 있습니다. 따라서 순차적인 정보를 처리해야 하는 애플리케이션에 적용되고 있는데, 특히 자연어 처리에 많이 활용되고 있는 알고리즘이기도 합니다.

RNN 알고리즘의 기본 개념은 순차 정보를 사용하는 것입니다. 전통적인 인공신경망에서는 모든 입력(및 출력)이 서로 독립적이라고 가정이지만 우리가 해결해야 하는 많은 상황은 그런 가정이 적절하지 경우가 많습니다. 자연어 처리에서 문장의 다음 단어를 예측하려면 그 앞의 단어를 잘 알고 있어야 하는 것이 예가 되겠습니다. RNN 알고리즘은 시퀀스의 모든 요소에 대해 동일한 작업을 수행하되, 출력이 이전 계산에 의존하는 반복 구조를 가지고 있다는 특징이 있습니다.

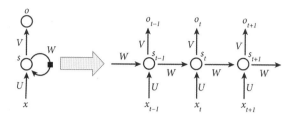

그림 1-22 RNN 알고리즘 개요(출처: Recurrent Neural Networks Tutorial, Part 1 – Introduction to RNNs, http://www. wildml.com/2015/09/recurrent-neural-networks-tutorial-part-1-introduction-to-rnns/)

10) LSTM(Long Short Term Memory)

RNN 알고리즘은 처리할 정보와 참고해야 할 정보 간의 시간 차이가 많이 날 경우 학습 능력이 많이 저하되는 단점이 있습니다. 이를 보완하기 위해 RNN 알고리즘의 기본 구조에서 은닉층에 셀 스테이트(cell state)를 추가한 구조가 LSTM입니다. RNN 알고리즘의 수정 버전이라고 보면 되는데, 주식의 과거 가격과 거래량 등을 입력으로 받아서 주식 가격을 예측하거나, 전력 수요를 예측하는 등에 활용하기 좋습니다.

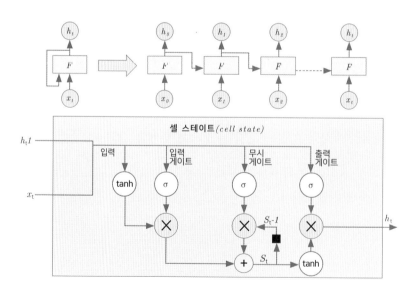

그림 1-23 LSTM 알고리즘 개요(출처: Keras LSTM tutorial – How to easily build a powerful deep learning language model, https://adventuresinmachinelearning.com/keras-lstm-tutorial/)

1.3.2 비지도학습

비지도학습(unsupervised learning)은 학습용 데이터는 제공하지만 데이터에 정답값(라벨)이 지정되지는 않습니다. 즉, 정답 데이터를 제공하지 않았으나, 데이터가 암묵적으로 갖춘 규칙성과 패턴을 스스로 추출하도록 하는 학습 방식입니다. 데이터 간의 유사성을 활용하여 알고리즘에 의해 여러 그룹으로 클러스터링이 되는 방식입니다. 수많은 뉴스 기사를 검색해서 같은 주제를 가진 것끼리 클러스터링 하는 것이 예가 되겠습니다. 이처럼 정답을 알 수 없거나 정답이 없는 데이터를 사용해야 할 경우에 비지도학습을 적용하게 됩니다.

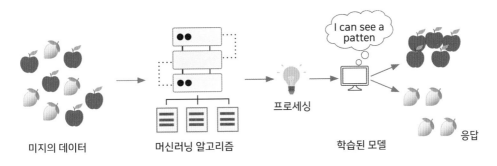

그림 1-24 비지도 학습 개요(출처: Machine learning By IEEE PES DSCE, Dept of EEE, https://edu.ieee.org/in-dscep-es/2019/12/11/machine-learning/)

1) K-means 클러스터링

K-means 클러스터링은 클러스터링(그룹화) 문제를 해결하는 데 사용합니다. 정답(라벨)이 지정되지 않은 데이터 세트를 여러 클러스터로 그룹화하면서, 최상의 클러스터를 찾지 못할 때까지 반복하게 됩니다. 여기서 K 값은 생성해야 하는 클러스터의 수를 의미합니다. 즉, 'K = 2'면 두 개의 클러스터가 있고, 'K = 3'이면 세 개의 클러스터가 있는 것입니다. 각각의 K 값에 대한 최적값을 정한 다음 각 데이터 포인트마다 K 중심값과 거리를 측정하여 가까운 데이터들 간 클러스터를 생성하는 방식입니다. 간단하고 빅데이터 처리에 유용하다는 장점이 있는 반면 각각의 K 값을 어떻게 정하는가에 따라 클러스터링 결과가 달라질 수 있다는 단점이 있습니다.

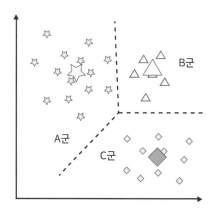

그림 1-25 K-means 알고리즘 개요(출처: Basics of K-Means Clustering algorithm, https://medium.com/@msdasi-la90/basics-k-means-clustering-algorithm-a77c539c9e00)

2) 오토인코더(Autoencoder)

오토인코더는 인코더와 코드, 디코더의 세 가지 구성요소로 구성됩니다. 인코더는 입력 데이터를 더 낮은 차원으로 압축하여 코드를 생성한 다음 디코더에서 출력을 재구성하는 딥러닝 알고리즘입니다. 입력과 출력이 최대한 같아지도록 튜닝을 하기 때문에, 입력 피처(feature)를 잘 추출하고자 하는 목적으로 활용할 수도 있고, 반대로 입력과 차이가 많이나는 출력을 찾는 목적으로도 활용할 수 있습니다(예: 정상적인 금융 거래 패턴 대비 비정상적인 금융 거래 식별 등).

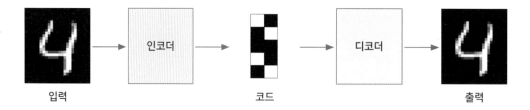

그림 1-26 오토인코더(Autoencoder) 개요(출처: Understanding Representation Learning With Autoencoder, https://neptune.ai/blog/understanding-representation-learning-with-autoencoder-everything-you-need-to-know-about-representation-and-feature-learning)

3) RBM(Restricted Boltzman Machine)

RBM 알고리즘은 입력층(visible layer)과 출력층(hidden layer)으로 간단하게 구성되고 같은 층(layer)의 각 노드 간에는 연결망이 없는 구조를 갖습니다. 입력층과 출력층과의 연결 확률을 구하는 알고리즘입니다.

예를 들어, 어떤 사람이 특정 영화를 좋아하는지(1) 그렇지 않은지(0)만 알려주고 보지 않은 영화에 대해 좋아할 확률을 출력하는 경우입니다. **그림 1-27**에 표시한 것처럼 반지의 제왕과 해리포터는 '1', 매트릭스와 파이트클럽, 타이타닉은 '0', 아직 보지 않은 호빗에는 '-1'로 입력을 주게 되면 RMB 알고리즘은 입력 데이터에서 영화 장르에 대한 잠재 요소 발견을 시도하여 은닉층(hidden layer)에 영화 장르에 해당하는 드라마와 판타지, 공상과학의 각 노드의 확률을 식별합니다. 이후 은닉층 노드의 뉴런값을 사용해서 아직 보지 않은 영화에 대한 선호 확률을 계산하는 RMB 알고리즘은 판타지를 선호하는 장르로 식별하고 호빗을 좋아할 확률(0.91)의 영화로 평가하는 방식입니다.

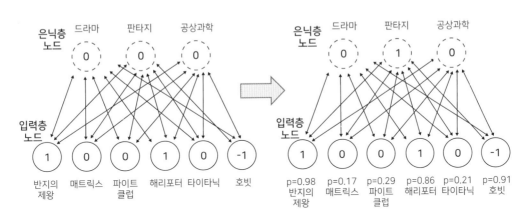

그림 1-27 RBM 알고리즘 예시(출처: Restricted Boltzmann Machine Tutorial – Introduction to Deep Learning Concepts, https://www.edureka.co/blog/restricted-boltzmann-machine-tutorial/)

4) DBN(Deep Belief Network)

DBN 알고리즘은 RBM 알고리즘과 마찬가지로 각 층(layer) 간에는 연결이 있지만 한 층 내의 유닛 간에는 연결이 없다는 특징을 가지고 있습니다. 선행학습을 통해 매개변수의 초기 가중치를 학습한 후에 다른 알고리즘을 통해 가중치의 미세 조정을 할 수 있기 때문에 학습용 데이터가 적을 때 유용한 알고리즘입니다. 각각의 층은 보통 앞에 설명한 RBM 알고리즘의 형태를 띠고 있습니다. 하나의 RBM이 학습되고 나면 다른 RBM이 위에 쌓이는데, 이미 학습된 RBM의 최상위 계층을 새로 쌓일 RBM의 입력으로 활용하는 구조를 갖습니다.

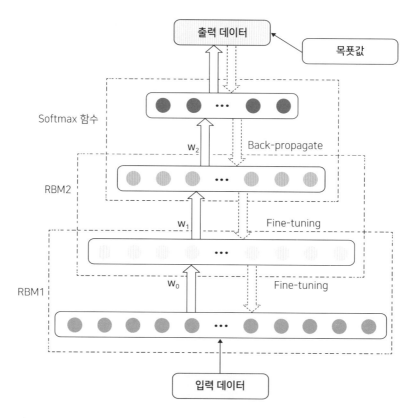

그림 1-28 DBN 알고리즘 개요(출처: Fisher Discriminative Sparse Representation Based on DBN for Fault Diagnosis of Complex System, https://www.researchgate.net/figure/DBN-algorithm-flowchart-DBN-algorithm-flowchart_fig1_325200688)

5) GAN(Generative Adversarial Network)

GAN 알고리즘은 생성기(generator)와 분류기(discriminator)라는 상호 적대적인 신경망이 경쟁을 통해 학습하면서 결과물을 얻어내는 알고리즘입니다. 즉, 생성기는 분류기를 속일 수 있는 진짜 같은 가짜를 만들어내고 분류기는 생성기가 만든 데이터가 진짜 데이터인지 가짜 데이터인지를 판별하는 것을 목표로 학습을 합니다. 만일 생성기가 분류기를 속여서 진짜를 만들어내면 분류기는 보완을 하게 되고 생성기도 마찬가지로 방법으로 분류기를 못 속이면 보완을 하게 되어 계속 진짜 같은 가짜를 만들어내는 방식입니다. 스스로 학습하면서 모델이 직접 이미지와 음성 등의 데이터를 생성하기 때문에 최근에 많이 응용하는 알고리즘입니다.

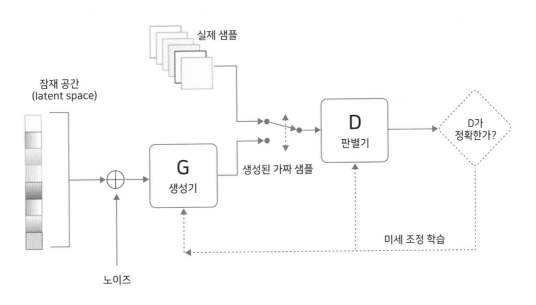

그림 1-29 GAN 알고리즘 개요(출처: GAN — Generative Adversarial Nets, https://medium.com/@sairajreddy/gan-generative-adversarial-nets-e8520157ec62)

그림 1-30 GAN 알고리즘으로 생성한 가짜 이미지 예시(출처: Deepfake Videos: GAN Sythesizes a Video From a Single Photo, https://neurohive.io/en/news/deepfake-videos-gan-sythesizes-a-video-from-a-single-photo/)

1.3.3 강화학습

강화학습(reinforcement learning)은 긍정적인 학습 결과에 피드백을 주는 시스템으로 현재 상태에서 항상 최적의 결정을 할 수 있게 한다는 점이 앞선 두 학습 방식과의 차이입니다. 대표적인 예로 바둑에서 바둑판의 어떤 점에 돌을 두어야 유리한 결과를 가져올지 판단하는 경우입니다. 강화학습은 인간의 학습 방식과 매우 유사하기 때문에 고차원적이고 복잡한 문제를 비교적 정확하게 해법을 얻을 수 있고, 모델이 지속적으로 학습하기 때문에 이전에 저지른 실수를 미래에 저지를 가능성이 낮다는 장점을 가지고 있습니다. 반면에 대단히 많은 학습용 데이터를 필요로 하고 실제 사례를 기반으로 모델을 구축하는 경우 유지 관리 비용이 매우 크기 때문에 간단한 문제를 강화학습으로 해법을 찾는 것은 적절하지 못합니다. **그림 1-31**과 같은 형태가 지도학습의 전형적인 워크플로우이고, 대표적인 강화학습 방식에는 Markov Decision Process, Q Learning 등이 있습니다.

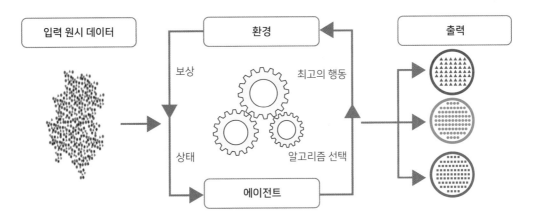

그림 1-31 강화학습 개요(출처: Machine learning explained: Understanding supervised, unsupervised, and reinforcement learning)

1.4 | AI 기술이 적용된 사례
>>>

앞에서 AI 기술에 대한 종류와 알고리즘들을 간단히 살펴보았는데, 과연 실제로 적용되어 우리가 사용하고 있는 것에는 어떤 시스템이 있는지 알아보겠습니다.

1.4.1 아마존 Alexa

아마존 알렉사(Amazon Alexa)는 아마존이 개발한 인공지능 플랫폼입니다. 날씨와 교통

정보, 음악 재생, 가전제품 조작, 음식 주문, 등 많은 기능을 제공합니다. 사용자가 알렉사를 자주 사용할수록 사용자가 말하는 패턴과 단어, 개인 취향 등을 학습해서 더 만족스러운 기능을 수행하게 된다고 합니다. 현재 아마존은 알렉사에 대한 소프트웨어 정보를 공개하였고, 이러한 정보를 이용해 여러 기업이 가전제품과 자동차 등에 대화형 서비스의 개발을 촉진시키는 계기를 만들기도 하였습니다.

그림 1-32 아마존 알렉사

1.4.2 우버 Uber

차량공유 서비스를 제공하는 우버(Uber) 역시 AI 기술을 활용하여 비용과 예상 도착시간, 주행 경로 등 거의 모든 것을 결정합니다. 이를 위해 우버에서는 자연어 처리 머신러닝 플랫폼을 구축하고, 매년 운전 면허증, 레스토랑 메뉴와 같은 수백만 개의 이미지와 문서를 자동으로 처리할 뿐만 아니라 위치 정확도와 충돌 감지 등을 위한 센서 처리 알고리즘을 사용하고 있습니다. 대규모 네트워크의 복잡성을 관리하고 100억 개 이상의 획득 데이터를 효과적으로 활용하는 것은 인간의 능력을 초과하므로 AI 기술을 활용한 자동화가 필수적입니다.

그림 1-33 우버의 차량공유 서비스(출처: Uber vs. Lyft: How the rivals approach cloud, AI, and machine learning , https://www.zdnet.com/article/uber-vs-lyft-how-the-rivals-approach-cloud-ai-machine-learning)

1.4.3 얼굴인식 시스템

얼굴 인식은 우리의 상상력을 자극하는 생체 인식 기술 중 하나입니다. 얼굴 인식은 얼굴을 사용해 사람의 신원을 식별하거나 확인하는 방식으로, 사람의 얼굴 세부 사항을 기반으로 패턴을 캡처하고, 분석하고, 비교합니다. 얼굴 인식은 다른 생체 인식(지문, 홍채, 음성, 손바닥 정맥 등)보다 자연스러워서 선호도가 높고, 성능과 정확성(얼굴 인식율) 또한 계속 발전하고 있습니다.

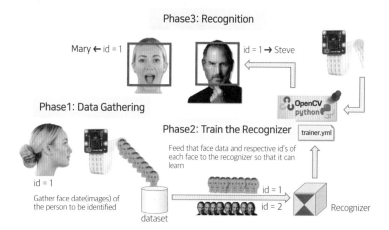

그림 1-34 얼굴 인식 과정(출처: Real-Time Face Recognition: An End-To-End Project, https://towardsdatascience.com/real-time-face-recognition-an-end-to-end-project-b738bb0f7348)

이미 구글과 애플, 페이스북, 아마존, 마이크로소프트 등 글로벌 업체들은 얼굴 감지와 얼굴 추적, 얼굴 일치, 실시간 대화까지 가능한 솔루션을 활용하고 있습니다. 이러한 모든 기술에서 핵심 요소는 인공지능, 특히 딥러닝 알고리즘을 활용하여 구현하고 있습니다.

1.4.4 자율주행 자동차

자율주행 자동차는 스스로 주변 환경을 인지하고 이동 경로와 움직임을 판단하여 주행을 제어하며 이동하는 차입니다. 인공지능/빅데이터, 고성능 소프트웨어, 하드웨어 플랫폼, 센서 시스템 등 ICT 첨단기술의 집약체라고 할 수 있습니다.

그림 1-35 기존 자동차와 자율주행 자동차의 비교(출처: 과학기술정책연구원(STEPI), 제4차 산업혁명 동향)

이 중 차량이 수행해야 하는 많은 작업은 환경을 인식해서 얻은 센서 정보와 AI 알고리즘을 기반으로 데이터를 수집, 분석하고 주행 경로를 계획해서 주행하게 됩니다. 이러한 작업, 특히 수집한 데이터 분석과 경로 계획은 전통적인 프로그래밍 접근 방식으로는 불가능하기 때문에 AI 기술에 의존하고 있습니다.

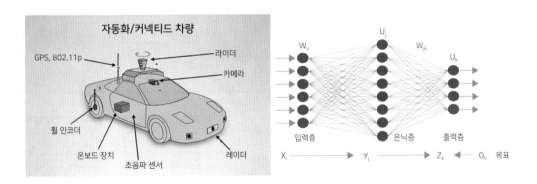

그림 1-36 자율주행 자동차와 인공신경망 알고리즘(출처: The role of artificial intelligence in autonomous vehicles, https://www.embedded.com/the-role-of-artificial-intelligence-in-autonomous-vehicles)

자율주행 자동차의 인공지능은 수많은 센서(카메라, 레이더, 라이다 등)와 상호작용하며 실시간으로 식별된 물체(자동차, 보행자, 도로, 신호 등)의 위치와 속도를 추정하여 GPS보다 더 정확하게 차량의 위치와 상황을 인지합니다. 그런 다음 인공지능은 사람의 두뇌 작용을 구현한 신경망 알고리즘을 통해 수집한 데이터를 분석하고 판단해서 차량의 주행 경로를 계획합니다. 생성된 경로를 기반으로 컨트롤러를 사용해서 가감속과 조향, 제동 제어 등 차량을 제어하는 것이 대강의 자율주행 자동차의 작동 원리입니다. 이러한 단계별 역할 구현에 있어 기술 난이도를 서로 비교한다면, 차량 제어를 위한 기계 기술은 '하', 주변 환경 인지를 위한 전장 기술은 '중', 데이터 분석 및 경로 계획을 위한 소프트웨어 기술은 '상'이라고 할 수 있으며, 이 가운데 핵심은 머신러닝 기술입니다.

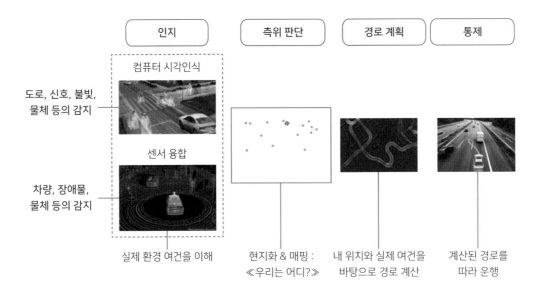

그림 1-37 자율주행 자동차의 작동원리(출처: Self-Driving Cars & Localization, https://towardsdatascience.com/self-driving-car-localization-f800d4d8da49)

1.4.5 스마트 팩토리 시스템

스마트 팩토리는 사물인터넷(IoT)과 빅데이터, 인공지능 등 다양한 기술이 융합된 사율화 공장을 말합니다. 제품의 설계와 제조, 유통, 물류 등 산업 현장에서 품질과 생산성 향상, 비용 절감에 초점을 맞추어 기계와 로봇, 부품 등이 상호 간의 정보 교환으로 제품을 생산하게 됩니다. 기존의 컨베이어 생산 활동으로 대표되는 산업 현장에서 모듈형 생산이 컨베이어를 대체하고, 사물인터넷(IoT)이 신경망 역할을 하여 센서와 기기 간 다양한 실시간 데이터를 수집해서, 이를 서버에 전송하면 서버는 데이터를 분석해 최적의 결과를 도출합니다. 이 과정에서 문제가 발생하기 전에 기계의 결함을 진단해서 문제가 발생하기 전에 설비를 정비하거나 공정 간 제어 또한 가능하게 합니다. 여기에 머신러닝 기술을 적용해서 데이터를 분석하고 궁극적으로는 생산성 향상을 위한 최적의 방법을 도출하게 됩니다. 대량의 다양한 데이터가 발생하고 축적되어 있는 제조산업은 앞으로 AI 기술의 활용도가 대단히 높은 분야가 될 것입니다.

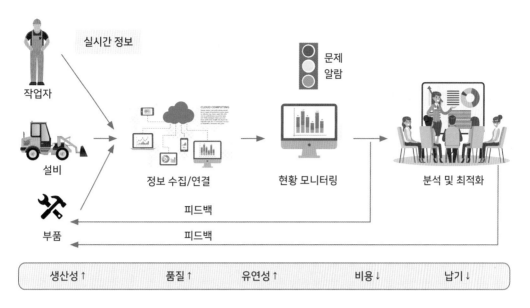

그림 1-38 스마트 팩토리 시스템

1.4.6 헬스케어

AI 기술에 대한 관심은 모든 산업에서 급격히 증가하고 있지만, 의료 및 의학 분야에서 AI 기술을 적용하는 것은 인간의 건강과 생명을 대상으로 하는 것인만큼 관심도가 더욱 높은 분야이고 적용 범위도 많아지고 있습니다. AI 기술을 활용한 헬스케어는 머신러닝 알고리즘을 통해 데이터를 보다 효과적으로 분석해서 긍정적인 환자 돌봄 결과를 도출하는 것을 의미합니다.

웨어러블 같은 IoT 지원 장치와 CT, MRI, 초음파, PET 스캔 및 조영술 같은 이미지 전자의료기록(EMR)을 통해 생성된 엄청난 양의 데이터와 더불어 계속해서 증가하는 유전자 데이터는 AI 기술을 적용하기 좋은 대상이 됩니다. 데이터 기반 진단과 예측 분석뿐만 아니라 병리학에서의 조직 연구, 정밀 의학에서의 유전체 분석, 신약 발견, 임상 의사결정 지원, 의료기기의 발전 등 헬스케어 AI 기술의 기본 가치는 장기적으로 적극적인 돌봄과 건강한 삶을 영위할 수 있도록 큰 도움을 줄 것입니다.

그림 1-39 의료 분야 AI 기술(출처: AI·빅데이터로 문 열린 7조원대 '헬스케어' 시장, https://www.digitaltoday.co.kr/news/articleView.html?idxno=107838)

1.4.7 로봇 투자전문가

'로봇 투자전문가(robo-advisor)'는 로봇(robot)과 투자전문가(advisor)가 합쳐진 신조어로써 AI 알고리즘을 통해 고객에게 온라인으로 자산을 추천하고 관리해주는 재무적 자문 서비스를 말합니다. 금융부문에서는 기존의 금융관련 수치 데이터와 함께 다양한 내/외 변수 데이터를 활용해서 보다 정확한 현황과 미래 예측을 위해 AI 알고리즘을 활용하고 있습니다. 내/외 변수를 자동/수동으로 수집하고, 분석함으로써 기존 펀드매니저가 하던 일을 대신하게 된 것입니다. 기존 금융부문에서 컴퓨터가 대신할 수 없었던 이유는 수치 데이터뿐만 아니라 금융전문가의 뉴스/이슈/세계동향 등과 같은 정성적 정보에 대한 분석이 필요했기 때문인데, AI 기술의 발전으로 '사람만이 할 수 있다고 믿었던' 정보 처리를 알고리즘으로 대체가 가능해지면서 금융부문에서의 AI 기술 활용도가 높아지고 있는 것입니다. 대표적인 금융권 사례가 펀드매니저의 역할을 대신하여 펀드, 주식 등에 대하여 AI 알고리즘을 기반으로 포트폴리오 작성과 투자 조언, 직접 투자를 실행하는 금융 서비스입니다. 투자 대상인 회사의 정량적인 상황뿐만 아니라 정성 정보인 뉴스, 시장 트렌드 등을 함께 수집하고 주고 투자자의 나이와 성별, 투자성향 등에 대한 개인 특성도 함께 수집하여 반영하기 때문에 투자자에게 훨씬 만족스러운 투자 포트폴리오를 제공하고 있습니다

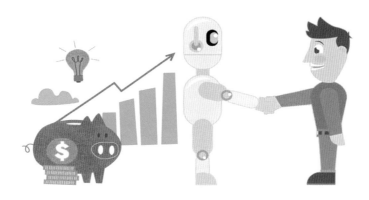

그림 1-40 로봇 투자전문가(출처: Robo-advisor service coming from Goldman Sachs for small investors , https://hongkongbuzz.hk/2019/12/robo-advisor-service-coming-from-goldman-sachs-for-small-investors)

1.4.8 추천 시스템

인터넷에서 사용 가능한 정보의 양이 증가함에 따라 개인이 필요한 정보를 빠르고 쉽게 찾는 것이 점점 더 어려워지고 있습니다. 수많은 데이터를 수동으로 처리하는 것은 지루하고 비효율적이며 오류도 많을 수밖에 없습니다. 또한 방대한 데이터 집합에서 분류와 필터링, 맞춤형 추천이 어렵기 때문에 보다 효율적인 접근 방식으로 새로운 관련 제품 세트를 예측하기 위해 사용자의 의견과 기능, 기타 관련 데이터를 AI 기술로 처리하는 것입니다. 이러한 추천 시스템은 이 문제에 대한 해결책으로 등장했으며 최근 몇 년 동안 많은 관심과 사용을 받고 있습니다.

추천 시스템은 사용자가 영화와 책, 휴가, 전자제품과 같은 제품이나 서비스를 검색하는 동안 관련 항목을 찾고 더 나은 선택을 할 수 있도록 도와주는 정보 검색 및 필터링 도구입

니다. 추천 시스템의 기본 목표는 정보 과부하를 줄이고 의사결정 과정에서 사용자를 지원할 수 있는 개인화된 맞춤형 제안을 제공하는 것입니다. 방대한 양의 데이터와 복잡성을 처리하는 것이 생각만큼 쉽지 않기 때문에 많은 전문가들은 딥러닝 기술을 통합하여 추천 시스템의 성능을 개선하는 데 많은 노력을 하고 있습니다.

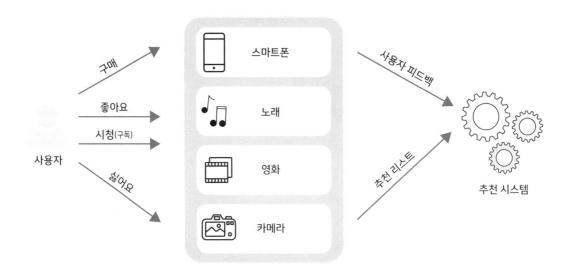

그림 1-41 추천 시스템(출처: Recommendation System Using Autoencoders, https://www.mdpi.com/2076-3417/10/16/5510/htm)

지금까지 인공지능(AI)에 관한 기본적인 내용을 소개했습니다. 정리해 보면 AI 시스템이란 '스스로 생각하고 판단하는 기능을 보유해서 인간이 해결하던 여러 가지 작업을 스스로 수행하는 장치'를 말하는 것이고, 그 핵심에는 사람이 제공하는 프로그램 없이 제공된 데이터만으로 자기 스스로 학습해서 사람이 원하는 결과물을 출력하는 머신러닝이 자리하고 있습니다.

머신러닝 알고리즘에는 학습 방식(지도학습, 비지도학습)과 사용 목적에 따라 여러 가지 특화된 알고리즘이 있다는 것을 살펴보았고, 이러한 머신러닝 기술을 채택해서 우리에게 다양한 편익을 제공해 주는 AI 시스템의 예시들도 알아보았습니다.

다음 장에서는 이러한 AI 시스템의 성능과 품질이 확보되지 않으면 우리에게 어떤 일이 생길 수 있는지, 그리고 AI 시스템의 성능과 품질을 확보하는 것이 결코 쉽지 않은 이유를 알아보겠습니다.

2

AI 시스템 품질 때문에 발생하는 일

앞 장에서는 AI 기술을 간략히 살펴보았고, 또 그 기술을 응용해서 우리에게 편리함을 제공하도록 제품화된 AI 시스템 사례를 알아보았습니다. 이번 장에서는 AI 시스템이 실제로 사용되었으나 제대로 된 성능과 품질을 확보하지 못해서 사회적인 이슈가 되었던 몇 가지 사례를 소개하고, AI 시스템의 성능과 품질을 보장하는 일이 왜 어려운 것인지 이유를 살펴보겠습니다.

2.1 AI 시스템의 오류 사례

>>>

인공지능은 분명히 우리에게 편리함을 제공해 주는 유용한 기술입니다. 1장에서 AI 기술이 적용된 몇몇 시스템을 소개했지만, 이들 외에도 엄청나게 많은 분야에서 AI 기술을 접목하여 다양한 시스템을 개발하고 있습니다. 시간이 지날수록 AI 기술을 활용하는 분야는 더 많아질 것이고 그에 따라 우리의 생활 방식도 많이 달라지게 될 것입니다.

하지만 아직까지는 인공지능이 극복해야 할 기술적인 과제도 많이 있습니다. 그리고 사회적으로 광범위하게 AI 기술이 적용될 때 우리 생활에 미치는 긍정적, 부정적 효과가 동전의 양면처럼 존재하기 때문에 이를 둘러싼 법적, 제도적 준비와 사회적 합의, 윤리 차원의 문제 등도 풀어야 할 과제입니다.

여기서는 기술적 측면에서만 살펴보기로 하겠습니다. AI 시스템이 오류를 일으킨 대표적인 몇 가지 사례를 소개하도록 하겠습니다.

2.1.1 얼굴 인식 오류 사례

아마존에서 개발한 Rekognition은 딥러닝 알고리즘을 사용하여 이미지 또는 동영상에 등장하는 사물과 사람, 텍스트, 활동 등을 식별하는 애플리케이션인데, 사람의 얼굴 인식 기능도 가지고 있습니다.

그림 2-1 아마존 Rekognition의 객체 및 얼굴 인식 예시(출처: https://aws.amazon.com/ko/rekognition)

얼굴 인식 기술은 범죄자 식별 등 사회에 기여하는 순기능도 있지만 개인정보보호와 같은 이유로 논란이 많은 기술 분야이기도 합니다. 2018년 미국의 시민사회 단체인 ACLU(American Civil Liberties Union)에서 Rekognition을 범죄자 데이터베이스인 Mugshot과 연동하여 자체적으로 테스트해 본 결과 28명의 연방의원 얼굴 이미지를 범죄자로 인식하는 결과가 나왔고, 특히 당시 연방의원의 20%를 차지하던 유색인종 여성 의원의 경우에는 거의 40%에 가까운 오류를 보인다고 밝혔습니다. 물론 지금의 Rekognition은 이러한 오류를 해결했겠지만 막강한 자금과 고급 기술 인력을 보유한 아마존 같은 조직에서도 AI 시스템을 개발하면서 이러한 시행착오를 겪었다는 것을 보면 AI 시스템의 품질이 우리에게 시사하는 바가 적지 않습니다.

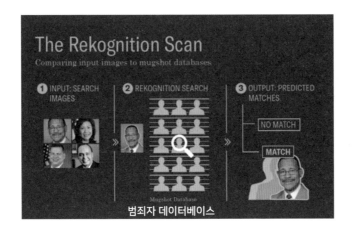

그림 2-2 미 연방의원 얼굴을 범죄자로 인식한 오류 사례

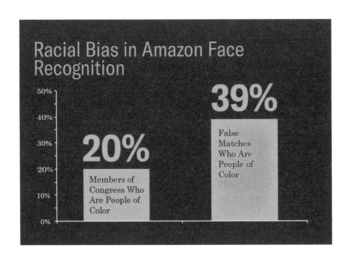

그림 2-3 유색인종 여성 의원에게 특히 낮은 얼굴 인식률(출처: Amazon's Face Recognition Falsely Matched 28 Members of Congress With Mugshots, https://www.aclu.org/blog/privacy-technology/surveillance-technologies/amazons-face-recognition-falsely-matched-28)

이미지 인식은 AI 기술 분야에서 오래전부터 연구해 오고 있으며 성과도 많았지만 여전히

해결해야 할 기술적 과제도 많이 있습니다. **그림 2-4**에 있는 이미지 중에서 '머핀'과 '치와와'를 정확하게 구분할 정도로 AI 시스템의 품질을 보장하는 것은 결코 쉽지 않은 기술적 과제입니다.

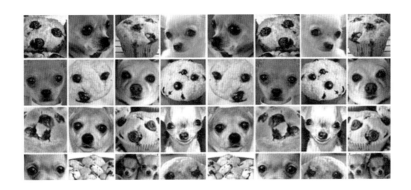

그림 2-4 AI 시스템에서는 결코 쉽지 않은 이미지 인식 예시(출처: Chihuahua or muffin? My search for the best computer vision API, https://www.freecodecamp.org/news/chihuahua-or-muffin-my-search-for-the-best-computer-vision-api-cbda4d6b425d)

2.1.2 대화형 주문 오류 사례

아마존이 개발한 AI 시스템 중에는 뉴스와 생활정보 제공, 음악 스트리밍, 스마트홈 장치 제어, 제품 주문까지도 사용자와 대화를 통해 비서 서비스를 제공하는 Alexa도 있습니다. 2017년 텍사스의 6살 소녀가 Alexa와 대화를 하다가 170달러 가량의 인형집과 4파운드나 되는 쿠키를 우발적으로 주문했던 해프닝이 있었습니다. 이 해프닝을 샌디에이고 지역 뉴스로 전달하던 앵커가 멘트 중에 그 소녀를 귀여워하는 마음을 담아 "I love the little girl, saying 'Alexa ordered me a dollhouse'"라고 한 순간, 샌디에이고의 수많은 가정에서 TV 옆에 있던 Alexa가 뉴스 앵커의 목소리를 입력으로 인식해 인형집을 주문하기 시작했다는 것입니다. 물론 사용자와 Alexa 사이에 후속 대화가 있어야 하니 상당수는 실제 구매

로까지 연결되지는 않았고, 실제 구매로 연결된 몇 건도 아마존에서 해당 구매를 취소했기 때문에 사용자의 금전적 피해가 발생하진 않았습니다만, 음성 인식을 활용한 자연어 처리 AI 시스템 역시 만족스러운 사용 품질을 확보하지 않으면 사회 전반에 광범위하게 활용되기에는 어려움이 있다는 것을 보여주는 사례입니다.

그림 2-5 대화형 주문 오류 사례 예시(출처: TV Anchor Accidentally Triggers Wave Of Amazon Dollhouse Purchases , https://www.good.is/articles/tv-anchor-triggers-voice-amazon-purchases-dollhouse)

2.1.3 자율주행 자동차 오류 사례

AI 기술이 많이 응용되는 대표적인 시스템이 자율주행 자동차입니다. 자율주행 자동차가 사람의 실수로 사고를 내는 것보다 훨씬 적은 사고를 낼 것이라고 전문가는 예측하고 있습니다. 하지만 2018년 5월 미국 애리조나주에서 시험 주행을 하던 우버의 자율주행 자동차에 자전거를 타고 도로를 건너던 사람이 치어 사망하는 사건이 있었습니다. 사고 후에 NTSB 보고서는 우버의 '부적절한 안전위험 평가 절차'와 '차량 운전자에 대한 적절한 감독 부족'이 원인이라고 최종 결론을 내렸지만, 기술 부분에서는 자율주행 시스템이 머신러닝 학습을 통해 예상하고 있던 충돌 패턴을 벗어난 부분이 있었던 탓에 충돌 6초 전에 보행자를 이미 발견했지만 브레이크도 작동시키지 않았고, 운전자에게 경고 알람도 주지 않았습니다. 이 사건 후에 우버는 자율주행 자동차 도로주행 시험을 일시 중단하게 되었는

데, 자율주행 시스템의 머신러닝이 스마트하더라도 완전한 자율주행 단계까지 이르기에는 많은 도전 과제가 있음을 보여주는 사건이기도 합니다.

그림 2-6 자율주행 자동차 사고 뉴스 화면(출처: Serious safety lapses led to Uber's fatal self-driving crash, new documents suggest, https://www.theverge.com/2019/11/6/20951385/uber-self-driving-crash-death-reason-ntsb-dcouments)

2.1.4 의료분야 AI 프로젝트 실패 사례

2013년 IBM은 텍사스 대학교의 MD Anderson Cancer Center와 협력하여 자사의 AI 기술 기반 'Watson'을 근간으로 암환자 치료를 목적으로 하는 'Oncology Expert Advisor(OEA)' AI 시스템을 개발하기로 했습니다. Watson의 AI 기술이 암 센터가 보유한 풍부한 환자와 관련 데이터베이스에서 소중한 통찰력을 얻어 암이 근절되게 하겠다고 하면서 야심 차게 AI 개발 프로젝트를 시작했지만, 언론사인 StatNews가 IBM의 내부 문서를 확인한 결과, Watson은 출혈이 있는 암환자에게 출혈을 악화시킬 수 있는 약물 투여를 처방하는 등 안전하지 않으면서도 잘못된, 치료 권장사항과 완전히 반대되는 처방을 내리고 있다는 사실을 보도하게 됩니다.

여러 원인이 있었지만 주요 원인 중 하나는 실제 암환자의 임상 데이터가 아닌 소수의 가상 암환자의 데이터를 가지고 AI 시스템을 학습시킨 것이었습니다. 데이터가 누락되거나 모호한 방식으로 기록되거나 시간순으로 기록되지 않아 진단과 같은 명확한 개념에 대한 정확도는 90 ~ 96%였지만 치료 일정과 같은 시간 의존적 정보의 경우에는 정확도가 63 ~ 65%에 불과했습니다. 또한 Watson이 656명의 대장암 환자에게 최선의 치료안으로 제시한 결과가 전문의료진의 견해와 일치하는 비율은 49%에 불과했습니다. 결국 IBM과 MD Anderson Cancer Center는 4년 동안 6,200만 달러(약 700억원)의 비용이 들어간 OEA 프로젝트 개발을 중단하게 되었습니다.

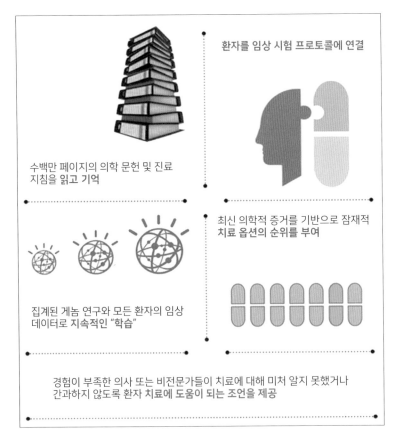

그림 2-7 Oncology Expert Advisor(OEA) AI 프로젝트 개요(출처: NOTES ON A WATSON FAIL, https://thomaswdins-more.com/2018/02/21/notes-on-a-watson-fail/)

2.2 AI 시스템의 품질 확보가 어려운 이유

>>>

뉴스나 언론 기사를 통해 많이 알려진 대표적인 몇 가지 AI 시스템의 오류 사례를 앞에서 살펴보았는데, AI 시스템의 오류는 가볍게 웃고 넘길 수 있는 해프닝 수준으로 끝날 수도 있지만 경우에 따라서는 물질적 피해, 사람의 안전과 생명에 치명적인 위협을 가할 수도 있습니다.

IT 분야 시장조사기관인 IDC가 2019년 5월에 발표한 'AI Global Survey 2019'에 통계에 따르면 절반에 가까운 응답자가 AI 프로젝트 실패율을 10 ~ 29%라고 응답했고, 20%에 가까운 응답자는 실패율이 30 ~ 49%에 이른다고 응답했다고 합니다. 가장 큰 실패 사유는 AI 시스템이 기대한 만큼 성능이 나오지 않는 것, 그리고 전문적인 기술 역량이 부족해서라고 조사되었습니다.

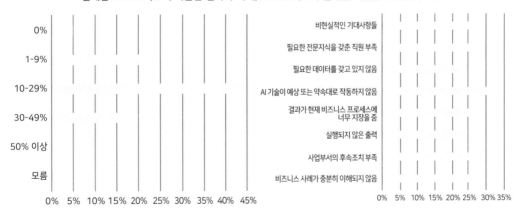

그림 2-8 AI 프로젝트 실패율과 실패 사유(출처: IS AI FAILING?, https://thomaswdinsmore.com/2020/01/14/is-ai-failing/)

AI 기술이 우리 사회에 널리 적용되기에는 아직까지는 넘어야 할 과제가 많다는 점을 보여주는 통계인데, 그중에서 왜 AI 개발 프로젝트가 적정 수준의 성능과 품질을 확보하기 어려운 것인지 그 이유를 살펴보겠습니다.

2.2.1 데이터 측면

1) 데이터 양

AI 시스템의 품질은 시스템에 제공되는 학습용 데이터에 크게 의존하기 때문에 데이터는 AI 시스템의 핵심 요소입니다. 따라서 AI 시스템을 개발할 때 가장 먼저 고려해야 할 점은 컴퓨터가 데이터를 활용할 수 있도록 필요한 요소를 갖추는 것입니다. 데이터는 방대하지만 그 데이터에 대한 접근은 의외로 간단하지가 않습니다. AI 프로젝트에 참여하게 되는 매우 다양한 이해관계자가 각자 맡고 있는 역할에 따라 서로 다른 견해와 관심사로 인해 데이터에 대한 접근을 서로 다르게 이해한다는 것입니다.

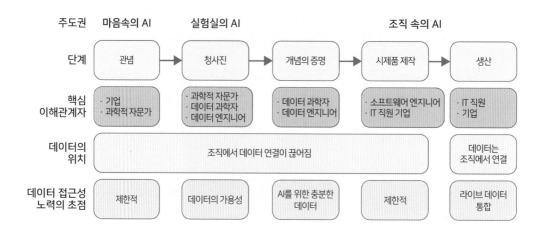

그림 2-9 AI 시스템 개발 단계 핵심 이해관계자와 데이터 접근성(출처: The Data Problem Stalling AI, https://sloanreview.mit.edu/article/the-data-problem-stalling-ai/)

또한, 데이터가 수많은 데이터베이스와 스프레드 시트의 어딘가에 존재한다는 상황이 곧바로 그 데이터에 접근할 수 있음을 의미하지는 않습니다. 데이터 거버넌스 또는 보안 정책이 데이터에 대한 접근 자체를 제한하는 경우가 많기 때문에 필요한 데이터를 확보하지 못하는 문제가 빈번히 발생합니다.

AI 시스템은 인간과 유사한 방식으로 학습하지만 데이터에서 어떠한 패턴을 식별하려면 사람이 필요한 것보다 훨씬 더 방대한 데이터가 필요하고 특히 딥러닝 알고리즘은 그보다 많은 데이터를 제공할수록 결과가 좋기에 충분한 양의 데이터를 확보하지 못하면 AI 시스템의 품질은 제한적일 수밖에 없습니다.

2) 데이터 품질

충분한 양의 데이터를 확보했더라도 그 데이터가 시스템 개발에 필요한 요건을 갖추고 있는지가 더 중요합니다. 가령, 데이터의 분포가 특정 부분에만 편중되어 수집된 데이터로 학습한 모델은 편향된 결과를 낼 수밖에 없습니다. 또한, 데이터의 다양성이 부족하면 왜곡된 결과를 출력하게 됩니다. 데이터의 다양성이라 함은 현실 세계가 갖고 있는 상황을 포괄해야 한다는 것과 주어진 상황에서 변동될 수 있는 변동 요소를 모두 갖추어야 한다는 의미입니다. 예를 들어, 음성 데이터를 수집한다면 발화자의 연령, 성별 등이 골고루 있어야 할 것이고, 특정 발화자라 할지라도 주변 잡음이 있는 경우와 없는 경우 등 여러 변동 요소를 고려한 데이터가 있어야 오류 없는 결과를 출력할 수 있다는 것입니다.

또한, 데이터의 신뢰성, 프라이버시 문제 해결 등이 보장되지 않으면 우리가 신뢰할 수 있는 AI 시스템의 품질을 얻기가 어렵습니다. 2019년 3월 EmTech Digital 컨퍼런스에서 실시한 미국 비즈니스 리더 대상의 설문조사에서 AI 데이터 품질과 개인정보보호와 관련된 신뢰 문제에 대해 응답자 거의 절반이 AI 데이터 품질에 대한 신뢰가 부족하다고 응답한 것만 보더라도 양질의 AI 데이터를 얻기 위해 얼마나 많은 관심을 기울여야 하는지를 알 수 있습니다.

표 2-1 국제표준 ISO/IEC 25024:2015에서 정의한 데이터 품질 측정 세트

데이터 품질요소	측정 항목	주요 내용
정확성	구문 데이터 정확성	구문적으로 정확한 값을 갖는 데이터 항목의 비율을 측정
	의미 데이터 정확성	의미적으로 정확한 데이터 값의 비율을 측정
	데이터 세트의 부정확성의 위험	데이터 세트의 데이터 값 중에서 부정확해질 위험을 나타내는 이상치(outlier) 데이터 값의 비율을 측정
	데이터 범위 정확성	지정된 범위 안에 포함된 데이터 항목의 비율을 측정
완전성	기록 완전성	완전성을 측정할 수 있는 레코드의 데이터 항목 중 널(null)이 없는 데이터 항목의 비율을 측정
	데이터 값 완전성	데이터 파일 내 데이터 항목에서 기대값을 만족하는 데이터 값의 비율을 측정
일관성	참조 무결성	완전성을 측정할 수 있는 레코드의 데이터 항목 중 널(null)이 없는 데이터 항목의 비율을 측정
	데이터 불일치의 위험	데이터 값에 중복이 존재하는 데이터 항목의 비율을 측정
	의미론적인 일관성	데이터 파일에 대해 의미적으로 정확한 데이터 항목의 비율을 측정
현재성	항목 요청 업데이트	업데이트 주기와 조건에 맞게 업데이트 요청이 있는 정보 항목의 비율을 측정
준수성	데이터 값 또는 형식 의 규제 준수	표준이나 협약, 규정에 부합하는 데이터 항목의 비율을 측정
정밀성	데이터 값의 정밀성	명세서의 정밀도를 만족하는 데이터 값의 비율을 측정
추적성	데이터 값의 추적성	요청된 접근 추적성 값이 존재하는 데이터 값의 비율을 측정
이해성	기호 이해성	이해 가능한 기호로 표시되는 데이터 값의 비율을 측정

3) 데이터 라벨링 품질

데이터 측면에서 AI 시스템의 품질과 관련이 있는 또 한 가지 요소가 있습니다. 지도학습의 경우에는 데이터의 라벨링이 정확하지 않으면 AI 시스템이 잘못된 학습을 하기 때문에 출력 성능에 영향을 주게 됩니다. 요즘은 사물인터넷(IoT)을 통해 수집되는 데이터를 비롯해 많은 부분이 이미지와 동영상과 같은 비정형 데이터가 많습니다. 이렇게 수집되는 데이터에 누군가는 데이터에 라벨을 지정해야(컴퓨터가 알 수 있는 정답을 부여해야) 한다

는 것입니다. 이 작업은 대단히 많은 시간을 소모하는 과정이고, 사람의 노력을 필요로 함과 동시에 관련된 도메인 지식과 맥락, 부단한 소통이 동원되어야 하는 과정입니다. 과연 데이터 라벨링의 정확성, 즉, 부여된 라벨이 실제 조건과 얼마나 잘 일치하도록 보장하고 확인하는 프로세스가 있는지 되돌아볼 필요가 있습니다.

표 2-2 라벨링 방식별 품질 장단점

라벨링 구분	내용	장점	단점
내부 인원에 의한 라벨링	내부의 데이터 사이언스 팀이 라벨링 작업을 주관	· 정확한 라벨링 · 라벨링 프로세스 통제 가능 · 데이터 외부 제공 불필요	· 시간 및 비용 과다
외부 인원에 의한 라벨링	전문 회사가 라벨링 주관	· 정확한 라벨링 · 납기 내에 결과 제공	· 진도 파악 곤란 · 고비용
아웃소싱 또는 크라우드 소싱에 의한 라벨링	프리랜서 또는 임시 직원을 고용하여 라벨링 작업	· 비용 절감 · 적절한 스킬 보유자 평가 및 선정	· 라벨링 전문팀 구성 등에 시간 소요 · 작업 프로세스 수립 및 전달 · 저품질 이슈 등에 대한 대비 필요
데이터 프로그래밍	스크립트에 의한 라벨 자동 부여	· 신속한 처리	· 낮은 품질 · 품질 확인을 위한 사람의 개입 필수
시스템에 의한 라벨링	라벨링 작업, 검증 등 사전에 정의한 규칙이 존재, 피드백 수행	· 사람의 검증 및 피드백으로 높은 정확도 보장	· 초기 단계 저품질(시간 경과에 따라 개선)

2.2.2 기술 측면

AI 기술이 성숙 단계가 아니라는 점도 우리가 성공적인 AI 프로젝트 또는 고품질의 AI 시스템을 개발하는 데 있어서 넘어야 하는 장애물 중 하나입니다(**그림 2-10** 통계 자료 참고).

AI가 넘어야 할 과제

설문 조사에 참여한 임원들은 시스템 통합 문제에서 전문가 부족에 이르기까지 AI의 활성화를 지연시키거나 저해할 수 있는 몇 가지 요인들을 다음과 같이 파악했습니다.

다음 항목들을 장애물로 인식하는 비율

그림 2-10 AI 확산 장벽에 관한 통계(출처: Artificial Intelligence for the Real World, https://hbr.org/2018/01/artificial-intelligence-for-the-real-world)

성공적인 AI 시스템을 개발하려면 기술적 지식과 비즈니스에 대한 이해를 모두 갖추는 것이 반드시 필요하지만, 일반적으로 AI 전문가는 데이터 사이언스를 기반으로 한 전문성을 갖추고 있는 반면 해당 도메인, 소프트웨어 품질에 대한 이해가 부족한 경우가 많고, 기존의 소프트웨어 엔지니어는 AI 기술에 대한 전문성을 아직까지 충분히 갖추지 못한 경우가 많습니다. 그러다 보니 그들 간의 의사소통도 쉽지 않고 심지어 동일한 단어라도 머신러닝 영역과 소프트웨어 엔지니어링 영역에서 다른 의미의 용어로 쓰이고 있는 현실입니다(**표 2-3** 참고). 경영진 또한 현재 AI 기술에 대한 이해와 기술적 가능성, 그 한계에 대해서 제대로 알고 있어야 하지만 현실은 이러한 요소가 충족되지 못한 경우가 대부분입니다.

표 2-3 머신러닝 영역과 소프트웨어 엔니지어링 영역에서 용어 차이 예시

용어	머신러닝	소프트웨어 엔지니어링
Class	분류 모델에서 가져온 "라벨링에 대해 열거된 대상 값 집합 중 하나"	객체 지향 프로그래밍에서 객체를 인스턴스화 하기 위한 확장 가능한 템플릿 정의
Code	가능한 필드(변수) 값, "카테고리"라고도 함	소스코드
Distribution	확률 분포(통계량) 경우에 따라서는 분산 컴퓨팅 또는 병렬화를 의미하기도 함	분산 컴퓨팅. 테스트에서는 분산 시스템의 테스트를 의미
Example	하나 이상의 피처와 라벨로 구성된 데이터 세트의 항목 (observation이라고도 함)	소프트웨어 문서에서 흔히 볼 수 있는 예제 시스템 또는 소프트웨어의 일부분
Execution Environment	컴파일러에서 최근에 가져온 모든 라이브러리의 집합. 특히, 강화 학습에서는 학습 에이전트에 노출된 관찰 가능한 세계를 의미	개발자가 소프트웨어를 구축/배치하기 위해 사용하는 하드웨어 및 소프트웨어 도구로 구성된 시스템
Feature	기계 학습 모델의 입력 데이터에 있는 특성을 가진 변수. 데이터에 대한 예측은 이러한 피처(학습)를 통해 통찰력을 얻은 후에 이루어질 수 있음	소프트웨어 항목의 구별되는 특성
Function	도메인에 매개 변수를 매핑하는 수학적 함수	원칙적으로 같은 의미, 실행상 소스 코드의 구현을 참조한다
Label	지도 학습의 경우: 학습을 통해 예상하는 결과. 예를 들어 e-mail 메시지에 스팸 또는 비 스팸으로 라벨이 지정될 수 있음	양식 또는 사용자 인터페이스에서 텍스트 필드 이름(예: 사용자 버튼의 레이블)
Layer	입력 데이터(아마도 이전 계층에서)에서 작동하고 다음 계층에 입력을 출력으로 제공하는 신경망의 뉴런 집합	다중 계층 소프트웨어 솔루션의 계층(예: 데이터 액세스 계층, 비즈니스 논리 계층, 프레젠테이션 계층 등)
Model	학습 데이터, 학습 프로그램 및 프레임워크에서 훈련된 머신러닝 알고리즘의 출력	상황에 따라 다른 의미가 됨: 개발 모델(프로세스), 데이터 모델(데이터베이스 스키마),...

Network	일반적으로 신경망을 의미	일반적으로 컴퓨터 네트워크를 의미
Parameter	가중치 또는 정규화 파라미터와 같이 손실함수 값을 최소화하기 위해 학습 중에 조정되는 모델의 변수	함수에 제공된 데이터를 입력 인수로 저장하는 변수
Pattern	데이터 세트에서 발견된 패턴	설계 패턴 또는 아키텍처 패턴
Performance	학습 후 특정 모델이 얼마나 잘 수행되는가를 선정된 지표(예: 정밀도, 리콜 또는 False Positive)에 따라 측정한 값	특정 소프트웨어가 실행되는 속도와 얼마나 효율적인지 나타내는 지표값
Quality	위 "performance" 참조	내부(예: 코드 품질) 및 외부 품질(예: 가용성, 성능 등)을 포함한 소프트웨어 품질
Reference	다른 범주와 비교하는 데 사용되는 기준선 범주	다른 변수의 메모리 주소를 가리키는 변수
Regression	수치 값, 관계 식별 및 서로 다른 데이터 유형 간의 상관 관계를 예측하는 것을 의미	회귀(Testing)는 이미 실행된 테스트 케이스의 전체 또는 부분적 선택을 의미(최근의 프로그램 또는 코드 변경이 기존 기능에 악영향을 미치지 않도록 하기 위해 재실행)
Testing	학습 또는 검증에 사용되지 않은 일련의 데이터를 통해 네트워크를 평가하는 프로세스	실제 결과가 예상 결과와 일치하는지 확인하고 소프트웨어 시스템에 결함이 없는지 확인하는 프로세스
Training	라벨링된 예제를 사용해서 네트워크의 가중치와 편향된 부분을 재귀적으로 조정하는 프로세스	개발자 교육
Validation	검증 데이터라고 하는 학습 데이터 이외의 데이터를 사용해서 모델 품질을 평가하는 프로세스. 학습 데이터를 더 이상 사용하지 않고 모델의 일반화를 보장하는 데 중요	검증(verification) 및 확인(validation)은 소프트웨어 시스템이 규격을 충족하고 소프트웨어 시스템이 의도된 목적(요구사항)을 충족하는지 확인하는 프로세스

(출처: Software Quality for AI: Where Are We Now?, https://link.springer.com/chapter/10.1007/978-3-030-65854-0_4)

인공지능을 전공하고 구체적인 기술과 구현과정에 대한 지식과 경험을 갖춘 전문가는 의외로 많지 않습니다. AI 시스템 개발 프로젝트를 기획 단계부터 최종 구현까지 완전하게 완료해 본 경험을 갖춘 전문가 역시 그리 많지 않은 것이 현실입니다. 설령 그런 전문가가 있더라도 인공지능의 세부 분야도 너무 다양하기 때문에 특정 분야의 비즈니스 또는 특정 데이터에 꼭 맞는 능력과 경험을 가진 사람일 가능성은 높지 않습니다.

전반적으로 AI 기술이 아직까지 발전 단계이지 성숙 단계가 아니기 때문에 주어진 비즈니스 문제에 올바른 기술과 프로세스를 적용하는 방법을 아는 AI 전문가의 수는 제한적이라는 현실이 아직까지는 만족스러운 품질의 AI 시스템을 개발하는 데 있어서 하나의 장벽이 되고 있는 것입니다.

2.2.3 AI 시스템의 고유 특성

기존의 소프트웨어를 개발하고 품질을 검증할 때 자주 접하게 되는 상황 중 하나로, 문제를 지금 발견하고 해결하면 시간과 비용이 적을 텐데, 당장은 그것이 사소해 보이고 또 바쁘다는 이유로 해결하지 않고 넘어가다가 나중에 더 많은 시간과 비용으로 그것을 해결해야 하는 상황이 있습니다. 이런 것을 '기술적 부채(technical debt)'라고 합니다.

그림 2-11 기술적 부채에 관한 풍자 이미지

AI 시스템은 전통적 소프트웨어가 흔히 접하게 되는 품질 문제와 머신러닝 특유의 이슈가 합쳐져서 기술적 부채를 형성하게 됩니다. 게다가 이런 부채는 소스코드 레벨이 아닌 시스템 레벨에 가서야 발견되는 특성이 있습니다.

전통적인 소프트웨어 엔지니어링은 소프트웨어가 눈에 보이지는 않지만 가능한 이것을 개념적인 경계로 구분, 모듈화하여 논리적인 일관성을 표현함으로써 문제를 해결하고 개선하는 접근 방식입니다. 하지만 AI 시스템은 외부 데이터에 대한 종속성 때문에 이러한 개념적 경계로 구분하여 소프트웨어의 논리적인 일관성을 표현하기가 쉽지 않습니다.

예를 들어, X_1, X_2, …, X_n을 입력 피처(feature)로 사용하는 AI 시스템에서 X_1의 입력값, 가중치 변경은 나머지 n-1개의 피처(feature) 모두에게 영향을 줄 수 있습니다. 새로운 피처 X_{n+1}이 추가되는 상황도 마찬가지입니다. 이런 것을 CACE(Changing Anything Changing Everything)이라고 하는데, AI 시스템에서 CACE는 입력 피처(feature)뿐만 아니라 학습용 데이터 세팅, 샘플링 방법, 매개변수 등 다른 모든 사소한 변경에 모두 적용됩니다. 특별한 수단이 없는 한 논리적인 일관성을 쫓아가는 것이 어렵습니다.

다른 예를 하나 더 들자면, A라는 문제를 해결하기 위한 모델 M_a가 있었는데, A와는 아주 약간 다른 문제 A'를 해결하기 위한 솔루션이 필요한 상황일 때, 신속한 해결을 위해 M_a를 입력으로 학습해서 약간의 수정만 하게 된 모델 M_a'를 개발한 경우가 있을 수 있습니다. 이런 경우 시스템에는 M_a에 대한 새로운 종속성이 생기기 때문에 차후에 모델을 개선하고자 할 때 복잡한 상황이 생깁니다(이런 것을 correction cascade라고 합니다). 여기에 A"를 해결하기 위해서 또 한 번 동일한 방법을 적용했다면 기하급수적으로 복잡도가 올라가게 되어 메트릭스(예: 정확성 등)가 너무나 복잡한 상호연관성을 갖게 되어 성능 최적화를 위한 개선이 곤란해지는 상황이 되기도 합니다.

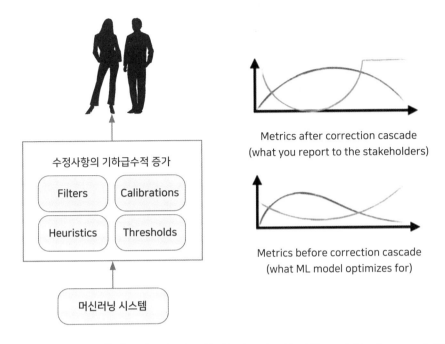

그림 2-12 correction cascade(출처: Technical Debt in Machine Learning, https://towardsdatascience.com/technical-debt-in-machine-learning-8b0fae938657)

또 한 가지 AI 시스템의 특성은 머신러닝 프로세스가 가진 블랙박스 특성입니다. 1장에서 설명한 것처럼 전통적인 소프트웨어는 사람이 정한 규칙(rule)에 따라서 주어진 문제를 해결할 수 있는 프로그래밍을 하기 때문에 출력에 대한 이미지가 명확합니다. 구현해야 할 요구사항과 프로그램에 대한 통찰력을 사람이 갖고 있습니다. 반면에 머신러닝은 주어진 데이터로부터 규칙(rule)을 학습해서 확률적 결과를 내놓기 때문에 출력에 대한 이미지가 명확하지 않습니다. 인공신경망은 인간의 뇌가 구조화되는 방식을 모방하여 수많은 노드의 층(layer)으로 구성되어 입력층, 출력층 및 여러 개의 '숨겨진' 중간층이 존재합니다. 노드 자체는 비교적 간단한 수학적 연산을 수행하지만, 학습한 내용을 기반으로 결과를 생성하는 각 층 사이에서 의사결정 과정은 사람이 구체적으로 알 수 없는 블랙박스와 유사합니다.

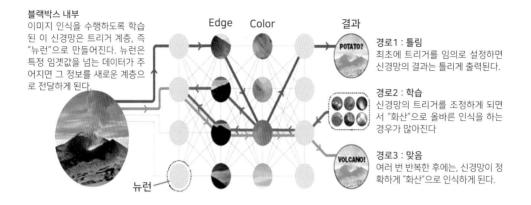

블랙박스 내부
이미지 인식을 수행하도록 학습된 이 신경망은 트리거 계층, 즉 "뉴런"으로 만들어진다. 뉴런은 특정 임곗값을 넘는 데이터가 주어지면 그 정보를 새로운 계층으로 전달하게 된다.

Edge   Color   결과

뉴런

경로1 : 틀림
최초에 트리거를 임의로 설정하면 신경망의 결과는 틀리게 출력된다.

경로2 : 학습
신경망의 트리거를 조정하게 되면서 "화산"으로 올바른 인식을 하는 경우가 많아진다

경로3 : 맞음
여러 번 반복한 후에는, 신경망이 정확하게 "화산"으로 인식하게 된다.

그림 2-13 머신러닝이 가진 블랙박스 특성 예시(출처: How AI detectives are cracking open the black box of deep learning, How AI detectives are cracking open the black box of deep learning)

이러한 블랙박스 특성으로 인해 사람이 전체 과정을 통찰할 수 없기 때문에 모델이 왜 그런 결과를 출력했는지 사람이 다 파악할 수 없고, 또 이렇게 모르는 것들 때문에 모델을 최적화하는 것에도 제한이 있을 수밖에 없습니다.

2.2.4 확립되지 않은 품질관리 방법론

전통적인 소프트웨어 품질관리 방법론에서 제품의 품질을 관리하는 핵심적인 두 가지 수단으로 '검증(verification)'과 '확인(validation)'이 있습니다.

'검증'은 작업 결과물이 앞 단계가 부여한 요건을 만족하는지를 평가하는 수단을 의미하는데, "제품을 제대로 만들었는가?"(To ensure "You built it right?")의 관점으로 검증하는 것을 말합니다. 구체적으로는 동료검토(peer review) 기법을 활용한 요구사항 검증, 설계 검증, 소스코드 검증이나 단위 테스트, 통합 테스트 등이 그 예가 되겠습니다.

'확인(validation)'은 작업 결과물이 사용자의 특정한 목적을 만족하는지 평가하는 수단을 의미하는데, "제대로 된 제품을 만들었는가?"(To ensure "You built the right thing?")의 관점으로 확인하는 것을 말합니다. 구체적인 예로 시스템 테스트나 인수 테스트가 있습니다.

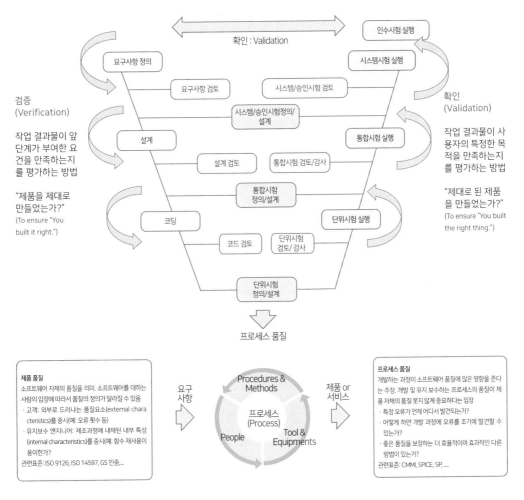

그림 2-14 전통적인 소프트웨어 품질관리의 핵심 개념

또한, 잘 정의된 소프트웨어 개발 프로세스와 그 정의된 프로세스를 내재화하여 잘 준수했을 때 제품 품질이 좋아질 수 있다는 개념은 프로세스 품질입니다. CMMI(Capability Maturity Model Integration), SP(Software Process) 인증 등이 그런 개념에서 생긴 소프트웨어 품질 프레임워크입니다.

한 가지 중요한 사실은 전통적인 소프트웨어 품질관리 방법론에서 제품품질 확보를 위한 핵심 수단인 검증과 확인은 중요한 전제가 있는데, 둘 모두 앞 단계의 결과물을 반드시 활용해야 한다는 사실입니다. 예를 들어 코드 리뷰를 하려면 앞 단계에서 만들어진 요구사항 정의서, 설계서 등을 기준으로 검증(verification)을 수행해야 하고, 시스템 테스트 역시 사용자 요구사항이 기준이 되어 확인(validation)을 수행해야 한다는 것입니다. 따라서 소프트웨어 개발의 각 단계 활동을 체계적으로 수행하고 그 결과가 정리되어 공유할 수 있어야 실효성 있는 제품의 품질관리가 가능해집니다.

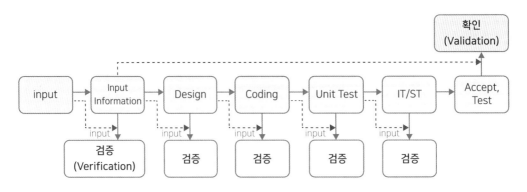

그림 2-15 전통적인 소프트웨어 품질관리 핵심 수단 검증(verification)과 확인(validation)

그런데 AI 시스템에 전통적인 소프트웨어 품질관리 방법론, 즉 검증과 확인을 적용하려고 해도 요구사항 정의서, 설계서 등이 체계적으로 잘 정리되지 않아서 품질관리를 위한 구체적인 기준이 명확하지 않다는 일반적인 현실과 마주하게 됩니다. AI 시스템에서 요구사항 정의서와 설계서가 구체적으로 작성되지 않는 이유는 여러 가지가 있지만 가장 큰 이유는 앞에서 설명한 머신러닝 프로세스의 블랙박스 특성 때문입니다. 사람이 전체 과정을 모두 통찰하지 못하므로 어떤 결과를 출력할지 확신을 갖기가 곤란하다 보니 요구사항 정의서나 개발사양서를 작성하는 일을 자꾸 이후 단계로 미루는 상황이 되고, 결국 품질관리를 실효성 있게 수행할 수 있는 기준이 존재하지 않은 채 개발 과정이 계속 진행되는 상황이 되고 마는 것입니다.

이번 장에서는 사회적인 이슈가 되었던 몇 가지 사례를 통해 AI 시스템이 제대로 된 성능과 품질을 확보하지 못했을 때에는 우리의 재산과 안전 등에도 치명적인 결과를 초래할 수 있다는 사실과 함께 AI 시스템이 기존의 소프트웨어 시스템과는 달리 성능과 품질을 확보하는 데 있어서 어려운 점이 무엇인가를 알아보았습니다.

다음 장에서는 이러한 어려움에도 불구하고 우리가 AI 시스템을 개발하려고 할 때 올바른 성능과 품질을 확보하기 위해서 반드시 짚어 봐야 하는 사항은 무엇인지 구체적으로 알아보도록 하겠습니다.

3

Chapter

AI 시스템
품질관리

앞 장에서 살펴본 것처럼 AI 시스템은 데이터의 양과 질, 기술 자체의 미성숙, 시스템 고유의 특성, 체계화되지 못한 품질관리 방법론 등의 복합적인 원인으로 우리가 신뢰할 수 있는 성능과 품질 수준을 만족하기가 쉽지 않다는 것을 알았습니다. 따라서 이번 장에서는 AI 시스템에 대한 구체적인 품질관리 방법을 데이터, 성능지표, AI 모델, AI 시스템 레벨 등으로 구분해서 소개하겠습니다.

3.1 데이터 품질 확보하기

>>>

컴퓨터 과학에서 자주 사용하는, "GIGO(Garbage In Garbage Out)"란 표현이 있습니다. 컴퓨터 시스템이 출력하는 결과가 갖는 데이터의 품질은 처음 사용한 입력 데이터의 품질보다 나을 수 없다는 의미입니다. 컴퓨터는 엄격한 논리에 따라 실행되기 때문에 입력 품질이 출력 품질을 결정하게 됩니다. 잘못된 입력은 오류가 내재된 출력 또는 우리가 인식할 수 없는 출력을 가져올 수 있습니다. GIGO의 의미처럼 머신러닝에 활용하는 데이터의 품질이 좋지 않으면 머신러닝의 결과물 역시 좋지 않게 됩니다. 정확한 데이터가 많을수록 머신러닝 모델은 더 많은 피처(feature)를 배울 것이고 데이터가 다양할수록 더 가치 있는 정보를 제공하기 때문에 데이터는 우리가 머신러닝을 통해 얻고자 하는 결과물의 품질에 커다란 영향을 주는 요소가 되는 것입니다. 그러므로 품질이 보장되는 머신러닝 기반의 AI 시스템을 개발할 경우에는 우선적으로 데이터를 확인하는 것이 중요합니다.

그림 3-1 GIGO의 의미를 풍자한 이미지(출처: What is GIGO (garbage in, garbage out)?, https://marketbusinessnews.com/financial-glossary/gigo-garbage-in-garbage-out/)

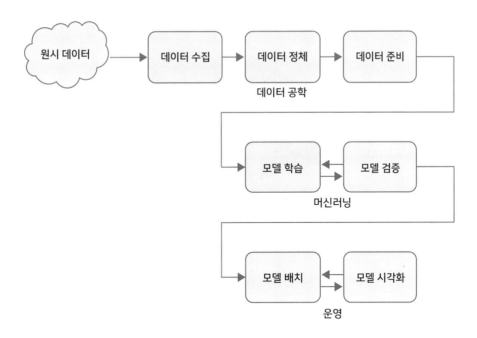

그림 3-2 AI 프로젝트 단계와 데이터

AI 프로젝트에서는 데이터를 수집, 식별, 취합, 정제, 라벨링, 데이터 확장에 이르기까지 데이터를 정리하고 준비하는 작업이 큰 비중을 차지하며 시간 또한 많이 소용되는 작업입니다. 품질이 좋은 데이터를 사용하면 알고리즘의 결과물이 더 높은 정확도를 가져오는 반면에 데이터의 품질이 보장되지 않으면 알고리즘의 결정도 신뢰할 수 없기 때문입니다.

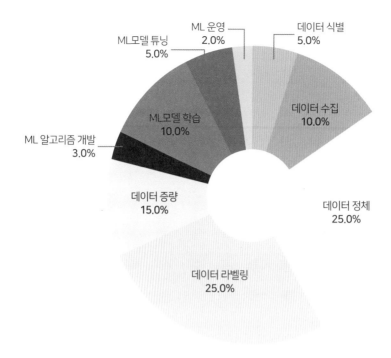

그림 3-3 머신러닝 프로젝트에서 데이터 작업의 비중(출처: The Ultimate Guide to Data Labeling for Machine Learning, https://www.cloudfactory.com/data-labeling-guide)

따라서 AI 프로젝트에서는 데이터의 품질이 프로젝트의 성공을 좌우하는 핵심 요소라고 생각해야 합니다. 데이터를 확인하는 관점에서는 먼저 양(quantity)을 확인해야 할 것이고, 그 다음에 질(quality)을 확인해야 합니다.

3.1.1 데이터 충분성(Sufficiency)

일반적으로 '의사결정 트리'나 '회귀분석'과 같이 초기 머신러닝 알고리즘에서는 더 많은 데이터를 제공하더라도 알고리즘이 더 이상 개선되지 않는 경우가 많았습니다. 그렇지만 Small Neural Network, Medium Neural Network, Large Neural Network 등 심층신경망을 기반으로 한 딥러닝 알고리즘이 나오면서 알고리즘이 복잡해질수록 데이터가 많으면 더 좋은 성능을 보이게 되었습니다(여기서 Small, Medium, Large의 구분은 딥러닝 알고리즘 내부에 hidden unit/layer/parameter 수가 얼마나 많은가에 따른 구분입니다). 즉, 초기 머신러닝 방식은 데이터 양이 특정 수를 초과한 후로는 성능이 일정 수준에서 정체되는 반면 딥러닝 방식은 데이터 양이 증가할수록 성능도 계속 좋아지게 됩니다.

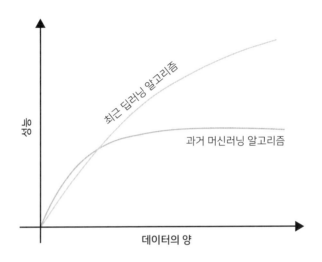

그림 3-4 데이터 양과 AI 알고리즘 성능과의 관계(출처: A 2019 Beginner's Guide to Deep Learning: Part, 1 https://heartbeat.fritz.ai/a-2019-beginners-guide-to-deep-learning-part-1-facff72a6097)

따라서 데이터 세트는 시스템 전체 성능에 높은 신뢰를 줄 수 있을 만큼 충분히 많아야 합니다. 그러나 더 많은 데이터를 수집하기 위해서는 더 많은 비용이 수반되기 때문에 데이터 수집량에 대해 고민하게 되는데, 핵심은 의미 있는 데이터 양을 수집하여 개발에 활용해야 한다는 점입니다. 예를 들어, 개발 진행 중인 A와 B라는 알고리즘이 있고 궁극적으로 성능이 더 좋은 한 개의 알고리즘을 채택하려고 하는 경우를 가정해 보겠습니다. 현재 알고리즘 A의 정확도(accuracy)가 90.0%이고, 알고리즘 B의 정확도가 90.1%라고 한다면 100개 정도 단위의 데이터로는 0.1%의 성능 차이를 감지할 수가 없을 것입니다. 적어도 1,000 ~ 10,000개 이상 정도로 데이터가 필요할 것입니다. 아주 중요한 애플리케이션(예: 광고, 제품 추천 앱 등)의 경우에는 0.01%의 성능 차이가 회사 수익에 직접적인 영향을 미치기 때문에 무시할 수 없는 성능 개선 목표가 될 수 있습니다.

그리고, AI 시스템은 학습과 검증을 반복하기 때문에 알고리즘 학습용 데이터, 검증용 데이터, 테스트용 데이터와 같이 교차검증, 일반화 성능확인, 최종 성능확인 등 각각의 목적에 따라 서로 독립적이면서도 양적으로 충분한 데이터를 확보하였는지 확인하는 것이 중요합니다. 이런 확인 작업을 하려면 기준이 있어야 할 테니 개발하려는 시스템의 '개발사양서' 또는 '요구사항 정의서' 등에 목표로 하는 데이터 품질 기준을 충분성(sufficiency) 항목에 구체적으로 명시하는 것이 필요합니다.

예를 들어, "객체당 이미지는 1,500장 이상 수집해야 하고, 이 중 학습용으로 600장, 검증용으로 300장, 최종 테스트용으로 600장 이상을 중복되지 않게 활용해야 한다."와 같은 예시가 있을 수 있겠습니다. 예시에서는 '중복되지 않게'라는 표현이 들어갔지만 데이터를 효과적으로 활용하기 위해 교차검증 수단을 사용할 경우에는 그런 상황에 맞게 명시하면 될 것입니다.

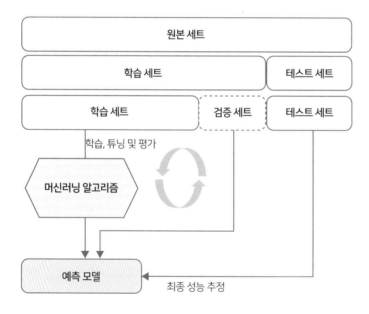

그림 3-5 학습용/검증용/테스트용 데이터의 활용(출처: How to Build A Data Set For Your Machine Learning Project, https://towardsdatascience.com/how-to-build-a-data-set-for-your-machine-learning-project-5b3b871881ac)

3.1.2 데이터 다양성(Diversity)

데이터 세트의 양적인 충분성 이외에 데이터의 다양성이 부족하게 되면 AI 알고리즘 결괏값은 편향성을 나타내기 쉽습니다. 우리가 AI 시스템을 활용하면서 만날 수 있는 위험한 상황 중에 하나입니다. **그림 3-6**과 같이 요리하는 여성 위주의 이미지로 학습한 AI 시스템에서는 요리의 주체는 여성이라는 결괏값을 내는 예를 보여줍니다. 이를 해결하기 위해서는 데이터 수집과 모델 구축 과정의 AI 프로세스를 다양한 시각으로 수행하는 것이 필요합니다.

AI 시스템이 어떻게 편향을 확대할까?

편중된 머신러닝 데이터 세트로 학습된 이미지 인식 시스템은
그런 편향을 의도치 않게 확대한다.

그림 3-6 데이터 편중에 의한 편향적 결과(출처: machine learning bias (AI bias), https://searchenterpriseai.techtarget.com/definition/machine-learning-bias-algorithm-bias-or-AI-bias)

원래 의도했던 AI 시스템의 활용 목적을 달성할 수 있으려면 우리가 살고 있는 세상의 실제 상황과 유사한 특징을 가진 데이터를 반영해야 합니다. 데이터의 다양성에는 포괄성과 변동성, 두 가지 요소가 있습니다.

1) 포괄성(Coverage)

데이터의 포괄성이란 사물과 사람, 장소, 시간, 환경, 언어 특성 등 학습에 유용한 모든 피처(feature) 정보를 AI 시스템의 학습에 반영할 수 있도록 하는 것을 의미합니다.

예시 자율주행 자동차의 데이터: 위치정보(GPS), 촬영시간, 도로종류, 차량 속도 등을 포함한다.

예시 발화자의 음성 데이터: 발화자의 연령, 성별, 지역정보 등을 포함한다.

2) 변동성(Variation)

데이터의 변동성이란 사물과 사람, 장소, 시간, 환경, 언어 등 데이터 피처(feature) 정보가 실제 상황에서 변동될 수 있는 다양한 범위를 AI 시스템의 학습에 반영할 수 있도록 하는 것을 의미합니다.

예시 자율주행 자동차의 데이터: 자율주행 동영상은 넓은 범위의 지역을 대상으로 낮과 밤, 우천, 눈 등 조건하에서 도심도로와 고속도로, 외곽/시골도로를 중심으로 저속과 중속, 고속 주행 환경에서 촬영한 영상을 포함한다.

3.1.3 데이터 신뢰성(Trustworthiness)

이제 AI 시스템은 우리 주변 어디에서나 볼 수 있게 되었지만, '인간이 인공지능을 얼마나 신뢰할 수 있는지'는 점점 중요한 질문이 되어 가고 있습니다. AI 알고리즘을 지속적으로 튜닝함으로써 성능을 개선하고 그 결괏값에 대해 검증하는 과정을 부단히 거쳐야 하겠지만, 실제 환경과 사실에 근거한 데이터, 신뢰할 수 있는 데이터를 수집하여 AI 시스템의 모델을 학습하느냐가 중요한 출발점이 될 것입니다(**그림 3-7** 참조).

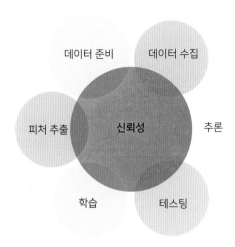

그림 3-7 머신러닝에서 신뢰성을 확보해야 하는 단계들(출처: The relationship between trust in AI and trustworthy machine learning technologies, https://www.groundai.com/project/the-relationship-between-trust-in-ai-and-trustworthy-machine-learning-technologies/2)

지금까지 AI 데이터에 대한 품질요소를 충분성과 다양성, 신뢰성 측면에서 살펴보았는데, 이외에도 국제표준 ISO/IEC 25024:2015에서 정의한 데이터 품질측정 세트도 있으니 이를 참조하는 것도 좋을 것입니다.

표 3-1 국제표준 ISO/IEC 25024:2015에서 정의한 데이터 품질측정 세트

데이터 품질요소	측정 항목	주요 내용
정확성	구문 데이터 정확성	구문적으로 정확한 값을 갖는 데이터 항목의 비율을 측정한다.
	의미 데이터 정확성	의미적으로 정확한 데이터 값의 비율을 측정한다.
	데이터 세트의 부정확성의 위험	데이터 세트의 데이터 값 중에서 부정확해질 위험을 나타내는 이상치(outlier) 데이터 값의 비율을 측정한다.
	데이터 범위 정확성	지정된 범위 안에 포함된 데이터 항목의 비율을 측정한다.

완전성	기록 완전성	완전성을 측정할 수 있는 레코드의 데이터 항목 중 널(null)이 없는 데이터 항목의 비율을 측정한다.
	데이터 값 완전성	데이터 파일 내 데이터 항목에서 기대값을 만족하는 데이터 값의 비율을 측정한다.
일관성	참조 무결성	완전성을 측정할 수 있는 레코드의 데이터 항목 중 널(null)이 없는 데이터 항목의 비율을 측정한다.
	데이터 불일치의 위험	데이터 값에 중복이 존재하는 데이터 항목의 비율을 측정한다.
	의미론적인 일관성	데이터 파일에 대해 의미적으로 정확한 데이터 항목의 비율을 측정한다.
현재성	항목 요청 업데이트	업데이트 주기와 조건에 맞게 업데이트 요청이 있는 정보 항목의 비율을 측정한다.
준수성	데이터 값 또는 형식의 규제 준수	표준 또는 협약, 규정에 부합하는 데이터 항목의 비율을 측정한다.
정밀성	데이터 값의 정밀성	명세서의 정밀도를 만족하는 데이터 값의 비율을 측정한다.
추적성	데이터 값의 추적성	요청된 접근 추적성 값이 존재하는 데이터 값의 비율을 측정한다.
이해성	기호 이해성	이해 가능한 기호로 표시되는 데이터 값의 비율을 측정한다.

그런데, 최근에 과학기술정보통신부에서 '인공지능 데이터 품질표준안'을 발표하였기에 관련 내용을 요약하여 다음 절에서 소개하고자 합니다.

3.1.4 인공지능 데이터 품질 표준안

2020년 10월 과학기술정보통신부(이하 '과기정통부')에서는 인공지능(AI) 데이터 관련 품질의 개념과 범위, 세부 요구사항 등을 정립한 표준안을 개발하고, 관련 전문가 등의 의견 수렴 절차를 거쳐 2021년에 최종 채택 확정할 것이라고 보도자료를 통해 공식 발표하였습니다. 이 표준안은 자연어 처리와 자율자동차, 의료, 농축수산, 제조 등 다양한 분야에서 공통적으로 적용이 가능한 범용 표준의 형태로 개발되었으며, 데이터 수집·정제·가공·품질 검증·활용 등 단계별로 필요한 표준절차와 품질 요구사항 등을 정의하고 기본적인 데이터 규격을 담고 있습니다.

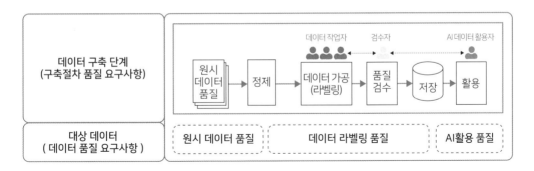

그림 3-8 과기정통부 인공지능 데이터 품질 표준안 범위(출처: 과기정통부 인공지능 데이터 품질 표준안)

구체적인 내용으로는 ① 원시 데이터 수집 단계의 다양성, 사실성 등의 품질 요구사항 및 파일 포맷, 해상도 등의 기술 적합성 요구사항, ② 정제 단계의 데이터 중복방지 및 비식별 화 조치 요구사항, ③ 가공 단계의 객체 분류체계 및 라벨링 규격 요구사항, ④ 품질검수·활 용 단계의 유효성 등 검수 요구사항·방법 등으로 구성되어 있습니다. 또한, 데이터 구축 전 단계에 적용되어야 할 품질관리 대상을 데이터 자체의 품질관리(data-oriented quality, 일반 요구사항)와 구축 과정의 품질관리(process-oriented quality, 구축 요구사항)로 구 분하여 상세하게 기술하고 있습니다.

표 3-2 과기정통부 인공지능 데이터 품질 요구사항

데이터 요구사항	원시 데이터 품질	데이터 라벨링 품질	인공지능 활용 품질
주요 요구사항	· **기준 적합성** 　- 대표성, 다양성, 사실성 등 · **기술 적합성** 　- 표준 포맷 준수 여부	· 라벨링 정확성 　- 의미적 정확성 　- 구문적 정확성	· 유효성

(출처: 과기정통부 인공지능 데이터 품질 표준안)

표 3-3 과기정통부 인공지능 데이터 구축 절차 요구사항

구축 절차 요구사항	획득	정제	가공(라벨링)	품질검수
주요 요구사항	· 법/제도 준수 · 획득 환경 · 획득 대상 등	· 정제 기준 · 비식별화 · 중복성 방지 등	· 라벨링 포맷 · 라벨링 도구 · 작업 방식 등	· 검수 기준 · 검수 방법 등

(출처: 과기정통부 인공지능 데이터 품질 표준안)

과기정통부가 발표한 '인공지능 데이터 품질 표준안'의 상세 내용은 부록 A를 참고하기 바랍니다. 그리고, 과기정통부 산하 한국지능정보사회진흥원(NIA)에서 발간한 "인공지능 학습용 데이터 품질관리 가이드라인"에는 AI 학습 데이터를 구축할 때 품질관리 전반에 대한 활용 기준들이 제시되어 있으니 인터넷에서 이 자료를 검색해서 참고하면 데이터 품질 확보에 많은 도움이 될 것입니다.

3.1.5 AI 시스템의 데이터 품질관리 체크리스트 예시

지금까지 살펴본 AI 시스템의 데이터 품질을 확보하기 위해 관심을 가져야 하는 사항에 대하여 프로젝트 관리자나 품질관리자가 활용할 수 있는 체크리스트 예시를 간략하게 소개합니다.

- [ ] 1. 데이터의 양이 충분하고, 그 비용은 적정한가?
- [ ] 2. 의미 있는 양인가?
- [ ] 3. 의도하는 모집단의 견본 또는 실제 데이터를 이용하고 있는가?
- [ ] 4. 불필요한 데이터가 포함되어 있지 않는가?
- [ ] 5. 포함하면 안 되는 모집단의 데이터와 섞여 있지 않는가?
- [ ] 6. 개발사양서에 명시된 데이터에 대한 요구사항을 충족하는가?
- [ ] 7. 데이터에 대한 제한에 위배되지 않았는지 모니터링하고 있는가?
- [ ] 8. 데이터의 편중, 편향, 오염은 없는가?
- [ ] 9. 개발자가 생각하는 '편향을 발생시키는 것'만 좋은 것으로 간주한 것은 없는가?
- [ ] 10. 데이터는 너무 복잡하지 않거나 너무 간단하지 않은가?
- [ ] 11. 필요한 요소를 적절하게 포함한 샘플인가?
- [ ] 12. 데이터 라벨링은 타당한가?
- [ ] 13. 데이터의 특성은 적절하게 고려되고 있는가? (다중 공선성: 회귀분석에서 사용된 모형의 일부 예측변수가 다른 예측변수와 상관 정도가 높아, 데이터 분석시 부정적인 영향을 미치는 현상 등)
- [ ] 14. 각각의 데이터는 상식적인 값인가, 혹은 한계값을 벗어나는 데이터는 없는가?
- [ ] 15. 이상치와 결측값 처리는 적절한가?
- [ ] 16. 소유권과 저작권·지적재산권, 기밀성, 개인정보는 적절하게 고려되고 있는가?
- [ ] 17. 학습용 데이터와 검증용 데이터는 독립적인가?
- [ ] 18. 학습 프로그램과 데이터 생성 프로그램의 결함에 의해 데이터의 의미가 훼손되지는 않는가?

3.2 성능지표 결정하기

>>>

인공지능, 특히 머신러닝은 빠르게 성장하고 있지만 이 분야의 복잡성이 갈수록 더해지면서 품질관리를 수행하는 것은 어려워지고 있습니다. AI 프로젝트를 진행할 때 개발 부서 자체적으로 목표로 하는 제품 품질을 정의할 필요가 있고, 품질관리 부서도 품질의 목표를 설정하고 진행하는 것이 무엇보다 중요할 것입니다. 또한 고객이 AI 시스템의 품질을 정확히 이해하기 위해서라도 머신러닝 모델의 품질을 정량적으로 표현하는 것이 필요합니다. 어떤 모델이든 간에 현재 모델의 성능을 올바르게 평가하는 것이 대단히 중요합니다. 모델을 평가하는 요소와 그것을 수치화한 지표, 그리고 관련 개념에 대하여 알아보겠습니다.

모델을 평가하는 요소는 결국, 모델이 내놓은 답과 실제 정답의 관계로써 정의를 내릴 수 있습니다. 정답은 'A(True)'와 'B(False)'로 이미 주어져 있는 가운데, 모델이 'A(True)' 또는 'B(False)'의 답을 내놓습니다. 이럴 경우, 아래와 같은 confusion matrix로 모든 경우의 수가 나타날 것입니다.

표 3-4 머신러닝 모델의 confusion matrix

구분		실제 정답	
		A(True)	B(False)
모델 결괏값	A (True)	맞는 긍정 TP(True Positive)	틀린 긍정 FP(False Positive)
	B (False)	틀린 부정 FN(False Negative)	맞는 부정 TN(True Negative)

여기서,

- TP(True Positive): 정답이 'A(True)'인데, 모델이 'A(True)'로 분류한 경우
- FP(False Positive): 정답이 'B(False)'인데 모델이 'A(True)'로 분류한 경우
- FN(False Negative): 정답이 'A(True)'인데 모델이 'B(False)'로 분류한 경우
- TN(True Negative): 정답이 'B(False)'인데 모델이 'B(False)'로 분류한 경우

로 생각하면 됩니다.

결국, 모델이 'A(True)'로 분류한 것은 긍정(Positive) 클래스이고, 모델이 'B(False)'로 분류한 것은 부정(Negative) 클래스로 표현한 것입니다.

이 기준을 전제로 해서 머신러닝 모델(분류, 판단, 예측 등)에 활용할 수 있는 몇 가지 성능지표를 소개하겠습니다.

1) 정밀도(Precision)

정밀도는 모델이 'A(True)'라고 결과를 낸 것 중에서 실제 'A(True)'인 것의 비율입니다. 즉, 다음과 같은 식으로 표현할 수 있습니다.

- 정밀도(Precision) = TP/(TP + FP)

다른 표현으로는 'Positive 정답율', 'PPV(positive predictive value)'라고도 합니다.

개와 고양이 이미지를 보여주고 그중에서 고양이를 분류해야 하는 경우, AI 모델이 고양이로 분류한 것 중에서 진짜 고양이인 경우가 얼마인지를 살펴보는 지표라고 할 수 있겠습니다.

2) 재현율(Recall)

재현율은 실제 정답이 'A(True)'인 것 중에서 모델이 'A(True)'라고 분류한 것의 비율입니다. 식으로는 다음과 같이 표현할 수 있습니다.

- 재현율(Recall) = TP/(TP + FN),

'적중률(hit rate)'이라는 용어로 표현하기도 합니다.

실제 고양이 이미지를 보고 머신러닝 모델이 고양이라고 분류한 비율을 나타낸 지표인데, 정밀도와 비교해보면 True Positive의 경우를 다르게 바라보는 관점입니다.

다시 말하면 정밀도나 재현율은 모두 실제 'A(True)'인 정답을 모델이 'A(True)'라고 분류한 경우에 관심이 있는 지표인데, 다만 바라보는 관점이 다를 뿐입니다. 정밀도(precision)는 머신러닝 모델의 입장에서, 재현율(recall)은 실제 정답(data)의 입장에서 정답이라고 맞힌 경우가 얼마나 되는가를 나타내는 지표입니다.

3) 정확도(Accuracy)

정확도는 'A(True)'인 정답을 모델이 'A(True)'라고 분류하고, 동시에 'B(False)'인 정답을 'B(False)'로 분류한 것의 비율입니다. 앞서 설명한 정밀도와 재현율은 모두 'True'를 "True"라고 옳게 예측한 경우에 대해서만 다루었습니다. 하지만, 'False'를 'False'라고 예측한 것도 옳은 경우가 되겠지요. 이러한 상황을 고려하는 지표가 바로 정확도(accuracy)입니다. 식으로는 다음과 같이 나타냅니다.

- 정확도(Accuracy) = (TP + TN)/(TP + FN + FP + TN)

정확도는 가장 직관적으로 모델의 성능을 나타낼 수 있는 평가지표입니다. 앞에서 예를 들었던 개와 고양이 사례를 보자면 고양이는 고양이로, 고양이가 아닌 것은 고양이가 아닌 것으로 판단한 경우를 모두 고려하는 지표입니다.

모델이 어떤 용도로 활용되는가에 따라 정밀도를 중요하게 보아야 할 경우가 있고, 재현율을 중요하게 보아야 할 경우가 있다는 점에 유의해야 합니다. 즉, 정밀도와 재현율 중에서 어떤 지표가 더 적합한지는 해당 모델을 어떤 용도로 활용하는가에 따라 판단이 필요하다는 것입니다.

예를 들어, 암환자를 예측하는 두 가지 모델이 있는데, 이들 모델에게 동일한 데이터를 입력해서 나온 예측 결과를 가지고 어느 모델이 더 우수한지를 생각해 보기로 합시다.

표 3-5 모델 A의 예측 결괏값

모델 A		실제 데이터	
		암환자(True)	정상(False)
모델 예측 결괏값	암환자(True)	20(TP)	0(FP)
	정상(False)	10(FN)	70(TN)

정확도(accuracy) = (TP + TN)/(TP + FN + FP + TN) = $(20+70)/(20+10+0+70) = 0.9$

정밀도(precision) = TP/(TP + FP) = $20/(20+0) = 1$

재현율(recall) = TP/(TP + FN) = $20/(20+10) = 0.67$

표 3-6 모델 B의 예측 결괏값

모델 B		실제 데이터	
		암환자(True)	정상(False)
모델 예측 결괏값	암환자(True)	30(TP)	10(FP)
	정상(False)	0(FN)	60(TN)

정확도(accuracy) = (TP + TN)/(TP + FN + FP + TN) = $(30+60)/(30+0+10+60) = 0.9$

정밀도(precision) = TP/(TP+FP) = $30/(30+10) = 0.75$

재현율(recall) = TP/(TP + FN) = $30/(30+0) = 1$

두 모델 모두 정확도(accuracy)는 0.9로 동일하지만, 모델의 용도가 암환자를 찾아 조기진료를 통해 환자의 사망 확률을 낮추도록 기여하는 것이므로 암환자를 놓치지 않고 제대로 예측하는 것이 중요할 것입니다. 이 경우에는 실제 암환자를 암환자라고 맞히는 비율을 더 높이 평가해야 합리적일 것이므로 재현율(recall)이 더 좋은 모델 B가 모델 A에 비해 상대적으로 더 성능이 좋다고 판단해야 할 것입니다.

그런데 만약 데이터가 암환자가 아닌 충치환자를 예측한 경우라고 가정해 봅시다. 충치환자 중 일부를 정상환자라고 잘못 예측하더라도 심각한 문제는 되지 않지만, 오히려 정상환자를 충치환자로 분류해서 고통스러운 치과 치료를 한다고 하면 큰 불만을 초래하게 될 수도 있겠지요. 따라서 이런 경우에는 재현율(recall)보다는 정밀도(precision)를 더 관심있게 보는 것이 합리적일 것입니다.

결론적으로 정밀도(precision), 재현율(recall), 정확도(accuracy) 등은 상호보완적으로 사용하는 것이 좋고, 당연한 말이겠지만 세 지표가 모두 높을수록 좋은 모델이라고 할 수 있습니다.

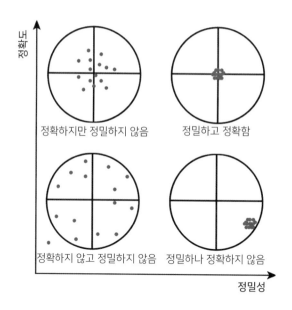

그림 3-9 정밀도(precision)와 정확도(accuracy) 비교(출처: Precision Vs. Accuracy, https://wp.stolaf.edu/it/gis-precision-accuracy/)

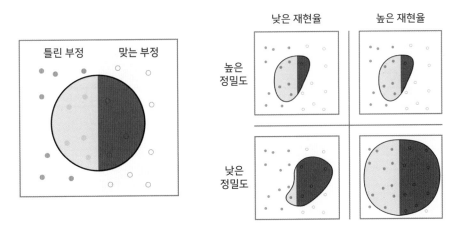

그림 3-10 정밀도(precision)와 재현율(recall) 비교(출처: Image and Video Understanding: A Roadmap For Implementation https://www.stradigi.ai/blog/computer-vision-implementation/)

4) 개선율(Lift)

개선율은 평균반응율 대비 관심 항목에 대한 실제반응율을 나타냅니다. 앞서 예를 들었던 개와 고양이 사례에서 고양이 이미지가 전체 데이터의 70%를 차지하고 있다면 고양이를 맞히는 경우는 평균반응율이 0.7이 될 것입니다(즉, 사지선다형 시험에서 특정 답만 찍어도 25%의 정답률이 되는 경우와 같습니다). 이 경우에 AI 시스템의 예측 모델이 그 가치를 가지려면 적어도 70% 이상의 정밀도나 재현율을 가져야 하는 것이겠지요. 식으로 나타내면 다음과 같습니다.

- 개선율(Lift) = (실제반응율)/(평균반응율)

70%를 차지하는 고양이 이미지 데이터 중에서 고양이를 맞히는 정밀도가 0.98이라고 할 경우, 이 모델의 개선율은 '0.98/0.7 = 1.4'가 되는 것입니다.

그림 3-11은 회사가 무작위로 고객을 샘플링하는 경우보다 구매자를 확보할 가능성이 얼마나 더 큰지 보여주는 개선율(lift) 차트 예시입니다. Decile 1에서 모델 1의 리프트는 2.4이므로 무작위 선택에 비해 2.4 배의 고객을 더 얻을 수 있다는 의미입니다. 개선율(lift) 이 높을수록 더 나은 모델을 나타내는 것이고 개선율(lift)의 최소값은 1.0입니다.

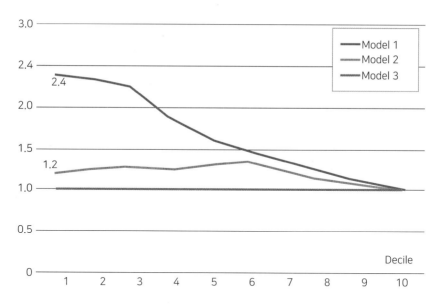

그림 3-11 개선율(lift) 차트 예시(출처: How to determine the best model?, https://medium.com/dataman-in-ai/how-to-determine-the-best-model-6b9c584d0db4)

5) 정밀도와 재현율의 조합(F1 Score)

정밀도(precision)와 재현율(recall)을 활용하여 모델의 성능을 용이하게 평가할 수도 있지만, 모델이 얼마나 효과적인지를 설명하기 위한 지표로 F1 Score를 함께 활용하기도 합니다. F1 Score는 정밀도와 재현율의 조화평균을 말합니다.

- F1 Score = 2 × (Precision × Recall)/(Precision + Recall)

산술평균이 아닌 조화평균을 사용하는 이유는 큰 비중을 차지하는 데이터로 인한 왜곡을 줄이기 위한 것입니다.

그렇기 때문에 F1 Score는 수집된 데이터가 불균형한 경우에 모델 성능을 정확하게 평가할 수 있는 지표입니다. 예를 들어, 아프리카 지역의 맑은 날을 예측한다고 할 경우, 아마도 데이터의 대부분은 맑은 날로 수집되어 있을 것입니다. 이 경우 맑은 날을 얼마나 맞혔는지를 관심사로 하는 정밀도와 재현율 각각은 크게 의미 있는 지표가 못 된다고 할 수 있습니다. 이러한 경우에 F1 Score를 활용하게 됩니다.

F1 Score가 유용한 또 다른 경우를 알아보겠습니다. 여러 개의 평가지표가 있으면 알고리즘의 성능을 비교하기가 더 어려워집니다. 예를 들어, 정밀도와 재현율이 **표 3-7**과 같은 두 개의 알고리즘이 있다고 하면 어떤 알고리즘이 더 우수한지 판단하기가 곤란합니다. 정밀도와 재현율은 사실상 서로 상충(trade-off) 관계에 있기 때문입니다.

표 3-7 정밀도와 재현율에 의한 알고리즘 성능 비교

구분	정밀도	재현율
알고리즘 A	95%	90%
알고리즘 B	98%	85%

이런 경우에 F1 Score를 동원하면 판단하기가 쉬워집니다. 각 알고리즘의 F1 Score를 구해서 비교하면 **표 3-8**과 같이 어느 알고리즘이 더 우수한지 판단할 수가 있습니다.

표 3-8 F1 Score에 의한 알고리즘 성능 비교

구분	정밀도	재현율	F1 Score
알고리즘 A	95%	90%	92.4%
알고리즘 B	98%	85%	91.0%

앞서 살펴본 지표에 대하여 보다 나은 이해를 돕기 위해 예시를 통해 알아보도록 하겠습니다.

과일 이미지를 보고 어떤 과일인지를 판단하는 이미지 인식 모델이 **그림 3-12**와 같이 총 416개의 이미지를 보고 다음 도표와 같은 판단 결과를 얻었다고 가정하고, 앞에서 설명한 지표를 알아보겠습니다.

AI 이미지 인식 결과		65개 🍎	55개 🍓	117개 🍊	83개 🍇	54개 🍌	42개 🍉	
	사과	61	2	0	0	1	0	
	딸기	1	50	1	0	4	0	
	오렌지	0	2	98	4	0	0	정밀도 (precision)
	포도	0	0	10	78	2	0	
	바나나	0	1	8	0	46	0	
	수박	2	0	0	1	1	42	

재현율
(recall)

그림 3-12 이미지 인식 모델의 인식 결과 예시

① 오렌지에 대한 정밀도(precision): 모델이 오렌지로 판단했을 때 실제 오렌지일 확률

$98/(0 + 2 + 98 + 4 + 0 + 0) = 98/104 = 0.94$

② 오렌지에 대한 재현율(recall): 실제가 오렌지인데 모델이 오렌지로 판단할 확률

$98/(0 + 1 + 98 + 10 + 8) = 98/117 = 0.83$

③ 수박에 대한 정확도(accuracy): 수박은 수박으로, 수박이 아닌 것은 수박이 아니라고 판단할 확률

$(42 + 374)/[42 + (62+ 2+ 0 + 0 + 1 + 0 + 1+ 50+ \cdots + 1 + 1)]= 416/416 = 1$

④ 모델 전체에 대한 정확도(accuracy): 각각의 과일을 정확하게 판단할 확률

$(62 + 50 + 98 + 78 + 46 + 42)/416 = 0.90$

⑤ 오렌지에 대한 개선율(lift): 오렌지의 경우, 총 416개 중 104개(평균반응율 0.25), 정밀도가 0.94이므로

$0.94/0.25 = 3.76$

⑥ 오렌지에 대한 F1 Score: 오렌지의 정밀도와 재현율의 조화평균

  2 * (0.94 * 0.83)/(0.94 + 0.83) = 0.88

6) ROC 곡선

ROC(Receiver Operating Characteristics) 곡선은 이진분류를 위한 선형회귀 모델 등에 대한 성능을 평가할 때 많이 활용하는 지표입니다.

x축은 실제 정답이 'B(False)'인 것 중에서 'A(True)'로 판단한 비율(아닌 것을 맞는 것으로 잘못 예측한 비율)이고, y축은 실제 정답이 'A(True)'인 것 중에서 'A(True)'로 판단한 비율 (맞는 것을 맞는 것으로 잘 예측한 비율)로 그래프 축을 구성해서 실제 데이터를 대응시킨 결과를 연속해서 이은 선이 바로 ROC 곡선입니다. 이 선과 x, y축 간에 형성되는 면적을 AUC(Area Under the Curve)라고 하는데 이 면적이 클수록 모델의 성능이 좋은 것으로 해석하게 됩니다. 즉 'A(True)'로 예측한 값을 실제 값과 비교했을 때 'A(True)'인 것들이 'B(False)'인 경우보다 높아야 AUC가 커지게 됩니다. 결국 ROC 곡선 위로 가면서 왼쪽으로 더 많이 휘어질수록 성능이 더 좋은 모델이라고 할 수 있습니다.

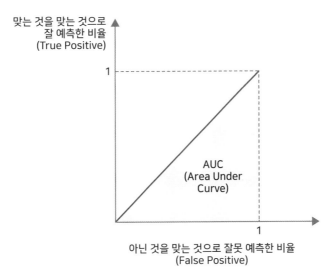

그림 3-13 ROC 곡선의 개념

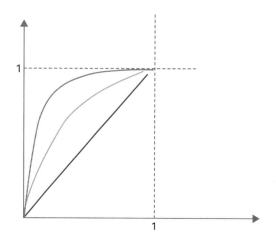

그림 3-14 ROC 곡선으로 나타낸 모델성능 비교 예시

그림 3-14에서 보면 회색 ROC 곡선이 파란색 ROC 곡선보다 면적이 더 넓으므로 성능이 더 좋은 것으로 판단할 있습니다. 빨간색 ROC 곡선은 랜덤으로 예측한 결과(확률이 0.5)와 마찬가지이므로 가장 성능이 나쁜 모델이 되는 것입니다.

7) 평균제곱근 오차(RMSE)

RMSE(Root Mean Square Error)는 예측값과 실젯값의 차이를 제곱한 것을 모두 더해서 표본수로 나눈 값의 제곱근으로 나타낸 식으로 다음과 같습니다.

$$\text{RMSE} = \sqrt{\frac{1}{n}\sum_{i=1}^{n}(y_i - \hat{y}_i)^2}$$

RMSE의 기본 속성이 예측값과 실젯값의 차이이기 때문에 이 값이 작을수록 모델의 성능이 더 좋다고 평가할 수 있습니다. 실젯값과 예측값 간의 오차가 커질수록 그 값이 증가하기 때문에 오차의 존재를 부각시키게 되며, 선형 회귀모델에서 많이 활용하는 지표입니다.

RMSE 값은 예측값의 크기에 의존하기 때문에 항상 예측값의 크기와 비교하여 합리성을 살펴봐야 합니다. 백만원 단위의 값을 예측하는 모델의 RMSE 값과 천원 단위의 값을 예측하는 모델의 RMSE 값이 '10'으로 동일하다면 백만원 단위의 값을 예측하는 모델의 성능이 훨씬 좋은 것입니다.

지금까지 머신러닝 모델에서 활용할 수 있는 몇 가지 성능지표를 알아보았는데, 어떤 도메인, 어떤 데이터, 어떤 용도의 머신러닝 제품을 개발하려고 하는지에 따라 각각의 지표가 해당 제품에 적절한 지표가 될 수도 있고, 적절하지 않은 지표가 될 수도 있습니다. 통상적으로 한 가지 지표가 아닌 여러 지표를 선정해서 다양한 측면으로 모델의 품질을 탐색하는 것이 바람직합니다. 각 지표의 성격을 잘 이해하고 우리가 관심을 갖는 제품에 적합한 성능지표를 선정해서, 각 지표마다 합리적인 목푯값을 설정하는 것이 머신러닝 모델에 대한 품질관리에 있어 중요한 출발점이 될 것입니다.

3.3 AI 모델 품질 확보하기
>>>

AI 시스템 개발 과정 중 알고리즘을 학습시켜서 모델을 개발하는 단계가 시스템의 성능에 대단히 많은 영향을 줍니다. 실제로 대부분의 개발자가 이 단계에서 많은 연구와 시간을 소비합니다. 우선 알고리즘과 모델의 차이부터 간단히 살펴보고 모델의 품질을 확보하는 여러 가지 방법을 알아보도록 하겠습니다.

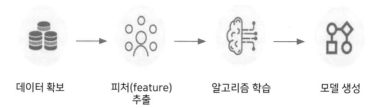

데이터 확보 → 피처(feature) 추출 → 알고리즘 학습 → 모델 생성

그림 3-15 AI 시스템 개발 과정에서 알고리즘과 모델의 차이(출처: Introduction to Fraud Detection Algorithms in Machine Learning, https://intellipaat.com/blog/fraud-detection-machine-learning-algorithms/)

확보한 데이터로부터 우리가 원하는 AI 결과물을 얻을 수 있는 피처(feature)를 추출해서 이런 피처를 잘 처리할 수 있는 기존에 잘 알려진 알고리즘을 선정하거나 새로 개발할 수도 있습니다. 이 알고리즘을 학습용 데이터로 훈련시킴으로써 원하는 결과물을 얻을 수 있는 특화된 AI 모델이 만들어지게 됩니다(**그림 3-15** 참고). 즉, AI 모델은 학습용 데이터, 그리고 선정한 알고리즘에 학습용 데이터로 튜닝 작업을 거쳐서 만들어진 특화된 알고리즘, 이 둘이 세트라고 생각하면 됩니다. 따라서 모델의 성능을 높이려면 좋은 데이터와 적절한 알고리즘, 최적화된 튜닝 작업 등이 모두 기여해야 하는 품질요소인 것입니다. 학습용 데이터에 대한 품질을 확보하는 것은 앞에서 소개한 '3.1 데이터 품질 확보하기' 절을 참고하면 되고, 적절한 알고리즘을 선정하거나 개발하는 것은 AI 시스템을 개발하려는 도메인과 주제에 따라 많은 경우가 있고 시스템 개발자가 주어진 상황에 맞추어서 연구를 해야 하는 사항이므로 여기서는 모델의 품질을 확보하는 것에 집중하여 설명하고자 합니다.

다양한 이미지 중에서 고양이를 판별하고 해당 이미지를 출력해 내는 애플리케이션을 예로 생각해 보겠습니다.

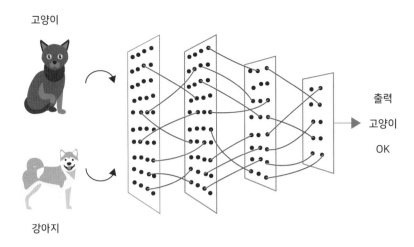

그림 3-16 이미지 인식을 통한 고양이 분류 애플리케이션 예시(출처: The Not So Naive Bayes, https://towardsdata-science.com/the-not-so-naive-bayes-b795eaa0f69b)

고양이 분류 애플리케이션에 적용하려는 모델 A와 모델 B가 있는데, 모델 A의 정확도가 모델 B의 것보다 더 높게 나왔다고 가정하겠습니다. 그런데 모델 A에서는 간혹 음란물 이미지가 출력되도록 허용하고 있다면 모델 A를 채택할 수는 없을 것입니다. 이처럼 일반적인 평가지표로는 모델 A와 모델 B 중에서 어떤 것이 더 타당한지 판별하는데 허점이 있을 수 있습니다. 이 경우에는 음란물 이미지 출력에 대해 불이익한 가중치를 더 많이 주게끔 평가지표를 변경해 적용하는 것이 좋을 것입니다. 머신러닝 개발 과정은 대단히 반복적인 프로세스이기 때문에 모델 튜닝을 반복하는 상황에서 발견되는 특이한 경우를 적절하게 반영하는 평가지표를 만드는 것이 필요합니다.

계속해서 고양이 분류 애플리케이션을 예시로 모델의 품질을 개선하는 사례 몇 가지를 더 알아보겠습니다.

3.3.1 오류 분석

오류 분석은 잘못 판단(또는 분류 예측 등)한 오류의 근본 원인을 이해하기 위해 잘못된 사례를 면밀히 조사하는 프로세스를 말합니다.

예를 들어, 고양이 분류 애플리케이션에서 100개의 오류 사례를 발견했고, 그 100개의 이미지에 대해 사람이 수작업으로 확인한 결과 잘못 분류된 이미지 중 5%가 강아지 이미지라고 가정하겠습니다. 만일 이 모델의 정확도가 90%인 경우(10%의 오류), 강아지를 고양이로 오인하지 않도록 모델을 개선한다면 최대 90.5%의 정확도를 가질 것입니다(원래 오류보다 5% 더 적은 오류율 9.5%). 그런데 잘못 분류된 이미지의 50%가 강아지라고 한다면 이 경우에는 정확도를 95%까지 향상시킬 수 있을 것입니다. 결국 오류 분석은 우리가 개선의 대상을 어디로 정할지를 결정할 때, 즉 우선순위를 설정할 때 유용한 방법입니다. 100개의 이미지를 수작업으로 판별하는 데 장당 1분이 소요된다고 하더라도 2시간 정도면 오류 분석 없이 여러 시행착오를 통해 개선 작업을 수행할 때보다 몇 주일 이상의 노력을 절감할 수 있을 것입니다.

그림 3-17 고양이로 오인할 수 있는 강아지 이미지 예시(출처: The Illustrated Encyclopedia of Cat Breeds, https://www.goodreads.com/review/show/248136930)

이제 오류 분석의 실제 예시를 보겠습니다. 먼저 엑셀 시트에 100개의 잘못 분류한 이미지에 대한 수작업 확인 결과를 작성합니다. 이미지를 조사하다 보니 강아지 이미지, 고양이

과의 다른 동물 이미지, 흐릿한 이미지 등 세 가지 경우가 있었다고 가정하겠습니다.

표 3-9 오류분석 결과 테이블 예시(1)

잘못 분류한 이미지 구분	강아지	다른 동물	흐릿한 이미지	참고 사항
이미지 1	○			특이한 털 색깔
이미지 2			○	
이미지 3		○	○	비 오는 날 찍은 동물원의 호랑이
이미지 4		○		나무 뒤에 있는 사자
…	…	…	…	…
비율	5%	45%	60%	

표 3-9에서 중복 체크한 항목도 있기 때문에 비율의 총합이 100%가 되지 않을 수 있습니다.

강아지에 대한 오류를 개선하면 5%의 오류를 제거하겠지만, 흐릿한 이미지에 대한 보완 작업을 한다면 60%의 오류를 제거할 수 있다고 볼 수 있습니다. 오류 분석은 이와 같이 우선순위가 가장 높은 작업이 무엇인지를 알려주기 때문에 이를 참고하되, 각 항목을 해결하는 데 들어가는 작업량과 비용 등을 감안해서 결정하는 것이 타당할 것입니다.

계속 조사를 하다 보니 이미지에 대한 라벨링이 잘못된 것을 확인했다고 가정하겠습니다. 알고리즘이 처리하기도 전에 라벨링 담당자인 사람이 실수를 한 경우입니다. 라벨이 잘못 지정된 비율이 중요하다고 생각되면 항목을 추가해서 조사를 계속해야 할 것입니다.

표 3-10 오류분석 결과 테이블 예시(2)

잘못 분류한 이미지 구분	강아지	다른 동물	흐릿한 이미지	라벨링 오류	참고 사항
…	…	…			…
이미지 98				○	고양이 배경 그림을 고양이로 라벨링
이미지 99		○			
이미지 100				○	실제 고양이가 아닌 고양이 캐릭터 그림
비율	5%	45%	60%	6%	

100개의 이미지를 조사한 결과 라벨링 오류를 포함하여 **표 3-10**과 같은 결과를 얻었다고 가정합시다. 오류 분석의 근본적인 목적은 모델의 성능을 향상시키는 것이므로 이전 단계에서 발생한 라벨링 오류에 대해 당장 수정할지는 검토가 필요합니다. 만일 라벨링 오류가 상당한 비율을 차지하여 모델 자체의 오류 분석에 영향을 주는 정도의 비율이라면 라벨링 오류부터 수정하고 오류 분석을 다시 수행하는 것이 적절합니다.

이와 같은 오류분석 결과를 얻게 된 모델의 성능이 다음과 같다고 가정해 보겠습니다.

- 모델의 전반적인 정확도: 90%(10% 오류)
- 라벨링 오류: 0.6%(모델 오류의 6%)
- 기타 원인에 의한 오류: 9.4%(모델 오류의 94%)

이 결과를 토대로 라벨링 오류를 당장 해결하는 것이 나쁜 결정은 아니지만 기타 원인에 대한 오류를 수정하는 것보다는 우선순위가 떨어진다고 볼 수 있습니다.

기타 원인에 대한 오류를 수정하고 난 후 모델의 성능이 다음과 같아졌다고 가정하겠습니다.

- 모델의 전반적인 정확도: 98%(2.0% 오류)
- 라벨링 오류: 0.6%(모델 오류의 30%)
- 기타 원인에 의한 오류: 1.4%(모델 오류의 70%)

이 결과에서는 30%의 라벨링 오류는 모델 전체의 오류 추정에 상당한 영향을 주는 비율이라고 할 수 있습니다. 이 경우에는 라벨링 문제부터 해결하고 나서 오류 분석을 다시 수행하는 것이 타당합니다.

라벨을 수정하는 프로세스가 무엇이 되었든 간에 학습용 데이터뿐만 아니라 검증용 데이터에 대해서도 동일한 라벨 수정 프로세스를 적용해야 합니다. 그래야만 학습용 데이터에만 과대적합(over-fitting)되는 상황을 예방하여 차후에 시스템을 배포했을 때 실제 데이터에 대해서도 유사한 성능을 발휘할 가능성이 높습니다.

3.3.2 대규모 데이터에 대한 오류 분석

이번에는 오류율이 20%인 5,000개 규모의 데이터로 학습하는 모델에 대해 생각해 보겠습니다. 20%의 오류를 가지고 있으니 1,000개의 이미지를 잘못 분류하는 모델입니다. 오류를 분석하기 위해 1,000개의 이미지를 수작업으로 조사하기에는 부담스러운 상황입니다. 이런 경우에는 오류 이미지를 두 개의 그룹으로 나누어서 한 그룹에 대해서는 수작업으로 조사를 하여 모델을 튜닝한 후, 수작업 조사를 하지 않은 그룹의 이미지에 대하여 모델을 튜닝하는 방법을 적용합니다. 즉, 샘플링 이미지에 대해서 세심하게 튜닝 작업을 한 후에 샘플링하지 않았던 오류 이미지에 대해 적용하는 것입니다(**그림 3-18** 참조).

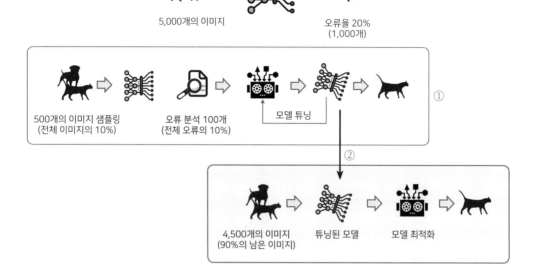

5,000개의 이미지

오류율 20%
(1,000개)

500개의 이미지 샘플링
(전체 이미지의 10%)

오류 분석 100개
(전체 오류의 10%)

모델 튜닝

①

②

4,500개의 이미지
(90%의 남은 이미지)

튜닝된 모델

모델 최적화

그림 3-18 대규모 데이터에 대한 오류 분석 예시

대규모 데이터에 대한 오류 분석에서 샘플링 크기를 얼마로 해야 할지에 대한 분명한 기준은 없습니다. 만일 10개 정도의 오류 데이터를 샘플링에 사용한다면 하지 않는 것보다는 나을 수 있지만 다양한 오류의 범주를 정확하게 측정할 수 없을 것입니다. 20개 정도의 오류 데이터를 분석한다면 개략적인 분포는 파악하겠지만 충분하지는 않다고 보여집니다. 50개 정도의 샘플링은 주요한 오류의 원인은 파악할 수 있을 것이고, 100개 정도라면 아마도 대부분의 오류를 잘 파악할 수 있을 것입니다. 그렇다고 1,000개의 샘플링을 수작업으로 조사하는 경우는 특별한 경우를 제외하고는 잘 없을 것입니다. 핵심은 수작업으로 분석할 시간이 얼마나 허용되는지이고, 이것이 결정 요소가 됩니다.

오류 분석은 모델의 성능을 높이기 위해 무엇을 우선해서 할지를 판단하는 좋은 수단입니다. 새로운 AI 프로젝트를 시작하는 경우, 가장 바람직한 모델을 정확하게 개발하기는 쉽지 않기 때문에 완벽한 모델을 설계하고 구축하려는 방법보다는 기본적인 모델을 빨리 구축하고 학습을 시킨 후에 오류 분석으로 가장 유망한 방향을 찾아서 반복적으로 모델을 개선하는 것이 바람직할 것입니다.

3.3.3 편향성과 변동성 파악하기

머신러닝 엔지니어나 품질관리자는 편향성(bias)과 변동성(variation) 개념에 대해 정확히 알고 있어야 합니다. 편향성은 모델이 데이터 세트의 특정한 특성을 기반으로 추정 또는 예측하는 정도를 의미합니다. 학습된 모델이 출력한 값과 실젯값 간 차이, 즉 정확도와 유사한 개념입니다. 변동성은 학습용 데이터로 훈련된 모델이 다른 데이터 세트에 대해서도 그 성능을 안정되게 유지하는 정도를 의미합니다(**그림 3-19** 참고).

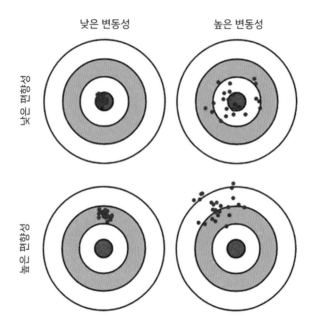

그림 3-19 머신러닝 모델의 편향성과 변동성(출처: Aaditya Kumar, 『Bias-Variance Tradeoff ??? Let us find out…』, https://medium.com/@akgone38/what-the-heck-bias-variance-tradeoff-is-fe4681c0e71b)

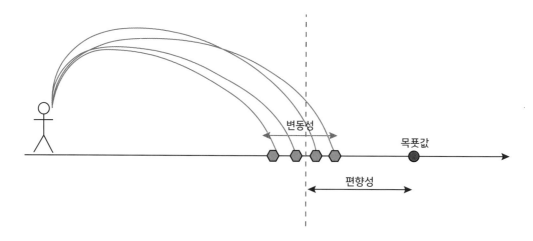

그림 3-20 편향성과 변동성의 직관적 개념(출처: Bias & Variance Concepts & Interview Questions, https://vitalflux.com/bias-variance-concepts-interview-questions)

고양이 분류용으로 학습된 모델의 현재 오류율이 15%이고, 이 모델을 실제 데이터로 테스트했을 때 16%의 오류율을 가진다고 가정하겠습니다. 이 경우에 15%를 모델의 편향성으로 생각하면 되고, 실제 테스트에서 성능이 1% 낮아지는데 이를 변동성으로 생각하면 됩니다.[1] 이와 같은 특성치를 갖는 모델일 경우에는 학습용 데이터를 더 추가하여 학습해도 실제 성능에서는 큰 도움이 되지 않습니다. 학습된 모델의 오류율은 15%(또는 85%의 정확도)인데, 만일 목표로 하는 오류율이 5%라고 한다면 첫 번째로 해야 할 일은 알고리즘 또는 모델을 개선하는 것입니다. 학습된 모델의 현재 정확도가 85%인데 이 모델이 학습하지 못한 또 다른 데이터에서 95%의 정확도를 얻을 수 있는 가능성은 없습니다. 이 경우에는 학습 모델의 최적화를 통해 편향성을 해결한 후에 테스트용 데이터에서도 성능(일반화 성능)이 유지되도록 변동성을 줄이는 것이 올바른 접근 방법입니다.

---

1 통계 분야에는 편향성과 변동성에 대한 보다 공식적인 정의가 있지만, 여기서는 비공식적인 정의만으로도 이해하는데 충분할 것입니다. 개략적으로 편향성은 매우 큰 학습 세트가 있을 때 학습 세트에 대한 모델의 오류율이고, 변동성은 이 학습 세트와 비교해서 테스트 세트에서 얼마나 더 나빠지는지 정도로 이해하면 됩니다. 모델의 전체 오차 = 편향성 + 변동성

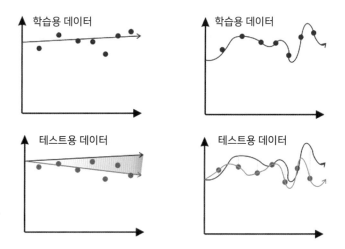

그림 3-21 학습용 데이터와 테스트용 데이터에서 편향성과 변동성(출처: https://zdnet1.cbsistatic.com/hub/i/ r/2019/07/15/ab936d2f-5d9c-44eb-a831-760f0b5aafea/resize/470xauto/d2b15b8ab1d7a2854bc67ccf0c4f- 43da/190715-bias-variance-trade-off.png)

다음과 같은 네 가지 경우에 대해 살펴보겠습니다.

- 학습용 데이터에서 오류: 1%
- 테스트용 데이터에서 오류: 11%

이 경우는 편향성은 1%, 변동성은 10%(= 11% - 1%)이고, 변동성이 더 높은 경우입니다. 학습용 데이터에서는 오류율이 매우 낮지만 실제 성능으로 일반화되지 못했습니다. 이런 경우를 과대적합(over-fitting)되었다고 합니다.

- 학습용 데이터에서 오류: 15%
- 테스트용 데이터에서 오류: 16%

학습된 모델이 15%의 오류로 제대로 맞추지는 못했지만 실제 테스트에서 오류율이 거의 높아지지 않습니다. 편향성은 높지만 변동성은 낮습니다. 이런 경우를 과소적합(under-fitting)되었다고 합니다.

- 학습용 데이터에서 오류: 15%

- 테스트용 데이터에서 오류: 30%

이 경우는 편향성도 높고 변동성도 높습니다. 과대적합(over-fitting)이면서 동시에 과소적합(under-fitting)된 모델이므로 대단히 좋지 않은 경우입니다.

- 학습용 데이터에서 오류: 0.5%

- 테스트용 데이터에서 오류: 1%

이 경우는 편향성도 낮고 변동성도 낮아서 잘 작동하는 모델입니다. 결국 우리는 과대적합과 과소적합 사이의 절충점을 찾아서 이러한 경우로 만드는 것이 중요할 것입니다.

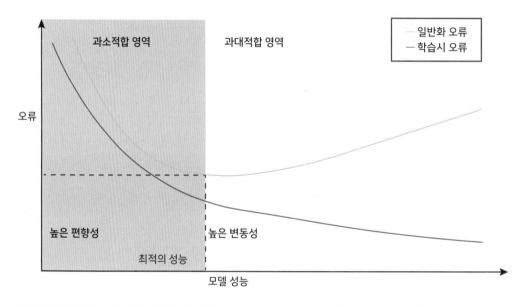

그림 3-22 과대적합과 과소적합, 최적의 성능(출처: Clinical applications of machine learning in cardiovascular disease and its relevance to cardiac imaging, https://www.researchgate.net/publication/326720049_Clinical_applications_of_ machine_learning_in_cardiovascular_disease_and_its_relevance_to_cardiac_imaging)

3.3.4 편향성 줄이기

AI 모델을 개발하는 주체는 결국 인간이기 때문에 인간의 두뇌에 잠재해 있는 각종 편견으로 인해 모델의 편향성은 다양한 방식을 통해 발생하게 됩니다(이 책에서는 bias라는 단어를 편향성으로 표현하긴 했지만 맥락에 따라서 편견으로 이해하는 것이 더 적절한 경우도 있으니 이점은 참고하기 바랍니다.). 편향성은 다음과 같은 원인으로 발생할 수 있는데, 결국 AI 프로젝트 전 과정에 걸쳐 편향성이 주입된다고 생각해야 합니다.

- 데이터 수집 시 편향성
- 데이터 라벨링 또는 해석 과정에서의 편향성
- 모델 설계 및 튜닝 과정에서의 편향성
- 결과 평가 과정에서의 편향성

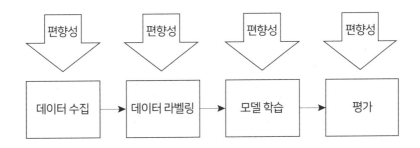

그림 3-23 AI 프로젝트에서 편향성이 개입되는 단계들

요약하자면 데이터 편향과 모델 편향으로 구분할 수 있는데, 두 편향의 사례를 살펴보면 편향성을 줄일 수 있는 접근 방법을 착안할 수 있을 것입니다.

1) 데이터 편향

데이터 편향은 대단히 많은 종류로 구분할 수 있으며 연구 학자마다 차이가 있습니다. 여기서는 우리가 자주 경험하는 몇 가지 편향으로 한정해 알아보겠습니다.

[선택 편향]

선택 편향은 샘플을 잘못 선택해서 샘플이 전체 모집단을 대표하지 못하는 것을 의미합니다. 근본적인 이유가 많지만 가장 일반적인 이유는 접근하기 쉬운 데이터만 수집해서 활용하기 때문입니다. 예를 들어, 설문조사를 통해 데이터를 획득하려고 하는데 특정 집단(평소에 나와 사회적인 네트워크를 형성하고 있는 집단 등)에게만 설문조사를 한다든지, 전체 연령대의 데이터를 획득할 필요성이 있는데 젊은 연령대가 많이 활용하는 SNS를 통해서 데이터를 수집한다든지 하는 경우입니다. 가장 흔히 볼 수 있는 편향입니다.

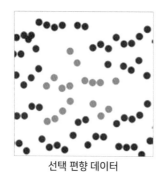 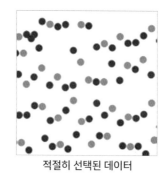

선택 편향 데이터   적절히 선택된 데이터

그림 3-24 선택 편향 데이터 예시(출처: https://data36.com/wp-content/uploads/2017/08/statistical-bias-types-selection-bias-150x150.png)

[관찰자 편향]

관찰자 편향은 '체리 피킹(cherry picking)'이라고도 하는데, 연구자가 무의식적으로 자신의 기대치를 연구에 투영할 때 발생합니다. 개별 사례 또는 데이터를 가리키면서 해당 데이터와 모순될 수 있는 관련 사례 또는 데이터의 상당 부분을 무시하는 경우입니다. 의도치 않게 피조사자에게 영향을 주거나 인터뷰나 설문조사 중 연구자의 가설을 뒷받침하는 통계에 초점을 맞추는 경우와 같이 다양한 형태로 나타날 수 있습니다. 예를 들어, 사용성 테스트(useability test) 데이터를 수집하고자 할 때, 연구자는 이미 해당 제품에 대해 너무 잘 알고 있고, 제품이 좋다는 피드백을 은근히 기대하면서 테스터에게 영향을 줌으로써 결과 데이터가 왜곡될 수 있는 경우입니다. 다소 시간과 비용이 들더라도 제품에 대해 사전 지식을 갖고 있지 않은 데이터 전문가로부터 편견 없는 시나리오와 질문을 구성하도록 해서 데이터를 획득하는 것이 바람직합니다.

그림 3-25 관찰자 편향 – 체리 피킹(cherry picking) 예시(출처: https://www.geckoboard.com/blog/quick-data-lessons-cherry-picking/)

[생존자 편향]

생존자 편향은 이미 예전에 조사되어 있는 데이터를 입수했으나 전체 데이터가 아닌 지금 존재하는 데이터에만 초점을 맞출 때 발생합니다. 현재 확보하지 못한 또 다른 부분의 데이터에 대해 관심을 두지 못한 경우입니다. 즉, 빅 픽처(big picture)를 못 보는 상황이라고 할 수 있습니다.

이와 관련 있는 재미있는 사례로 건물에서 떨어지는 고양이에 대한 연구가 있었습니다. 6층 이상의 건물에서 떨어진 고양이는 그보다 낮은 층에서 떨어진 고양이보다 부상 정도가 경미했다고 합니다. 6층 이상의 높이에서 떨어지는 고양이는 추락하는 동안 최대 속도에 도달하여 긴장을 풀고 착지 준비를 시작하기 때문에 심한 부상이 없었다는 것이 그 이유였습니다. 그렇지만 6층 이상에서 떨어진 고양이는 죽은 고양이가 많아 동물병원에 데려가지 않았고 이 때문에 부상 데이터로 등록되지 않았다는 것이 나중에 밝혀졌습니다. 더 높은 곳에서 떨어졌지만 살아남은 고양이는 단순히 운이 좋게 떨어졌기 때문에 부상이 적었던 것이었죠.

이러한 경우를 예방하려면 데이터를 확보했을 때 한 번 더 생각하고, 조사하고, 검증한 후 확실한 증거를 바탕으로 적합한 데이터라는 확신을 갖는 습관을 가져야 할 것입니다.

그림 3-26 생존자 편향의 상징적 이미지(출처: Survivorship Bias, https://dataschool.com/misrepresenting-data/survivorship-bias/)

[생략된 변수 편향 확인]

생략된 변수 편향(omitted variable bias)은 특히 예측 모델에서 하나 이상의 중요한 변수를 제외할 때 많이 발생합니다. 생략된 변수가 모델의 반응 변수와 상관관계가 있음에도 불구하고 고려하지 않은 경우입니다.

예를 들어, 건물 가격을 예측하는 모델을 다음 식으로 정의했다고 합시다.

- 건물가격 = 지역시세 + (단위면적당 가격 × 면적)

그렇다면 이 변수에 해당하는 데이터만 수집해서 적용하게 될 것입니다. 하지만 건물의 '경과년수' 또한 건물가격에 부정적으로 미치는 영향이 있는 변수임에도 데이터를 반영하지 않아 생략된 변수 편향의 예가 될 것입니다.

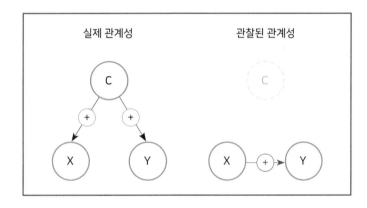

그림 3-27 생략된 변수 편향 예시(출처: Can a confounding factor hide a possible causal relationship? (as opposed to find a spurious one), https://stats.stackexchange.com/questions/463006/can-a-confounding-factor-hide-a-possible-causal-relationship-as-opposed-to-fin)

또 다른 예로, 온라인 비즈니스에서 제품에 대한 모든 사용자 활동을 모니터링하고 그 데이터를 기반으로 85%의 정확도로 구매자가 일주일 내에 구매취소를 하는지 여부를 예측하는 모델을 구축했다고 가정해 보겠습니다. 몇 개월 후, 강력한 경쟁자가 시장에 진입하여 동일한 제품을 절반 가격에 제공하는 바람에 예측 모델의 경고 없이 대량의 구매 취소가 발생했다고 한다면 이는 예측 모델에 경쟁사 변수와 관련 데이터를 고려하지 않은 결과입니다. 사실 이런 상황은 예측 모델 설계에서 사전에 준비하는 것이 거의 불가능한 변수이기는 합니다. 하지만 현재의 예측 모델의 대부분은 '과거에 일어난 일이 미래에 일어날 것'이라는 원칙에 따라 작동하도록 설계하는데 이러한 가설 자체가 모델을 취약하게 만드는 요인이기도 합니다. 간과하지 말아야 점은 우리가 개발한 예측 모델이 1년 또는 2년 이상이 지나도 계속 정확성을 유지할 것이라고 기대하면 안 된다는 점입니다.

2) 모델 편향

대부분의 경우 AI 시스템의 편향성을 편향된 학습용 데이터 탓으로 단편적으로 결론짓는 경향이 있는데 현실은 훨씬 더 복잡합니다. 편향성은 데이터뿐만 아니라 머신러닝 프로세스의 여러 단계에서 발생할 수 있습니다. AI 시스템을 개발할 때 가장 먼저 하는 일은 실제로 달성하고자 하는 목표를 결정하는 것입니다.

예를 들어, 신용카드사는 고객의 신용도를 예측하려고 하지만 '신용도'는 다소 모호한 개념입니다. 이를 계산할 수 있는 대상으로 변환할 때 우리가 어떤 항목에 더 가중치를 둘 것인지를 결정해야 하고, 그런 다음 해당 목표의 맥락에서 신용도를 정의하게 될 것입니다. 이처럼 다양한 비즈니스상 사유에 따라 편향성이 발생할 수도 있습니다.

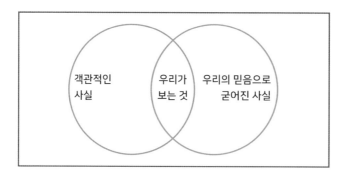

그림 3-28 편향성의 본질 – 진정한 사실보다는 인간이 믿거나 보고 있는 사실(출처: Can AI Algorithms be Biased?, https://towardsdatascience.com/can-ai-algorithms-be-biased-6ab05f499ed6)

근본적으로 머신러닝 모델 자체가 블랙박스이기 때문에 모델을 구성하는 동안 언제부터 편향성이 발생하는지를 정확히 알 수가 없습니다. 데이터와 매개변수를 선택하는 일련의 과정에서 훨씬 나중에 가서야 편향성이 있다는 것을 알아채거나 혹은 최종 테스트 단계에서 밝혀지기도 합니다. 그렇다고 이들 과정을 소급해서 원인을 식별한 다음 이를 제거하는 방법은 현실적으로 대단히 어려운 일이고 노력 대비 성과가 좋은 방법도 되지 못합니다. 여기서는 모델의 편향이 발생했을 때 이를 줄일 수 있는 일반적인 방법을 살펴보겠습니다.

[모델의 크기(뉴런 수/레이어 수) 증가]
모델은 결국 인간의 뇌신경망을 모사한 것으로 입력과 출력 간의 비선형 관계를 병렬로 모델링해 처리할 수 있도록 구현한 것입니다. 학습 알고리즘에 의해 조정될 수 있는 뉴런 간의 경로를 따라 적응 가중치를 조정하면서 개선해 가는 특징을 가지고 있습니다. 즉, 구조적으로 인공신경망은 입력을 수신하여 활성화 함수를 적용할 수 있는 계산 단위나 인공 뉴런층을 사용하는데, 일반적으로 은닉층(hidden layer)의 수, 그리고 주어진 층(layer)에서 뉴런 수나 뉴런 간의 경로 수를 늘림으로써 문제해결 능력 또는 성능이 증가하게 됩니다. 데이터 자체에 편향이 없다면 모델의 크기를 늘리면 편향성 문제도 해결될 가능성이 큽니다. 다만 모델 크기의 증가로 인한 계산 속도 저하를 염두에 두어야 합니다.

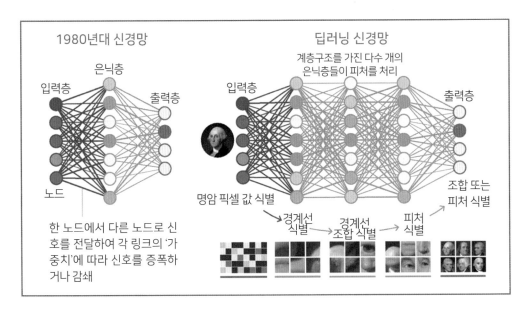

그림 3-29 모델 크기의 증가에 따른 성능 개선 예시(출처: News Feature: What are the limits of deep learning?,
https://www.pnas.org/content/116/4/1074)

[오류 분석을 통한 입력 피처 조정]

앞에서 설명한 오류분석 프로세스를 편향성을 줄이기 위한 방법으로 활용할 수 있습니다.
오류 분석을 통해 알게 된 정보를 가지고 모델의 입력 피처(input feature)를 조정하여 모델의 편향을 감소시키는 방법입니다.

예를 들어, 모바일용 음성인식 앱을 개발하기 위해 오디오 학습용 데이터를 확보했다고 가정하고, 오류가 있는 것으로 밝혀진 100개의 오디오 학습용 데이터에 대해 앞서 살펴보았던 오류분석 프로세스를 진행했더니 **표 3-11**과 같은 결과를 얻었다고 하겠습니다.

표 3-11 음성 데이터에 대한 오류분석 예시

잘못 분류한 음성 데이터 구분	시끄러운 배경 소음	발화자의 빠른 대화 속도	마이크에서 먼 음성	참고 사항
데이터 1	○			차량 소음
데이터 2	○		○	식당 내 소음
데이터 3			○	거실에서 발화자가 지른 고성?
데이터 4	○			커피숍 소음
…	…	…	…	…
비율	75%	25%	50%	

예시를 보면 현재 모델은 배경 소음에 대해 좋지 않은 특성을 보이고 있습니다. 따라서 배경 잡음에 대해 좀 더 좋은 특성을 출력할 수 있도록 모델의 여러 매개변수를 조정할 수 있을 것입니다. 즉, 모델의 매개변수를 조정하면서 동일한 배경 소음 데이터에 대해 출력 특성 변화를 확인하는 방법입니다.

[기타 활용 가능한 방법]

편향성을 해결하기 위해 모델의 크기를 증가시키다 보면 과대적합(over-fitting)이 될 수 있는 가능성이 높아지기 때문에 이를 해결하기 위해 다음과 같은 방법을 동원하게 되는데, 모델에 적용되는 수준을 낮추는 것이나 제거하는 것도 활용 가능한 방법이 됩니다. 일반적으로 편향성과 변동성은 상충 관계에 있으므로 이 사실은 항상 염두에 두고 각 방법의 적용 여부와 적용 수준을 결정해야 합니다.

- Regulation: 이상치(outlier)에 대한 가중치를 변화시켜서 그 영향을 덜 받게 하는 방법. L1 Regulation, L2 Regulation이 있음
- Drop out: 인공신경망에 있는 모든 층과 뉴런에 학습을 시키는 것이 아니라 입력층이나 은닉층의 일부 뉴런을 생략(drop out)하고 학습을 시키는 방법

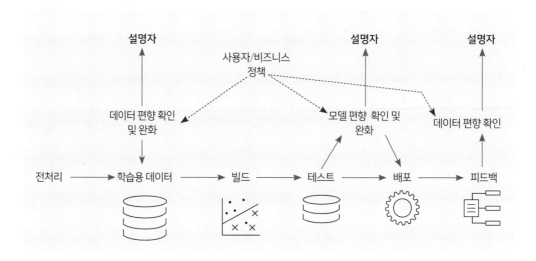

그림 3-30 시스템의 편향성을 확인해야 하는 단계(출처: What's New in Deep Learning Research: Reducing Bias and Discrimination in Machine Learning Models with AI Fairness 360, https://www.linkedin.com/pulse/whats-new-deep-learning-research-reducing-bias-models-jesus-rodriguez)

3.3.5 변동성 줄이기

AI 시스템의 변동성은 학습용 데이터에서는 좋은 특성을 나타내지만, 다른 데이터(확인용 데이터나 테스트용 데이터)에서는 특성이 나빠지는 것을 말합니다. 즉, 입력 데이터가 조금 달라지면 학습 때의 성능과 유사하게 나오지 않는 경우인데, 이처럼 변동성은 모델 성능이 일반화되지 못한 것을 의미합니다.

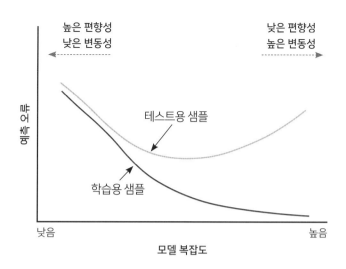

그림 3-31 변동성 개념(출처: WHAT IS BIAS-VARIANCE TRADE-OFF & HOW DOES IT INFLUENCE YOUR MACHINE LEARNING MODEL?, https://www.coriers.com/what-is-bias-variance-trade-off-how-does-it-influence-your-machine-learning-model/)

AI 시스템의 변동성은 학습 모델의 과대적합으로 발생하기 때문에 과대적합을 줄이는 데 효과가 있는 다음과 같은 방법으로 AI 시스템의 변동성을 감소시킬 수 있습니다.

1) 학습용 데이터 추가

변동성(variance)을 줄이는 가장 확실한 방법은 시스템의 계산 능력이 허용하는 범위 내에서 학습용 데이터의 양을 증가시키면 됩니다. 물론 이때 증가하는 데이터 자체가 앞에서 설명한 편향성을 갖지 않는 데이터여야 효과를 거둘 수 있을 것입니다.

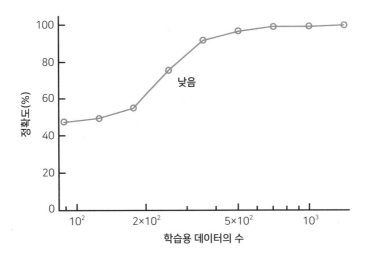

그림 3-32 학습용 데이터의 양과 AI 시스템의 정확도 예시(출처: A general deep learning framework for network reconstruction and dynamics learning, https://appliednetsci.springeropen.com/articles/10.1007/s41109-019-0194-4/figures/7)

2) Regulation 적용

Regulation은 데이터의 이상치(outlier)에 대한 가중치를 변화시켜 그 영향을 덜 받게 함으로써 일반화 성능을 좋게 하는 방법을 말합니다. L1 Regulation과 L2 Regulation으로 나누어집니다. L1 Regulation은 손실함수(실젯값과 예측값의 차이)의 크기에 상관없이 일정한 힘으로 '0' 방향으로 손실함수를 이동시키는 반면, L2 Regulation은 손실함수의 크기가 작아질수록 '0'으로 이동시키는 힘이 약해지는 차이가 있습니다. 이러한 차이로 L1 Regulation은 많은 피처(feature)들의 가중치를 '0'으로 만들고 L2 Regulation은 '0'으로 만들지는 않고 '0'보다 아주 가까운 값으로 만드는 효과가 있습니다(**그림 3-33** 참고). 보다 자세한 설명은 AI 전문 서적이나 통계학 관련 자료들을 참고하는 것이 좋겠습니다.

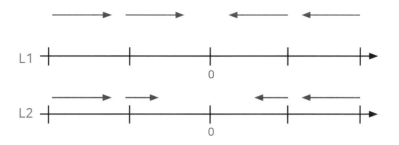

그림 3-33 L1 Regulation과 L2 Regulation 비교

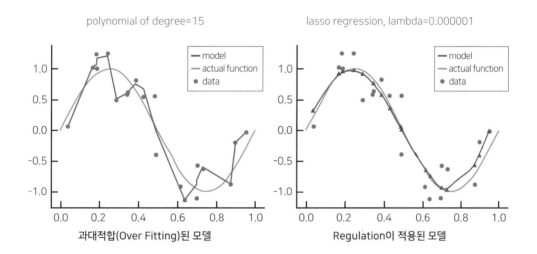

그림 3-34 과대적합 모델에 Regulation을 적용한 효과 예시(출처: Regularization: the path to bias-variance trade-off, https://towardsdatascience.com/regularization-the-path-to-bias-variance-trade-off-b7a7088b4577)

3) Drop Out 적용

Drop out은 인공신경망에 있는 모든 층과 뉴런에 학습을 시키는 것이 아니라 입력층이나 은닉층의 일부 뉴런을 생략(drop out)하고 학습을 시키는 방법을 말합니다. 즉, 학습을 반복할 때마다 입력층이나 은닉층의 일부 노드를 무작위로 선택하거나 일정한 규칙에 따라

선택하여 관련된 연결을 제거하고 학습을 수행합니다. 따라서 각 반복에는 서로 다른 노드 집합과 출력 집합이 생성되기 때문에 더 많은 임의성을 가지게 되어 단일 인공신경망보다 출력 특성이 좋을 수 있습니다.

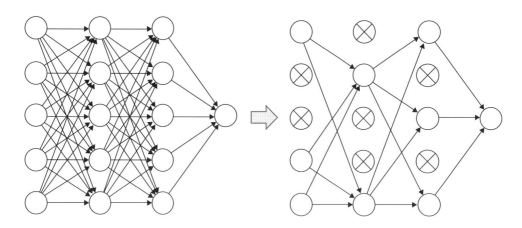

그림 3-35 과대적합을 줄이는 Drop out 예시(출처: An Overview of Regularization Techniques in Deep Learning (with Python code), https://www.analyticsvidhya.com/blog/2018/04/fundamentals-deep-learning-regularization-techniques/)

4) Early Stopping 적용

대규모 네트워크를 학습시킬 때, 학습 중에 학습용 데이터 세트의 통계적 잡음에 대해 학습을 시작하는 시점이 있습니다. 이러한 학습용 데이터 세트에 대한 과대적합의 합이 일반화 오류를 증가시켜 모델이 새로운 데이터에 대한 예측 성능을 떨어뜨리게 됩니다. 이러한 변화가 발생하는 시점을 식별함으로써 과대적합이 발생하기 직전에 학습 과정을 중단하는 것을 Early stopping(또는 Early termination)이라고 합니다.

Early stopping은 입력에서 출력으로의 매핑을 학습할 수 있을 만큼 충분한 횟수로 네트워크를 학습시키지만 학습용 데이터에 과대적합이 발생할 정도의 횟수까지는 학습하지 않는 개념입니다. 오래 전부터 사용하던 방식이고 간단한 방법이긴 하지만 몇 일 또는 몇 주에 걸쳐 대규모 데이터 세트에 대해 학습된 대규모 모델을 버려야 하는 경우가 생기므로 비용이 많이 들고 시간이 많이 걸린다는 단점이 있습니다.

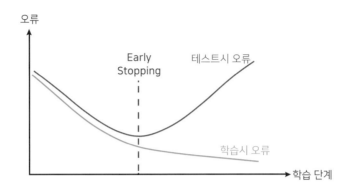

그림 3-36 과대적합을 예방하기 위한 Early stopping 개념(출처: Early Stopping with PyTorch to Restrain your Model from Overfitting, https://medium.com/analytics-vidhya/early-stopping-with-pytorch-to-restrain-your-model-from-overfitting-dce6de4081c5)

5) 모델의 크기 축소

모델의 크기를 줄이는 것은 권장하는 방법은 아니지만 변동성을 줄이는 효과가 있습니다. 예를 들어, 모델의 유용한 기능을 제외하지 않는 한도 내에서 기능 수를 줄이는(예: 1,000개에서 900개) 방법입니다. 편향성을 줄이는 방법을 설명할 때 소개한 사항이기도 하지만 어떤 방법이든 편향성과 변동성은 상충 관계에 있다는 사실을 염두에 두고 적용해야 합니다.

3.3.6 편향성과 변동성의 진단

앞에서 모델의 편향성(bias)과 변동성(variation)의 내용과 이들을 줄일 수 있는 방법을 각각 알아보았습니다. 이번에는 학습곡선(learning curve)을 통해 편향성과 변동성을 진단하는 방법을 소개합니다.

학습곡선은 데이터 수에 대한 모델의 오류를 표시한 그래프입니다. 따라서 이 그래프를 그리려면 다양한 데이터 세트의 크기에 대한 알고리즘을 실행해야 합니다. 일반적으로는 학습용 데이터가 증가할수록 학습에 적용한 알고리즘의 오류가 감소하는 것을 발견하게 됩니다.

예를 들어, 이미지 데이터가 고양이 이미지 1개와 강아지 이미지 1개만 있다고 할 경우, 학습 알고리즘이 이 두 개의 이미지를 모두 기억하고 0%의 오류율을 얻는 것은 쉽겠지만 학습 이미지가 100개 정도로 늘어나면 일부 데이터에 대해서 학습 알고리즘 오류율이 커지기 시작합니다. 반면에 학습이 완료된 모델(개발 모델)에 대해 학습용 데이터가 아닌 검증용 데이터를 가지고 측정을 하면 적은 수의 데이터에 대해서는 오류율이 높겠지만 데이터가 많아질수록 오류율은 감소할 것입니다(**그림 3-37** 참고).

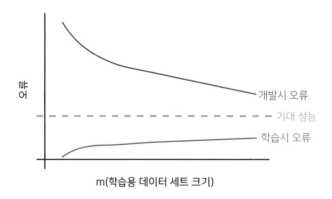

그림 3-37 학습곡선 예시(출처: Machine Learning Yearning(Technical Strategy for AI Engineers, in the Era of Deep Learning) by Andrew NG)

학습 모델과 개발 모델에 대한 오류율을 함께 표시한 이중 학습곡선을 그려보면 모델의 현재 상태에 대해 진단할 수 있게 됩니다. 학습 모델의 오류율은 학습용 데이터에 대한 오류율을, 개발 모델은 검증용 데이터에 대한 오류율을 그래프로 나타내면 됩니다.

1) 학습이 충분히 되지 않은 모델

학습곡선 **그림 3-38**을 보면 학습 모델과 개발 모델 간 간극이 크고 각각의 학습곡선이 거의 평평한 선으로 표시되고 있습니다. 이런 경우는 학습 모델 자체가 충분히 학습되지 않고 조기에 학습을 종료한 경우에 해당합니다. 따라서 이때는 추가로 학습을 더 수행하도록 해야 합니다.

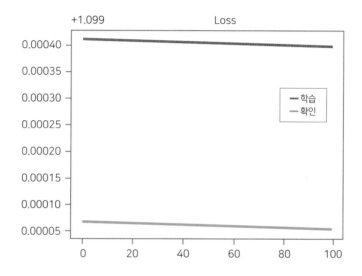

그림 3-38 학습이 충분하지 않은 모델의 학습곡선 예시(출처: Jason Brownlee, 『How to use Learning Curves to Diagnose Machine Learning Model Performance』, https://machinelearningmastery.com/learning−curves)

2) 과소적합된 모델

학습곡선 **그림 3-39**는 학습 모델의 특성이 개발 모델에도 유사하게 나타나지만 학습용 데이터가 커졌을 때에 일정한 오류율을 나타내는 평탄한 구간이 생기지 않은 것을 볼 수 있습니다. 이러한 경우 역시 추가 학습이 필요합니다.

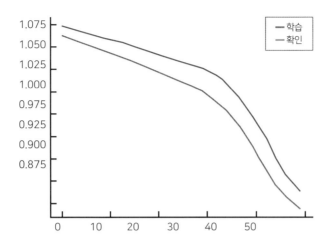

그림 3-39 과소적합된 모델의 학습곡선 예시(출처: Jason Brownlee, 『How to use Learning Curves to Diagnose Machine Learning Model Performance』, https://machinelearningmastery.com/learning-curves)

3) 과대적합된 모델

학습곡선 **그림 3-40**은 오류율이 학습 모델과 개발 모델이 거의 일치하게 감소하다가 100개 정도 데이터부터 학습 모델은 오류율이 계속 감소하는 반면 개발 모델은 오류율이 미세하게 증가하는 것을 볼 수 있습니다. 이는 모델이 학습용 데이터에만 적합하게 맞춰져 있는 과대적합된 사례에 해당합니다. 이런 경우에는 모델의 변동성을 줄이는 방법에서 보았던 Regulation, Drop out 등을 적용해야 할 것입니다. 만일 Early stopping을 적용하기로 했다면 100개 정도의 데이터가 분기점이기 때문에 그 지점이 학습을 중단해야 하는 적절한 시점임을 알 수 있습니다.

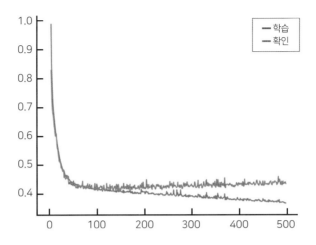

그림 3-40 과대적합된 모델의 학습곡선 예시(출처: Jason Brownlee, 『How to use Learning Curves to Diagnose Machine Learning Model Performance』, https://machinelearningmastery.com/learning-curves)

4) 잘 학습된 모델

학습곡선 **그림 3-41**은 가장 이상적인 경우가 되겠습니다. 두 개의 학습곡선 오류율이 최소한의 간격을 두고 안정된 지점으로 감소하는 것을 볼 수 있습니다. 잘 학습된 개발 모델일지라도 검증용 데이터에서는 학습용 데이터에서보다 오류율이 약간 높게 됩니다.

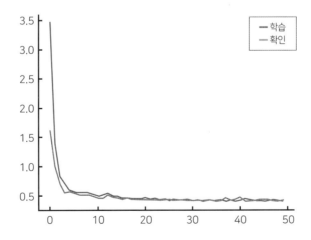

그림 3-41 잘 학습된 모델의 학습곡선 예시(출처: Jason Brownlee, 『How to use Learning Curves to Diagnose Machine Learning Model Performance』, https://machinelearningmastery.com/learning-curves)

5) 학습용 데이터의 대표성이 부족한 모델

학습곡선 **그림 3-42**는 학습용 데이터에 대표성이 부족한 경우입니다. 검증용 데이터에 비해 훨씬 적은 양의 학습용 데이터로 학습했거나, 학습용 데이터 자체가 우리가 맞히려고 하는 현실 대비 통계적인 특성을 잘 갖추지 못했을 경우에 발생합니다.

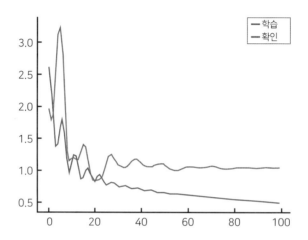

그림 3-42 학습용 데이터의 대표성이 부족한 모델의 학습곡선 예시(출처: Jason Brownlee, 『How to use Learning Curves to Diagnose Machine Learning Model Performance』, https://machinelearningmastery.com/learning-curves)

6) 대표성이 부족한 검증용 데이터로 검증한 모델

학습곡선 **그림 3-43, 3-44**는 검증용 데이터에 대표성이 부족한 경우에 발생하는 예시 두 가지입니다. 학습용 데이터에 비해 훨씬 적은 양의 검증용 데이터로 검증을 수행했을 때 발생합니다.

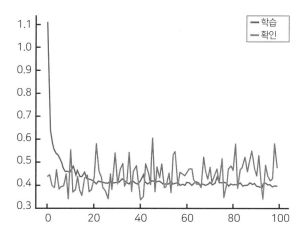

그림 3-43 대표성이 부족한 검증용 데이터로 검증한 모델의 학습곡선 예시 1(출처: Jason Brownlee, 『How to use Learning Curves to Diagnose Machine Learning Model Performance』, https://machinelearningmastery.com/learn-ing-curves)

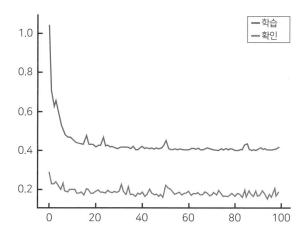

그림 3-44 대표성이 부족한 검증용 데이터로 검증한 모델의 학습곡선 예시 2(출처: Jason Brownlee, 『How to use Learning Curves to Diagnose Machine Learning Model Performance』, https://machinelearningmastery.com/learn-ing-curves)

3.3.7 AI 모델에 대한 품질관리 체크리스트 예시

지금까지 살펴본 AI 모델에 관한 품질을 확보하기 위해 관심을 가져야 하는 사항에 대하여 프로젝트 관리자 또는 품질관리자가 모델의 품질을 확인하기 위해 활용할 수 있는 간략화된 체크리스트 예시를 소개합니다.

체크리스트

- ☐ 1. 학습용 데이터, 검증용 데이터, 테스트용 데이터가 서로 다른 데이터인지 확인했는가?
- ☐ 2. 정확도와 정밀도, 재현율, F1 Score 등 모델 평가지표 값의 목푯값이 타당한가?
- ☐ 3. 모델의 장점을 나타내는 지표(AUROC 등)는 충분한가?
- ☐ 4. 일반화 성능은 확보되어 있는가?
- ☐ 5. 과대적합, 과소적합 등의 문제는 없는가?
- ☐ 6. 적절한 알고리즘과 하이퍼 파라미터 여부에 대한 검토는 수행했는가?
- ☐ 7. 교차검증 등을 충분히 수행했는가?
- ☐ 8. 노이즈에 의해 결과가 왜곡되지 않는가?
- ☐ 9. 수학적 다양성, 의미적 다양성, 사회적 문화적 다양성 등을 고려하여 충분히 다양한 데이터로 검증을 수행했는가?
- ☐ 10. 허용 가능한 손실함수 범위 또는 성능 저하의 영향 범위를 파악할 수 있는가?
- ☐ 11. 학습은 재현할 수 있는가?
- ☐ 12. 학습시 행동과 실제 행동의 차이가 얼마나 나는가?
- ☐ 13. 모델이 노후화되고 있지 않는가?
- ☐ 14. 실제 데이터에 대한 예측 품질이 저하되고 있지 않는가?
- ☐ 15. 목표지표의 측정이 어려운 경우, 측정할 수 있는 대안 지표가 타당성이 있는가?

3.4 시스템 레벨의 품질 검토하기

우리가 비즈니스에 유용한 시스템을 개발하려고 할 때 AI 컴포넌트를 활용하려는 목적은 일반적으로 다음 세 가지 정도일 것입니다.

- 기존에 사람이 수행하던 업무(task)를 컴퓨터가 수행하도록 하기 위해서
- 기존에 컴퓨터가 수행하던 업무의 효율성을 높이기 위해서(예: 언어 번역 등)
- 새로운 업무를 수행하기 위해서(예: 상품추천 시스템 등)

AI 컴포넌트가 어떤 도메인, 어떤 비즈니스에 활용되던 간에 AI 컴포넌트 역시 그 속성 자체가 소프트웨어이기 때문에 시스템 소프트웨어를 관리하는 관점에서 다른 소프트웨어의 구성요소와 동일한 기대치를 갖게 만듭니다. 국제표준 ISO/IEC 25010에 의하면 **그림 3-45**와 같이 시스템 및 소프트웨어에 대한 품질특성을 요구하고 있습니다. IBM 사의 Watson Research Center에 근무하는 연구원 P. Santhanam은 "Quality Management of Machine Learning System"이라는 논문에서 AI 시스템이 갖고 있는 특성에 맞추어 일부 정제되어야 할 부분은 있겠지만 국제표준에 나와 있는 품질특성을 근간으로 AI 컴포넌트를 채택한 시스템에도 **그림 3-45**와 같이 적용해야 할 것이라고 주장합니다.

Quality In Use(사용 품질)	Product Quality(제품 품질)		

Effectiveness (효과성)
Efficiency (효율성)
 	
Satisfaction (만족도)
  Usefulness (유용성)
  Trust (믿음)
  Pleasure (기쁨)
  Comfort (편안)
 	
Freedom from risk (위험성제거)
  Economic risk mitigation
  (재정적 위험 완화)
  Health and safety risk mitigation
  (건강 및 안전 위험 완화)
  Environmental risk mitigation
  (환경적 위험 완화)
 	
Context coverage
(컨텍스트 커버리지)
  Context completeness
  (컨텍스트 완전성)
  Flexibility (유연성)
	Functional suitability
	(기능 적응성)
	  Functional
	  completeness
	  (기능 완전성)
	  Functional correctness
	  (기능 정확성)
	  Functional
	  appropriateness
	  (기능 적합성)
	
	Performance efficiency
	(성능 효율성)
	  Time behavior
	  (시간 반응성)
	  Resource utilization
	  (자원 효율성)
	  Capacity (용량)
	
	Compatibility (적합성)
	  Co-existence (공존)
	  Interoperability
	  (상호운용성)
		Usability (사용성)
		  Appropriateness (허가)
		  recognizability
		  (인식 가능성)
		  Learnability (학습성)
		  Operability (운용성)
		  User error protection
		  (사용자 오류방지)
		  User interface
		  aesthetics
		  (사용자 연계 미학)
		  Accessibility (접근성)
		
		Reliability (신뢰성)
		  Maturity (성숙성)
		  Availability (가용성)
		  Fault tolerance
		  (결함 허용성)
		  Recoverability
		  (복구 가능성)
			Security (보안)
			  Confidentiality (기밀성)
			  Integrity (무결성)
			  Non-repudiation
			  (부인방지)
			  Accountability (책임성)
			  Authenticity (확실성)
			
			Maintainability
			(유지 보수성)
			  Modularity (모듈성)
			  Reusability (재사용성)
			  Analyzability (분석성)
			  Modifiability (수정 용이성)
			  Testability (시험 가능성)
			
			Portability (이식성)
			  Adaptability (적응성)
			  Installability (설치성)
			  Replaceability
			  (교체 가능성)

그림 3-45 국제표준 ISO/IEC 25010 근간의 AI 시스템 및 소프트웨어의 품질특성(출처: Quality Management of Machine Learning System)

사용 품질(Quality in use) 측면에서는 효과성(Effectiveness), 효율성(Efficiency), 만족도(Satisfaction) 특성 중 신뢰성(Trust), 위험성 제거(Freedom from risk), 컨텍스트 커버리지(Context coverage) 등이 충족되어야 하며, 제품 품질 측면에서는 8개의 품질특성이 모두 필수적이고, 이에 대응하는 수십 개의 평가지표가 있는데, 지금까지 AI 컴포넌트 개발자는 정확도(Accuracy) 정도만 활용해서 기능 정확성(Functional correctness)에 대응하는 정도라고 언급하였습니다.

우선 소프트웨어 품질관리에 대한 기존 방법론의 핵심을 소개하고 AI 소프트웨어가 갖는 특성을 감안했을 때 반드시 적용해야 한다고 생각되는 품질활동을 다루도록 하겠습니다.

3.4.1 기존 소프트웨어 품질관리의 핵심 개념

현재까지 우리에게 익숙한 기존 소프트웨어 품질관리 방법론에서 가장 중요한 전제는 '입력에 대응하여 출력되어야 할 기능이 개발 단계에서 문서화된다'입니다. 그리고 여기서 핵심은 출력되어야 할 기능을 충족하지 못하는 소프트웨어 동작, 즉, '결함(defect)'을 정의하는 것이었습니다. 또한 이 결함은 요구사항 검증, 설계 검증, 소스코드 검증, 단위 테스트(white box), 기능 테스트(black box), 시스템 테스트(integration), 데브옵스(DevOps), 운영 단계에 이르기까지 공유되고 있었습니다.

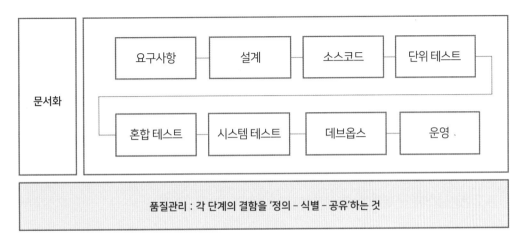

그림 3-46 기존의 소프트웨어 품질관리 방법론에서 핵심 개념

그리고 이 핵심 개념을 중심으로 사실상 7가지 주요 관점에 대해서 구체적인 품질관리 활동을 수행하는 것이었습니다.

표 3-12 기존 소프트웨어 품질관리 방법론에서 주요 관점

주요 관점	주요 내용
Requirement Management	이해관계자로부터 요구사항을 수집하고 향후 개발될 소프트웨어에 반영해야 할 요구사항을 검토, 선정하는 활동
Defects Management	소프트웨어 라이프사이클 전반에 걸쳐 결함을 찾아 수정하고 종결하는 제반 활동
Change Managements	소프트웨어 라이프사이클에서 발생하는 문서에서 소스코드에 이르기까지 제개정을 관리하고 추적하는 활동
Test Management	필요한 모든 테스트에 대한 전략과 계획수립, 설계, 수행 및 관련 평가지표를 확인하는 활동
Dev/Op Process	소스코드 배포 품질을 검증하고 런타임 환경을 지원하기 위해 필요한 프로세스 및 자동화 등 개발 단계에서 운영 단계로 이관을 관리하는 활동
Operational Management	운영 중에 수집되는 인시던트에 대해 신속한 진단 및 해결을 위한 제반 활동
Project Management	앞선 여섯 가지 항목에 대한 상황 정보를 관리하고 관련된 위험의 최소화 등 시기적절한 의사결정을 지원하기 위한 활동

(출처: Quality Management of Machine Learning System)

3.4.2 AI 시스템 구성요소

상위 개념에서 볼 때, 머신러닝 기술을 기반으로 하는 모든 AI 시스템은 데이터와 도메인 컨텍스트, AI 알고리즘(모델)이라는 세 가지 요소 간의 상호작용이라 할 수 있습니다. 즉 AI 시스템은 학습용 데이터를 통해 학습된 알고리즘(모델)으로 하여금 도메인 컨텍스트/애플리케이션 영역에서 인간이 필요로 하는 최적화된 출력을 담당하는 시스템으로 요약됩니다. 세 가지 요소 중 어느 하나라도 누락된 AI 시스템은 실패할 수밖에 없을 것입니다. AI 시스템에서 기대하는 비즈니스 가치를 달성하려면 이 사실을 반드시 염두에 두어야 합니다.

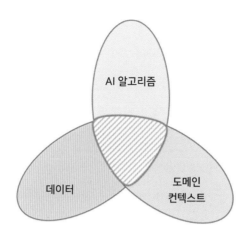

그림 3-47 AI 시스템의 핵심 성공 요소(출처: Quality Management of Machine Learning System)

가령 지도학습 시스템이라면, 우리가 목표로 하는 도메인의 필요 사항을 충족시키기 위해, 모델링 데이터는 수많은 입력 데이터와 이에 상응하는 출력 데이터(라벨이 부여된 데이터)로 구성될 것이고, 입력 데이터에서 출력 데이터로 대응시킬 최적의 방법과 기능을 찾는 것이 머신러닝 알고리즘(모델)이 될 것입니다. 모델의 추론을 통한 출력은 연속적인 변수들(예: 주가 예측, 일기 예보 등), 라벨/클래스(예: 검색엔진의 다음 단어 예측 또는 고양이 이미지 식별 등) 등이 될 수 있을 것입니다.

이러한 머신러닝 기능은 사람이 결정하는 것이 아니라 모델링 데이터를 통해서 알고리즘을 통해 유도되고, 출력 또한 특정 값으로 결정되는 것이 아니라 확률적 통곗값이기 때문에 개발 단계에서 요구사항 문서나 개발사양서를 문서화하기가 곤란합니다.

예를 들어, 이미지 인식 시스템이라면 입력되는 일부 이미지 데이터에 대해서 통계적으로 허용되는 범위 내에서 '고양이'를 '강아지'로 인식할 수도 있을 것입니다. 문제가 발생했을 때 해당 문제가 모델 and/or 데이터일 수 있기 때문에 디버깅 역시 간단하지 않습니다. 그리고 모델의 정확한 기능적 동작을 보장하거나 관련되는 설명이 제공되지도 않습니다. 기대되는 동작에 대한 사양을 개발 단계에서 문서화하지 않았기 때문에 전통적인 테스트 역시 수행하기가 곤란합니다.

또한, 배포 이후에도 시간이 경과함에 따라 학습할 때 경험하지 못한 새로운 데이터 입력에 대해서는 불안정한 동작을 보일때도 있을 것입니다. 운영 단계에서 모델이 지속적으로 학습하게 되면 모델 개발자도 모르는 사이에 새로운 입력 데이터에 상응하는 새로운 관계가 모델 내에 확립될 수도 있습니다.

또 한 가지, 유럽연합에서 'Ethics Guidelines for Trustworthy AI'를, 미 국방성에서는 'AI Ethics Principles for the US Department of Defense' 같은 가이드라인까지 만들 정도로 윤리적 측면, 공정성/신뢰성 측면 등에서 심각한 사회적 우려를 일으킬 가능성을 내포하고 있는 점도 AI 시스템이 가진 특성 중 하나입니다.

앞에서 열거한 AI 시스템의 특성을 고려해 볼 때 AI 시스템에 대한 품질관리는 반드시 요구되는 활동이며, 해당 AI 시스템이 사용되는 한 계속해서 품질을 관리해야 할 것으로 생각합니다.

앞에서 기존 소프트웨어 품질관리 방법론에서 구분한 7개 주요 관점별로 AI 시스템이 갖추어야 할 핵심적인 품질속성을 **표 3-13**에 정리하였습니다.

표 3-13 주요 관점별 AI 시스템이 갖추어야 할 품질관리에 관한 핵심 속성

주요 관점	AI 시스템이 갖추어야 할 품질관리 핵심 속성
Requirement Management	· AI 시스템으로 개발을 선택한 업무(task)가 비즈니스 목표를 충족하기에 적합할 것 · 양적/질적으로 충족하는 관련 데이터 존재 · AI 시스템의 '신뢰성'을 관리할 계획 존재
Defects Management	· 모델의 정확성이 활용 목적에 적합할 것 · 알고리즘/데이터에 대한 디버깅 지원
Change Managements	· 모델 및 해당 데이터에 대한 버전 관리 · 운영 기간 중 학습에 대한 모델 추적

Test Management	· 모델에 대한 교차검증 · 블랙박스 테스트를 위한 테스트용 데이터 세트 별도 할당 · '신뢰성' 기대치에 대한 검증
Dev/Op Process	· 각각의 빌드마다 모델 및 관련 데이터에 대한 버전 관리 · 빌드 전반에 걸쳐 모델 성능에 대한 다양한 진단을 수행할 능력
Operational Management	· 모델의 불안정한 기능에 대비한 운영 모니터링 · 운영중 발생한 디버깅 이슈를 모델의 부적절한 부분으로 추적
Project Management	· 애플리케이션 라이프사이클 대비 모델 라이프사이클 관리 · 데이터 관리 전략 · 비즈니스 목표 대비 AI 시스템의 성능 평가 · '신뢰성' 기대치에 대한 관리 · AI 시스템에 대한 IT 인프라 관리 요구사항

(출처: Quality Management of Machine Learning System)

3.4.3 AI 시스템에서 발생 가능한 오류

그림 3-48은 머신러닝 애플리케이션 개발 과정을 간략화해서 나타낸 개념도입니다. 다른 모든 프로젝트와 마찬가지로 AI 시스템 개발 프로젝트도 문서화된 기능/비기능 요구사항으로 프로젝트를 시작합니다. 소프트웨어 아키텍처는 상위 레벨의 설계 및 상세 설계를 모두 포함하고, 상세 설계에서는 구현했을 때 발휘해야 하는 구체적인 기능들을 표현합니다. 모델링 데이터는 학습 및 검증에 활용할 데이터를 의미합니다. AI 개발팀은 TensorFlow 나 PyTorch 등으로부터 알고리즘 및 기타 컴포넌트를 활용하는 경우도 있고 직접 개발하는 경우도 있을 것입니다. 개발된 AI 모델은 Non-AI 컴포넌트(예: user interface, reporting 등)와 IT 컴포넌트(예: access control 등) 등과 합쳐져서 우리가 원하는 비즈니스 애플리케이션을 구성하고, 운영 단계에서 배포됩니다.

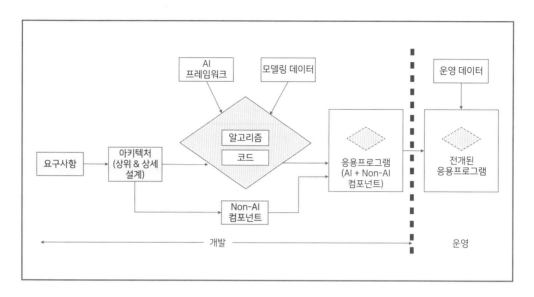

그림 3-48 AI 시스템 개발 개념도(출처: Quality Management of Machine Learning System)

비즈니스 애플리케이션 요구사항과 설계에 대한 '결함'은 기존 품질관리와 차이가 없습니다. 알고리즘을 구현할 때의 프로그래밍 오류(예: 구문상 오류, 부정확한 API 호출 등)도 마찬가지입니다. 그러나 머신러닝 컴포넌트가 개입되게 되면 비즈니스 기댓값과 운영 성능에 근거하여 올바른 동작을 평가하는 것에 혼선이 생기게 됩니다. 머신러닝 컴포넌트가 개입되었을 때 **표 3-14**와 같은 사항을 품질 관점에서 결함으로 인식하고 예방하는 활동이 필요할 것입니다.

표 3-14 AI 시스템에서 발생 가능한 결함 예시

구분	결함 예시
데이터	· 허용될 수 없는 데이터의 양과 질 · 데이터 분포 상이(예: 학습용 데이터와 검증용 데이터 간 데이터 분포 상이) · 피처 값(feature value)과 맞지 않는 데이터 타입 (예: 논리값이 필요하지만, 논리값이 아닌 데이터) · 라벨링 오류 · 예기치 못한 상황에 의한 운영 데이터의 상이한 패턴 등
알고리즘(모델)	· 주어진 업무(task)를 해결하는 데 부적절한 알고리즘 선정 · 오픈소스 머신러닝 플랫폼(예: TensorFlow, PyTorch, Keras, Theano 등) 및 관련 라이브러리 등으로부터 유입되는 결함 · 모델 오류(예: 과대적합, 최적화되지 않은 하이퍼 파라미터, 잘못된 모델 아키텍처 등) · 텐서 얼라인(Tensor align) 오류 · 원칙 없는 풀링 스킴(Pooling scheme) · 주어진 입력에 기대하지 않은 출력(예: 고양이 이미지를 강아지로 인식) 등
전체 시스템	· 머신러닝 모델이 Non-AI 컴포넌트(예: 사용자 인터페이스, 하드웨어 등)들과 통합되 었을 때 발생되는 오류 · 이미 오류를 가진 다른 소프트웨어 컴포넌트들과 통합되었을 때 발생하는 오류 등

3.4.4 AI 시스템에 대한 품질관리 활동

AI 시스템에 대한 품질관리는 여전히 많은 전문가가 연구를 진행하고 있는 분야이고, 국제표준 등으로 정리되어 있는 상황도 아니기 때문에 모든 사람이 수긍하는 명쾌한 품질관리 프레임워크를 소개하기는 어렵습니다만, 참고 문헌을 토대로 AI 시스템에 대해 필요하다고 인식되는 활동을 소개하고자 합니다.

1) 리뷰

시스템 차원의 요구사항, 설계, 소스코드, 테스트 관련 문서 등에 대해서는 AI 컴포넌트가 도입되더라도 기존 소프트웨어 품질관리 방법에서 적용하던 리뷰 기법이 여전히 유효한 품질관리 활동 수단입니다. 예를 들어, 각 단계별 문서에 대한 인스펙션(inspection), 워크스루(walkthrough) 등 리뷰 기법과 소스코드에 대한 코드 리뷰, 페어 프로그래밍(Pair programming) 등이 이에 해당합니다.

2) 정적 분석(Static Analysis)

소스코드의 잠재 결함을 찾기 위해 정적 분석을 수행하는 것은 이미 익숙한 품질관리 활동입니다. 머신러닝 코드에 정적 분석을 적용하는 사례가 아직까지는 많지 않지만 가까운 시간 내에 머신러닝 코드의 정적 분석을 전문적으로 지원하는 자동화 도구가 일반화될 것으로 예상합니다. 정적 분석은 소스코드에 대한 기본 구문 검사뿐만 아니라 신뢰성, 효율성, 보안성 등 유용한 지표를 제공받을 수 있기 때문에 코드 품질의 개선에 많은 도움을 받을 수 있는 활동입니다.

3) 화이트박스 테스팅

기존 화이트박스 테스팅은 실행 프로그램에 대한 논리상의 오류, 구문 커버리지 등을 확인하는 테스트 방법입니다. 이와 유사하게 머신러닝 소프트웨어에 대해서도 모델 구축 과정에서 인공신경망 네트워크에 대한 적절한 커버리지 기준을 정의하고 모델의 결함을 찾을 수 있습니다.

예를 들어, 심층신경망(DNN: Deep Neural Network)의 의미론적 특징을 추출하여 뉴런 커버리지(neuron coverage) 등 새로운 기준을 설정하여 테스트할 수 있습니다. **그림 3-49** 를 보면 기존 소프트웨어 프로그램에서 입력을 처리하는 구문들이 존재하는 것처럼 심층신경망에서도 입력 데이터를 처리하기 위해 활성화되는 뉴런이 있다는 개념으로 접근하는 방법입니다.

또한, 인접한 층(layer)의 뉴런 값의 조합들에 대한 조건-결정 관계 설정을 통해 테스트를 하거나, 소스코드-데이터-모델을 대상으로 한 돌연변이 테스트(mutation test), 층(layer)에 있는 뉴런 쌍(neuron pair)들과 신경망의 활성화 조합을 구성해서 조합 테스트(combination test)를 하는 등 다양한 테스트 기법을 동원할 수 있습니다. 이러한 테스트 기법은 테스트를 설계하기 위한 시간과 비용을 염두에 두어야 하겠지만 인공신경망의 잘못된 동작에서 기인하는 다양한 형태의 결함을 찾을 수 있는 방법입니다.

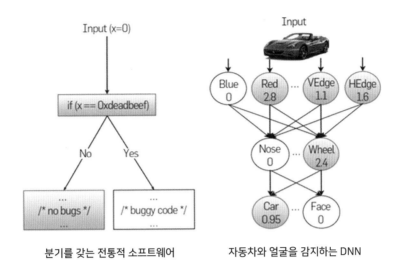

그림 3-49 뉴런 커버리지(neuron coverage) 개념 – 기존 소프트웨어 프로그램과 심층신경망 흐름 비교(출처: DeepX-plore: Automated Whitebox Testing of Deep Learning Systems)

4) 블랙박스 테스팅

기존 블랙박스 테스팅(또는 기능 테스팅)은 요구사항 등 개발사양서를 기반으로 특정 입력이 주어졌을 때 기대하는 동작을 수행하는지를 확인해 결함을 찾는 방법입니다. 머신러닝 소프트웨어의 경우, 테스트용 데이터의 값과 분포 등이 바로 비즈니스 요구사항을 대변한다고 생각하는 것이 중요합니다. 그리고 이러한 테스트용 데이터는 모델을 생성하는 중에는 활용하지 말아야 합니다. 블랙박스 테스팅의 핵심 사항은 기존에 학습하지 않았던 데이터에 대해서도 일반화된 성능이 나타나는지를 평가함으로써 모델 수정의 필요성 여부를 확인하는 것이라는 점을 반드시 기억해야 합니다. 이 점은 후속으로 이어질 시스템 테스트에서도 마찬가지입니다.

5) 데이터 평가 및 테스팅(Data Assessment & Testing)

AI 시스템의 개발 단계에서 모델링 데이터의 품질을 확인하기 위한 기법과 도구를 활용할 수가 있습니다. 모델링 데이터는 기본적으로 확장성이 높은 데이터인데 이들 데이터에 대한 이상치(예: 허용되지 않는 데이터 패턴, 논리구조와 무관한 데이터 등)를 검증하기 위한 활동이 이루어져야 합니다. 다른 한 가지는 비즈니스 요구사항과 데이터를 맵핑해 보고, 요구사항과 맵핑되는 데이터가 없는 경우가 있는지 또는 데이터는 있으나 관련되는 요구사항이 없는 경우가 있는지 등을 조사하는 검증 활동도 있습니다.

6) 애플리케이션 모니터링

시스템이 운영 단계에 들어가게 되면 시간이 경과함에 따라 학습하지 못한 데이터 패턴 또는 예측하지 못한 상황에서의 데이터를 운영 데이터로 입력받을 수 있기 때문에 머신러닝 모델의 성능이 저하되는 경우가 많습니다. 따라서 운영 단계에서는 애플리케이션의 모니터링이 대단히 중요합니다.

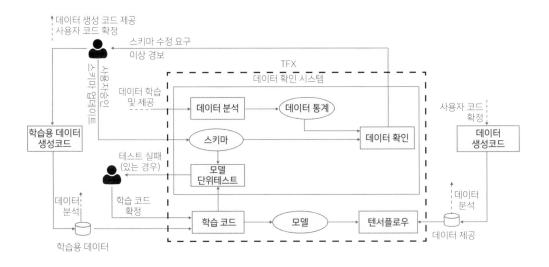

그림 3-50 데이터 검증 및 운영 단계에서 모니터링 개념도 예시

7) 디버깅

디버깅은 다음과 같은 세 단계로 나누어 생각해 볼 수 있습니다.

[모델구축 단계]

모델구축 단계에서는 디버깅이 필요한 두 가지 부류의 오류가 있습니다. 첫 번째는 개발환경에서 모델 코드를 실행한 결과로 얻어진 오류인데 이런 오류는 일반적으로 개발 프레임워크에서 디버깅 정보를 제공하게 됩니다. 두 번째는 모델이 성공적으로 실행되었지만 모델의 성능이 주어진 업무(task)에 대해 적절한 성능을 내지 못하는 경우입니다. 이 경우에는 오류의 원인을 찾아야 합니다. 부적절한 알고리즘 선택, 부적절한 튜닝, 양적 질적 측면에서 부적절한 모델링 데이터 등 여러 가지 원인이 있을 것입니다. 만일 사용자에게 모델에 대한 디버깅 정보를 제공할 필요가 있을 경우에는 악의적인 공격에 활용할 수도 있으므로 지나치게 상세한 내용까지 전달하는 것은 피해야 합니다.

[블랙박스 테스팅 단계]

충분히 많은 테스트를 수행하고 난 후 얻은 디버깅 정보가 있어야 모델에 대한 디버깅이 필요하다는 결론을 내릴 수 있습니다. 모델 디버깅이 필요하다는 결론이 내려지면 앞에서 소개한 방법을 통해 디버깅을 수행해야 합니다.

[운영 단계]

운영 단계에서 발생하는 예기치 못한 동작은 개발 때와는 상이한 계산 환경에서 기인하거나 모델링 때 학습하지 못한 데이터 패턴 등에 원인이 있을 수 있습니다. 원인 파악을 통해 모델의 불안정한 동작에 대한 디버깅이 필요합니다.

8) 설명가능성(Explainability)

AI 시스템의 동작은 모델링 데이터로부터 결정되기 때문에 일종의 블랙박스 같은 특성을 가지고 있습니다. 따라서 모델이 출력한 결과에 대한 신뢰는 비즈니스 애플리케이션 차원에서는 대단히 중요한 고려사항이 됩니다. 설명가능성(expainability)은 주어진 입력에 대해 시스템이 결과를 달성하는 방법과 이유를 사용자를 비롯한 이해관계자가 이를 잘 이해할 수 있는 정도를 의미합니다. 적절한 수준의 설명가능성이 확보되어야 인간 사용자가 AI 시스템을 이해하고 신뢰할 수 있습니다. 이러한 이해와 신뢰를 바탕으로 AI 시스템을 활용하고 관련한 정책 문제(예: 법률, 규제 및 준수 등)를 풀어갈 수 있기 때문입니다.

인간도 오류를 범하고, AI 시스템도 오류를 범하지만 중요한 차이는 인간이 범한 오류는 설명할 수 있는 반면, AI 시스템은 모델 개발자도 시스템이 왜 그런 출력을 내보냈는지 설명할 수 없는 경우가 많다는 점입니다. AI 시스템이 어떤 이유로 그러한 결정에 도달했는지를 알 수 없다면 사람은 해당 AI 시스템을 신뢰하기가 어렵습니다.

물론 모든 AI 애플리케이션이 다 설명 가능할 필요는 없습니다. 예를 들어, 넷플릭스에서 추천을 잘못한 영화가 있다면 사용자는 흥미 없는 영화를 보게 되겠지만 잘못된 영화를 추천한 이유까지 알려고 하지는 않을 것입니다. 그러나 대출심사를 맡고 있는 AI 애플리케이션이 누군가에게 거절 결정을 내렸다면 당연히 고객은 거절의 사유를 알고자 할 것입니다. AI 시스템이 설명가능성을 충족하지 않으면 안 되는 상황입니다.

따라서 이 설명가능성은 사람들이 이해하고 신뢰할 수 있는 시스템이 되기 위한 필수사항으로 시스템이 내린 결과를 사용자에게 정확하게 설명할 수 있어야 합니다. 최소한 다음과 같은 내용에 대해서 알 수 있도록 정보를 제공해야 설명가능성을 충족한다고 하겠습니다.

- 데이터 소스 및 결과가 어떻게 사용되는지
- 모델에 주어진 입력이 어떻게 출력으로 이어지는지
- 모델의 강점과 취약점
- 모델이 의사결정을 내리는 데 활용하는 특정 요건들
- 다른 결론이 나올 수 있음에도 불구하고 특정한 결론이 내려진 이유
- 모델의 민감한 오류 유형
- 오류를 수정하는 방법

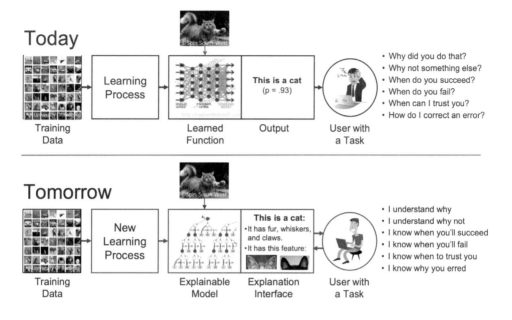

그림 3-51 설명가능성 예시(출처: Explainable AI — All you need to know. The what, how, why of explainable AI, https://lawtomated.medium.com/explainable-ai-all-you-need-to-know-the-what-how-why-of-explainable-ai-dcf2287a9f6c)

AI 시스템의 설명가능성은 다음과 같은 세 가지 측면 때문에 시간이 지날수록 더욱 강조될 것이므로 개발 단계에서부터 이에 관한 자료의 준비와 확인 활동이 중요합니다.

[성능개선 측면]

사람이 이해할 수 없으면 그것은 앞으로 더 개선할 가능성이 없다고 하겠습니다. 모델에 대해 설명이 가능할수록 AI 시스템은 더욱 최적화될 수 있고 고도화될 수 있기 때문에 설명가능성이 중요하다는 것입니다.

[다양한 관점 고려 측면]

AI 시스템이 사실에 부합한 출력을 낼 수 있도록 개발 과정에서 여러 가지를 고려할 수 있다는 관점입니다. 예를 들어, AI 시스템은 고객이 소프트웨어 라이선스를 갱신하지 않을 가능성이 95%라고 예측했지만 '어떤 이유로 95%가 나왔는지 사람이 모르는 경우'와 '잠재 고객의 가격에 대한 민감도를 반영해서 95%라는 결과가 나왔다는 것을 아는 경우'와는 큰 차이가 있을 것입니다. 만일 상당수 고객의 라이선스 갱신 요인이 가격이 아니라 최근의 열악한 고객 지원 경험이었다면 이런 사실을 모델 개발에 반영하여 모델의 가격과 고객지원이라는 가중치를 적절하게 조절해서 훨씬 더 상황에 부합하는 결과를 출력을 할 수 있을 것입니다.

[법규준수 측면]

앞으로 시간이 갈수록 AI 시스템은 사람의 역할을 대체할 것이고 개인의 경제와 권리, 의료, 교육, 시험, 직업 등에 큰 영향을 미치는 존재가 될 것입니다. 예를 들어, AI 시스템이 금융기관의 대출심사를 담당하게 된 상황인데, 특정 개인에게 대출 부적격자라는 결과를 내놓았다면 당사자는 그에 합당한 사유를 설명받기 원할 것입니다. 결국 x가 y로 이어지는 방법과 이유를 알아야 AI 시스템이 우리에게 주는 결과를 신뢰하게 될 것입니다. 또한, 데이터 조작 및 악의적인 공격을 예방해야 하거나, 우리 생활 영역에 AI 시스템을 도입할 때 필요한 법, 규제, 윤리적 고려사항 등 여러 가지 사회적 합의를 필요로 하는 상황이 전개되어도 설명가능성이 뒷받침되어야 이를 준비할 수 있을 것입니다.

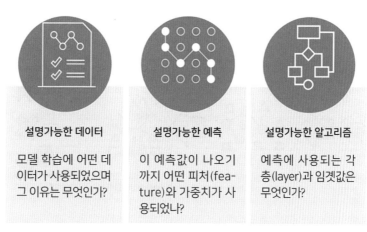

AI 시스템의 설명가능성에 대한 질문들을 해봄으로써 데이터, 예측, 알고리즘 의사 결정에 미치는 요인들을 이해하는 데 도움이 됩니다.

그림 3-52 AI 시스템의 설명가능성 개념(출처: AI & Graph Technology: AI Explainability, https://neo4j.com/blog/ai-graph-technology-ai-explainability/)

9) 편향성/공정성(Bias/Fairness)

앞에서도 언급했지만 AI 시스템은 우리의 삶과 관련된 여러 분야에서 갈수록 민감한 의사 결정 영역까지 역할을 수행하게 될 것입니다. 그러므로 AI 시스템은 인종과 나이, 종교, 성별 등에 따라 편견을 가진 결과를 출력하면 안 됩니다(예: 고용, 주택 구입, 대출 결정 등). 예를 들어, 채용추천 시스템이 기존 직원과 과거 직원의 데이터로만 학습되어서 나이가 많은 지원자와 여성 지원자 등에 대해 부당하게 편향되지 않아야 한다는 것입니다.

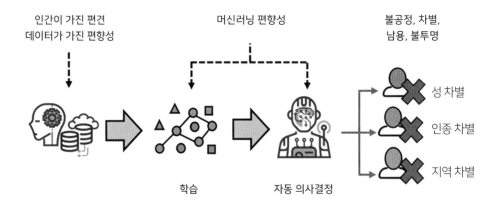

그림 3-53 AI 시스템의 편향성과 공정성 개념(출처: ALGORITHMIC DISCRIMINATION, https://sensitivenets.com/)

AI 시스템이 가질 수 있는 편향성과 공정성을 예방하기 위한 프로세스가 수행되고 있는지 확인해 보아야 합니다.

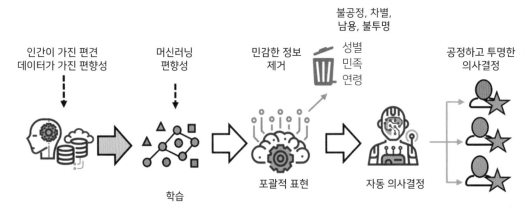

그림 3-54 AI 시스템의 편향성과 공정성 예방 프로세스 예시(출처: ALGORITHMIC DISCRIMINATION, https://sensitive-nets.com/)

10) 견고성(Robustness)

AI 시스템의 견고성(robustness)은 적대적 입력 등 예측 불가능한 상황에서도 시스템이 정해진 한도 내에서 성능을 유지하는 것을 의미합니다. AI 시스템이 활용되는 실제 환경에서는 일정 수준의 위험, 예측 불가능성, 변동성이 있습니다. 따라서 AI 시스템은 시스템을 손상시킬 수 있거나 조작할 수 있는 예상치 못한 사건과 적대적 공격에 견고성을 가져야 합니다. 지금까지 머신러닝의 일반적인 관행은 학습용 데이터 세트에서 시스템을 학습한 다음 다른 데이터 세트로 테스트하는 것인데, 이러한 테스트는 모델의 평균적인 성능을 알 수는 있지만, 최악의 경우에도 허용 가능한 성능을 보장하는 견고성까지 확인하는 관행은 잘 하지 않는 실정입니다. 기존의 품질관리 방법론에서는 결함(defect)을 '시스템의 사양, 즉 의도된 기능과 일치하지 않는 모든 동작'으로 정의하기 때문에 반드시 가져야 할 동작을 시스템 사양에 정의하는 관행은 정착이 되어 있습니다. 하지만 시스템의 바람직한 특성을 설명하는 사양을 사전에 정의하는 것도 필요합니다. 즉, 입력에서 일정 수준의 적대적 입력에 대한 견고성 요구사항, 치명적인 실패를 피하기 위한 안전 요구사항 등이 그런 예입니다.

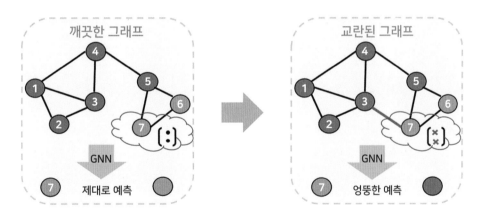

그림 3-55 GNN 알고리즘에서 적대적 공격에 의한 출력 조작 예시(출처: Han Xu, Yao Ma, Haochen Liu, Debayan Deb, Hui Liu, Jiliang Tang, Anil K. Jain 『Adversarial Attacks and Defenses in Images, Graphs and Text: A Review』)

시스템의 견고성을 보장하기 위한 방법의 하나로 일정 수준의 환경 내에서 사전에 "적대자"를 설계하는 방법이 있습니다. **그림 3-56**은 간단한 미로 찾기에서 실패 확률을 100%로 만드는 적대적 입력을 설계한 예시입니다. 이처럼 주어진 모델에 대한 최악의 입력을 효율적으로 식별할 수 있다면 모델을 배포하기 전에 그러한 실패 사례에 대한 대안을 찾을 수 있습니다.

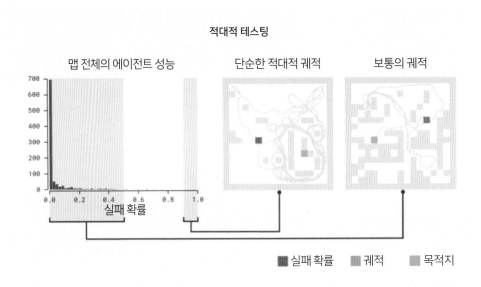

그림 3-56 미로 찾기 모델에서 적대적 공격 설계를 통한 테스트 예시(출처: Identifying and eliminating bugs in learned predictive models https://deepmind.com/blog/article/robust-and-verified-ai)

3.4.5 AI 시스템에 대한 품질관리 체크리스트 예시

지금까지 살펴본 AI 시스템에 관한 품질을 확보하기 위해 관심을 가져야 하는 사항에 대하여 프로젝트 관리자 또는 품질관리자가 모델의 품질을 확인하기 위해 활용할 수 있는 간략화된 체크리스트 예시를 소개합니다.

☐ 1. 비즈니스 가치가 제대로 제공되고 있는가?

☐ 2. 시스템을 전체 또는 의미 있는 구성 단위로 평가(단위 테스트, 통합 테스트, 시스템 테스트 등 포함)를 수행했는가?

☐ 3. 발생할 수 있는 품질 문제가 허용 가능한 수준 내에 있는가?

☐ 4. 계산 속도 등 시스템 차원의 성능지표가 충족되는가?

☐ 5. '데이터 – AI 모델 - 시스템 구성 컴포넌트'를 조합하여 형상관리가 되고 있는가?

☐ 6. 새로운 구성요소를 신속하게 추가하거나 수정 가능한가?

☐ 7. 필요한 경우, AI 모델을 이전 상태로 롤백할 수 있는가?

☐ 8. 개인정보 보호, 안전, 적대적 공격, 반사회성 등에 대한 검토가 수행되었는가?

☐ 9. 설명가능성이 제공되고 있는가?

☐ 10. 시간이 경과함에 따라 시스템의 성능이 저하되고 있지 않는가?

3.4.6 AI 시스템의 품질

지금까지 AI 시스템의 특성에 기반하여 수행할 수 있는 품질관리 활동에 대해 소개하였습니다. 요약해 보면 첫째, 시스템 전체로 원래 목표로 하는 비즈니스 가치를 적절하게 제공할 수 있는가를 확인하는 것입니다. AI 시스템의 경우 아직까지는 '일단 한번 시도해 보자' 하는 인식이 강하다 보니 비즈니스 관점보다는 기술 개발에 상대적으로 치중하는 경향이 많기 때문에 이러한 부분을 품질 측면에서 지속적으로 검토해야 합니다. 그리고 해당 비즈니스 가치가 제대로 제공되고 있는지는 전체 시스템과 의미 있는 단위로 평가해야 합니다.

둘째, 품질을 관리하는 큰 목적 중 하나는 품질사고를 예방하는 것입니다. '품질사고'라는 단어를 보면 신체 또는 생명에 대한 위협으로만 생각하게 되지만 사실은 적용 도메인에 따라서 경제적 피해, 사회 및 환경에 미치는 바람직하지 못한 영향, 반윤리성, 사용자가 체감하지 못하는 매력도 등 상당히 광범위하게 정의될 수 있습니다. 그러므로 AI 시스템에서는 발생할 수 있는 품질 문제가 허용할 수 있는 수준에 있는지를 적극적으로 확인해야 합니다. 기능적인 품질 문제뿐만 아니라, 사용성 악화, 악의적 활용을 염두에 둔 대책, 안전, 환경 측면 모두가 고려의 대상이 되는 것입니다.

셋째, AI 컴포넌트 간, Non-AI 컴포넌트와의 결합시 등 구조적 측면에서 품질도 검토해야 합니다. 시스템 사양(요구사항)을 가능한 수준에서 최대한 구체화하고, 이를 기준으로 품질관리 활동이 수행되어야 하는데, 여기에는 설명가능한 AI 시스템, 즉 앞서 다룬 설명가능성(explainability) 같은 상당히 어려운 문제가 전제되어야 하는 현실적인 과제도 포함되어 있습니다. 그렇지만 AI 기술은 시간이 지날수록 발전할 것이고 지금은 어려운 문제에 대해서도 하나씩 구체적인 해결 방안이 찾아질 것입니다. 중요한 점은 AI 시스템을 개발하면서 여건이 완벽하게 성숙되어 있지 않더라도 지금 현재 가능한 수준으로는 품질 활동을 수행해야만 사회 전반으로 AI 시스템이 광범위하게 활용되는 시점을 앞당길 수 있다는 것입니다.

Chapter

AI 시스템의
요구사항 정의와
테스트

AI 시스템의 품질을 확인하기 위해서는 해당 시스템을 테스트하는 방법이 가장 직접적인 수단이 될 것입니다. 즉, 검증(verification)과 확인(validation) 활동을 수행하는 것인데, 두 활동을 수행하기 위해서는 개발사양서와 같은 문서에 사양(specification)이 정리되어 있어야 한다는 전제가 있습니다. 이 장에서는 AI 시스템에 대한 요구사항 정의서(requirement specification)의 작성 항목과 검증 및 확인 활동의 수단이 될 수 있는 테스트 방법을 소개합니다.

4.1 >>> 시스템 요구사항 정의서

AI 시스템의 요구사항 정의서(requirement specification, 개발사양서라고도 함)는 모든 프로젝트를 시작함에 있어서 가장 중요한 문서입니다. 프로젝트 수행 의도를 명확히 하고, 프로젝트 결과물인 제품이 가져야 하는 목표와 요구사항, 특성 등을 정의하는 대단히 중요한 문서입니다. 그렇지만 AI 시스템 개발에서 구체적으로 정의된 요구사항 정의서나 개발사양서가 대체로 존재하지 않는 것이 지금의 현실입니다. 이로 인해 '올바른 동작'이 무엇인지를 우리가 알 수 없으므로 결함이 있는 AI 시스템일지라도 사전에 확인할 수 없는 상황이 만들어지게 됩니다. AI 시스템을 개발하고 있을 당시에는 대부분의 현상이 합리적으로 보이겠지만 개발이 거의 끝났거나 사용 단계에 가서야 잠재되어 있던 문제점이 발견되는 사례가 많습니다. AI 시스템이 잘 만들어지고 있는지를 검증(verification)하고 확인(validation)하기 위해서는 구체적으로 작성된 요구사항 정의서나 개발사양서가 반드시 필요합니다. AI 프로젝트나 제품에 대한 요구사항 정의서 등의 개발사양서는 일반 소프트웨어와 공통점이 많기도 하지만 몇 가지 중요한 차이점도 있습니다. 여기서는 AI 시스템의 요구사항 정의서에 포함되어야 할 항목과 해당 항목의 내용을 예시를 통해 설명하겠습니다.

4.1.1 프로젝트 목표 정의

AI 시스템을 개발하면서 가장 먼저 해야 할 일은 프로젝트의 목표를 정확하게 정의하는 것입니다. 다음과 같은 질문에 대응하는 내용을 구별하고 정리하면 AI 프로젝트의 목표를 정의할 수 있을 것입니다.

- AI 시스템으로 어떤 문제를 해결하려고 하는가?
- AI 시스템을 개발해 수혜를 얻게 되는 주체는 누구인가?
- 기존과는 차별화된 어떤 변화를 가져오기 위해 AI 시스템을 개발하는가?
- AI 시스템을 개발함으로써 얻게 되는 비즈니스적 가치가 무엇인가?

4.1.2 프로젝트 범위 정의

프로젝트 범위는 프로젝트의 결과물과 관련하여 프로젝트 관련 이해관계자가 동일한 생각을 갖고 있는지 확인하는 데 있어서 중요합니다. 프로젝트 범위를 분명하게 정의해야 모든 이해관계자가 프로젝트의 처음부터 끝까지를 명확하게 이해할 수 있습니다. 최종 제품이 어떤 구성(하드웨어 컴포넌트, 소프트웨어 컴포넌트, 주변 장치 등)을 갖게 되는지 정확히 알 수 있도록 프로젝트의 경계(포함되는 항목과 포함되지 않는 항목), 제한사항 등이 정의되어야 합니다.

적용 범위 예시

AI 모바일 디바이스의 개발 범위는 휴대폰과 태블릿을 적용 범위로 한다. IoT와 웨어러블과 같은 다른 유형의 모바일 디바이스는 추후 고려할 것이다. 적용 범위에 해당되는 휴대폰과 태블릿에 대한 구체적인 내용(OS, 기종 등)은 별도 문서로 정의한다.

4.1.3 성능 목표 정의

요구사항 정의서(또는 개발사양서)에는 프로젝트의 성공 기준을 정의하는 것이 필요합니다. 프로젝트의 목표로 정의된 내용이 달성되었는지를 알 수 있어야 하기 때문에 성능 목표를 정의하는 것이 중요하고, 이 성능 목표는 개발 결과물이 잘 작동한다는 것을 명확하게 알 수 있고, 모든 이해관계자가 객관적으로 이해할 수 있도록 정량화된 지표로 표현되어야 합니다. AI 시스템마다 고유한 성능지표를 정의할 수 있을 것입니다(3장에서 소개한 모델의 성능지표를 참고).

성능 목표 예시

- 3D 얼굴인식 시스템은 0.001% 이하의 FAR(False Acceptance Rate) 및 3% 이하의 FRR(False Rejection Rate)이 되어야 한다. 3D 얼굴인식 시스템의 FAR 및 FRR 측정 방법은 3.2.1항을 참조한다.
- 음성도우미(voice assistant)는 90% 이상의 TAR(True Acceptance Rate) 및 20% 이하의 FAR(False Acceptance Rate)을 충족해야 한다. 음성도우미의 TAR과 FAR, FRR 측정 방법은 별도 문서 XXX를 참조한다.

4.1.4 전체 시스템의 요구사항 정의

AI 컴포넌트가 포함되어 개발될 전체 시스템에 대한 요구사항을 정의합니다. 전체 시스템에 대한 정의와 하드웨어 요구사항, 시스템을 구성하는 소프트웨어 컴포넌트에 대한 요구사항, AI 애플리케이션에 대한 요구사항 등으로 구분하여 정의하는 것이 바람직합니다.

전체 시스템에 대한 정의 예시

AI 모바일 디바이스 전체 시스템은 다음과 같은 특성을 가진 모바일 장치를 의미한다.

- 딥러닝 AI 애플리케이션을 지원하기 위해 전용 AI 하드웨어 또는 일반 하드웨어를 기반으로 AI 딥러닝 및 기타 AI 알고리즘을 활성화하는 온디바이스 컴퓨팅 리소스
- AI 딥러닝 신경망 업데이트를 지원하는 온디바이스 소프트웨어 프레임워크
- 심층신경망 모델을 사용하여 추론을 수행하는 온디바이스 AI 소프트웨어

하드웨어 요구사항 예시

AI 소프트웨어 애플리케이션을 효율적으로 지원하기 위한 AI 모바일 디바이스 하드웨어는 다음과 같은 특성을 가져야 한다.

- 수정된 VGG 네트워크를 사용하며, 최소 1 int8 TOPS(Tera operations Per Second) 및 0.5 float16 TOPS를 가져야 한다.

소프트웨어 컴포넌트 요구사항 예시

AI 모바일 디바이스를 구성하는 소프트웨어 컴포넌트가 가져야 할 요구사항은 다음과 같다.

- 기존 딥러닝 네트워크의 온디바이스 모델의 업데이트를 지원해야 한다.
- AI 모바일 디바이스는 AI 하드웨어 기능을 노출하기 위해 네이티브 API를 지원해야 한다.
- AI 모바일 디바이스는 컴퓨터 비전(CV), 자동음성 인식(ASR), 자연어 이해(NLU) 모델에 액세스하기 위한 네이티브 및 타사 애플리케이션에 대한 애플리케이션 API(부록 A를 참조)를 지원해야 한다.
- AI 모바일 디바이스는 DNN 모델을 기존 형식에서 AI 모바일 디바이스의 기본 형식으로 변환하는 SDK를 제공해야 한다. DNN 모델 파일 형식의 포괄적이지 않은 예는 *.ckpt 또는 *.pb, *.tflite, *.prototxt, *.pb 또는 *.pth 또는 *.pt, *.jason 및 *.onnx 이다.
- AI 모바일 디바이스는 새롭게 커스터마이징한 딥러닝 연산자의 정의를 지원하기 위한 SDK를 제공해야 한다.

AI 애플리케이션 요구사항 예시

AI 모바일 디바이스의 딥러닝 애플리케이션에는 생체인식 기능, 이미지 처리, 음성지원 기능, 증강현실(AR) 및 시스템 최적화 기능이 있어야 한다.

- 생체인식 기능은 지문인식, 2D 안면인식, 3D 안면인식 중 하나 이상의 생체인식 시스템을 구현하고 인증해야 한다.
- 생체인식 기능의 성능은 IFAA(Internet Finance Authentication Alliance) 생체인증 프로그램에 의해 인증받아야 한다.
- 생체인식 기능의 성능은 3.2.5항에 명시한 성능항목을 만족해야 한다.
- 이미지 처리 기능은….

4.1.5 시스템 수준의 기능에 대한 요구사항 정의

AI 컴포넌트가 포함되어 개발될 전체 시스템이 가져야 할 기능을 정의합니다(시스템의 End-to-end 요구사항). 예를 들어, 자율주행 자동차가 물체를 감지하고 차량을 제어하기 위해 특정 AI 알고리즘을 채택하여 차량 주변 환경에서 물체(또는 장애물)를 발견하면 차량의 브레이크를 자동으로 작동시키는 '자율 비상정지 시스템'을 개발할 경우, 이 시스템의 요구사항 정의서에는 '자율주행 자동차가 운행 중일 때에는 차량과 주변 환경 물체 간의 안전거리는 최소한 x미터 이상을 항상 유지해야 한다'와 같은 형태로 명시할 수 있을 것입니다.

4.1.6 데이터 요구사항 정의

AI 프로젝트에서는 시스템 개발에서부터 운영 시점까지 필요로 하는 데이터의 유형을 빠짐없이 식별하고 그 형식을 정의해야 합니다. 이때 데이터의 포괄성과 변동성을 고려해서 학습에 필요한 데이터의 양을 정의하는 것이 필요합니다.

또한, 머신러닝 알고리즘은 학습용 데이터의 분포에 따라 모델의 성능이 달라질 수 있기 때문에 어떤 분포를 가진 학습용 데이터로 학습되었는지가 대단히 중요합니다. 따라서, 요구사항 정의서에는 학습용 데이터의 분포가 어떠해야 한다는 내용을 명시해야 검증과 확인 과정에서 참고할 수 있을 것입니다(2.2.1, '데이터 측면' 참고).

데이터 요구사항 예시

- 자율주행 데이터는 위치정보(GPS)와 촬영시간, 도로종류, 차량속도, 블랙박스 이미지 등을 포함한다
- 블랙박스 이미지는 넓은 범위의 지역을 대상으로 낮과 밤, 우천, 눈 등의 조건하에서 도심도로와 고속도로, 시골도로 각각에서 저속과 중속, 고속 주행환경에서 촬영한 영상을 포함하되 각 객체 당 데이터 상세 요구사항 및 분포는 3.4.5 항에 정의한 내용을 참조한다.
- 블랙박스 이미지는 객체 당 1,500장 이상 수집해야 하고, 이 중 학습용으로 600장, 검증용으로 300장, 최종 테스트용으로 600장 이상을 중복되지 않게 활용한다.

4.1.7 AI 컴포넌트(머신러닝 모델) 수준의 요구사항 정의

AI 시스템을 구성하는 컴포넌트 중에서 AI 컴포넌트에 대한 요구사항을 정의합니다. 구체적으로 다음과 같은 사항으로 구분할 수 있습니다.

1) 학습 알고리즘

머신러닝 모델을 구성하기 위해 채택한 알고리즘을 특정하여 명시합니다. 시스템의 목적상 단일 알고리즘으로 구상할 수도 있고 복수 개의 알고리즘으로 구성할 수도 있을 것입니다.

2) 입력-출력 관계(Input-Output relation)

사람의 인지 기능을 모방하여 AI 알고리즘이 수행하는 작업 내용을 구체적인 내용으로 작성하는 것은 불가능에 가깝거나 설령 가능하더라도 이것은 대단히 어려운 작업입니다. 하지만, 머신러닝 모델의 핵심은 데이터가 입력되었을 때 모델 알고리즘으로 정해진 함수를 계산하고 그 결과를 출력하는 것이라고 볼 수 있습니다. 따라서 입력과 출력의 관계는 최소한 요구사항 정의서에 밝혀 주어야 합니다. 즉, 알고리즘이 수행하는 중간 과정은 기술하지 않더라도, 모델에 주어질 수 있는 입력 데이터의 형태를 모두 식별한 다음, 각각의 입력 데이터 형태에 대응되어야 할 출력의 형태를 정리해서 기능 요구사항으로 명시하는 것이 필요합니다. 이렇게 해야만 모델의 검증(verification)과 확인(validation)의 기준이 될 수 있고, 이해관계자가 모델의 출력 결과를 신뢰할 수 있는 중요한 근거가 될 수 있기 때문입니다(3장의 4.4절에서 '설명가능성'을 참고).

3) 모델 성능

머신러닝 모델이 올바르게 동작하는지 평가할 수 있는 성능 목푯값을 정의합니다. 3장에서 설명한 다음과 같은 성능지표를 적용하거나, 시스템 목적에 부합하는 다른 성능지표를 식별하여 명시합니다.

- 정밀도(Precision)
- 재현율(Recall)
- 정확도(Accuracy)
- Lift(개선율)
- F1 Score
- ROC 곡선
- 평균제곱근 오차(RMSE)

4) 모델 성능 측정 방법

모델의 성능지표를 정의한 후에는 해당 성능지표를 객관적으로 측정할 수 있는 구체적인 방법을 정의해야 합니다. 예를 들어, 측정에 사용할 데이터의 종류와 수량, 성능측정 절차, 측정 횟수, 측정결과의 해석 방법 등입니다.

4.1.8 개인정보 및 보안에 대한 요구사항 정의

취급해야 할 데이터 중 개인정보보호와 보안의 관점에서 시스템에서 조치해야 할 요구사항을 명시합니다. 대상이 되는 개인 정보의 예시는 다음과 같은 것이 있을 수 있습니다.

- 개인 식별 정보: 특정인을 직접 연결하거나 식별할 수 있는 정보(예: 주민등록번호, 전화번호, 주소, 이메일 주소 등)
- 유사 식별 정보: 그 자체로는 유용하지 않을 수 있지만 질의 결과 및 개인 식별과 관련될 수 있는 외부 정보(예: 우편번호, 나이, 성별 등)
- 민감 정보: 개인식별 정보 또는 유사식별 정보는 아니지만 보호해야 하는 개인 데이터 속성(예: 급여, 의료기록, 실시간 지리적 위치 등)

지금까지 열거한 요구사항 이외에 다음과 같은 요구사항들도 함께 정의되어야 합니다.

- AI 시스템을 구성하는 컴포넌트
- 컴포넌트 간의 인터페이스 요구사항(예: AI 컴포넌트 - Non-AI 컴포넌트)
- API 정보
- 운영 요구사항
- 적대적 공격에 대비한 요구사항

4.1.9 AI 시스템의 요구사항 정의서 작성 사례

앞에서 요구사항 정의서를 구성하는 각 항목과 예시를 소개했는데, AI 시스템 전체에 대한 요구사항 정의서의 실제 작성 사례는 부록 B를 참고하길 바랍니다. GSMA Terminal

Steering Group이 휴대폰 환경의 AI 시스템으로 인해 학습하고 알고리즘에 따라 자율적으로 반응할 수 있는 다양한 기능이 들어간 AI 모바일 디바이스 개발을 목적으로 작성한 요구사항 정의서이며, 영어 원문 URL은 다음과 같습니다.

https://www.gsma.com/aboutus/workinggroups/wp-content/up-loads/2019/09/TS.47-CR1001-1.docx

*프리렉 홈페이지 자료실에서 받아보실 수 있습니다.

이 사례의 전체적인 구성 항목과 작성 내용을 참고하면 독자 여러분이 개발하려는 AI 시스템에 대한 요구사항 정의서를 작성하는 데 도움이 될 것입니다.

4.2 >>> 시스템 테스트

AI 시스템을 테스트하려고 할 때 우리가 어려워할 수밖에 없는 이유는 AI 모델에 내재된 비결정론적 특성 때문입니다. 기존 소프트웨어 시스템은 주어진 입력에 기반하여 특정 출력이 나오도록 사전에 프로그래밍이 되는 결정론적 특성을 가지고 있지만, AI 시스템은 확률론적 방식으로 추론하기 때문에 지속적인 테스트 입력이 주어질 경우, 그러한 확률 기반 추론은 시스템 응답에 불확실성이 개입되어 예측 불가능하거나 비결정론적 동작을 하게 됩니다. 이런 비결정론적 특성 때문에 시스템 출력이 동일한 테스트 입력에 대해 시간이 지남에 따라 변할 수 있다는 것입니다.

이러한 사실은 테스트 결과가 맞는 것인지 틀린 것인지를 판단할 수 있는 기준('테스트 오라클'이라고 함)을 미리 정의하기가 곤란하다는 결론에 이르게 됩니다. 다시 말해서, 테스트 시 예상 출력값을 사전에 정의하는 것이 항상 가능한 것은 아니기 때문에 AI 시스템에서 테스트는 우리에게 많은 도전 과제가 있는 것이 현실입니다.

현재까지 많은 전문가들이 기존의 소프트웨어 개발의 테스트 기법을 사용해 보았지만, 일반적으로 이 접근 방식은 AI 시스템을 테스트하는 데 적절하지 않다는 것이 대체로 동의되고 있는 연구 결과입니다. **표 4-1**에 테스트 관점에서 본 두 시스템의 차이를 간략히 정리하였습니다.

표 4-1 테스트 관점에서 본 기존 소프트웨어 시스템과 AI 시스템의 차이

항목	기존 소프트웨어 시스템	AI 시스템
특성	· 결정론적 소프트웨어이다. · 주어진 입력에 기반하여 정해진 출력을 낼 수 있도록 사전에 프로그래밍되는 특성을 가진다.	· 비결정론적 소프트웨어이다. · AI 알고리즘이 동작할 때마다 다른 결과를 출력할 수 있는 특성을 가진다.
정확성	· 시스템의 정확성이 개발자의 기술력에 의존하고, 설계서에 일치하게 결과물이 생성되면 성공한 것으로 간주된다.	· 시스템의 정확성이 입력된 데이터와 학습된 데이터에 의존한다.
프로그래밍	· 소프트웨어 기능은 입력 데이터를 출력 데이터로 변환하는 루프의 if-then 개념을 기반으로 설계된다.	· 데이터로 학습하고 기능을 정의하는 알고리즘으로 서로 다른 입력과 출력 조합이 제공된다.
오류	· 오류 발생 시 사람의 지성으로 해결되거나 코드 내 exit 기능으로 처리된다.	· 예외/오류 처리 후 운영을 재개할 수 있는 self-healing 기능을 가진다.

4.2.1 AI 알고리즘의 처리 단계

일반적으로 AI 알고리즘은 다양한 데이터 소스로부터 우리가 관심을 갖는 데이터를 수집하여 이를 정제하고, 머신러닝을 통해 분석하고 추론한 결과를 사람이 이해하기 쉽도록 시

각화해서 그 결과를 센서나 디바이스 등으로 피드백하는 단계를 수행하게 됩니다.

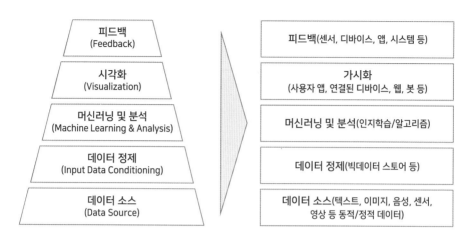

그림 4-1 AI 알고리즘 처리 5단계

그림 4-1은 AI 알고리즘 처리를 시간의 흐름에 따라 5단계로 표현한 것인데, 각 단계에서 일어나기 쉬운 오류와 이들 오류를 발견할 수 있는 수단을 정리하면 **표 4-2**와 같습니다.

표 4-2 AI 알고리즘 처리 5단계에서 발생 가능한 오류 유형

단계	구분	발생하기 쉬운 오류 유형	발견 가능한 수단
1	데이터 소스 (정적/동적 데이터 소스)	· 소스 데이터의 품질 및 포멧에 대한 정확성, 완전성, 적절성 이슈 · 오류의 원인이 되는 동적 데이터의 다양성 및 속도 · 데이터 소스의 이질성	· 자동화된 데이터 품질 체크 · 데이터 변환 테스팅 · 샘플링 및 회귀 전략
2	데이터 정제	· 부적절한 데이터 로딩 및 복제 규칙 · 데이터 노드 분할 오류 · 수치 데이터의 절상/절사로 인한 오류	· 데이터 수집 테스트 · 개발 모델 및 코드에 대한 지식 · 테스팅에 필요한 데이터에 대한 이해 · 테스트용 데이터 세트 생성 역량

3	머신러닝 및 분석	· 학습용 데이터와 테스트용 데이터의 분리 실패 · 미학습용 데이터에 대한 이상 작동 · 데이터 간의 인과관계 인지 실패	· 알고리즘 테스트 · 시스템 테스트 · 회귀 테스트
4	시각화 (사용자 앱, 연결된 디바이스, 웹 등)	· 부정확한 코딩 규칙으로 인한 사용자 애플리케이션에서의 데이터 이슈 발생 · 미들웨어/API 간 통신 실패로 데이터 시각화 실패	· API 테스트 · End-to-end 기능 테스트 및 자동화 · 분석 모델에 대한 테스트 · 개발 모델과의 조화
5	피드백 (센서, 디바이스, 앱, 시스템 등으로)	· 부정확한 코딩 규칙으로 인해 사용자 애플리케이션에서 데이터 이슈 발생 · 피드백 단계에서 잘못된 예측을 초래하는 FP(False Positive) 전달	· OCR 테스트 · 음성, 이미지, 자연어 처리(NLP) 테스트 · RPA 테스트 · 챗봇 테스트 프레임워크

4.2.2 AI 시스템의 활용 케이스별 테스트 전략

우리가 AI 시스템을 활용하는 형태는 크게 다음과 같이 네 가지 경우로 구분할 수 있습니다.

- 독자적인(stand alone) 인식 시스템: 이미지 인식, OCR, 음성 인식, 자연어 처리 솔루션 등
- AI 플랫폼: IBM Watson, Google Deep Mind, Microsoft Oxford 등
- AI 기반 분석 모델: 분류, 클러스터링, 예측, 추론 모델 등
- AI 기반 응용 솔루션: 지원 챗봇, RPA(Robotic Process Automation) 등

네 가지 경우 각각마다 고유한 특성에 부합하도록 하는 테스트 전략에 차이가 있습니다.

표 4-3은 이미지 인식과 음성 인식, 자연어 처리, OCR 등의 인식 시스템에 대한 일반적인 테스트 전략입니다.

표 4-3 독자적인(stand alone) 인식 시스템에 대한 테스트 전략

구분	테스트 전략
이미지 인식	· 기본 폼(form)과 피처(feature)를 활용한 이미지 인식 알고리즘 테스트 · 왜곡된 이미지 또는 흐릿한 이미지를 활용한 알고리즘의 인식 범위 테스트 · 패턴 인식 테스트(예: 실제 강아지 이미지를 만화 강아지 그림으로 대체) · 큰 이미지 캔버스에서 개체의 일부를 찾아 특정 작업을 완료할 수 있는지 확인하기 위한 시나리오를 사용한 테스트
음성 인식	· 시스템이 음성 입력을 인식하는지 확인하기 위한 음성 인식 소프트웨어 기본 테스트 · 패턴 인식 테스트(학습된 억양으로 특정 문구를 여러 번 반복할 때 식별할 수 있는지, 다른 억양으로 반복할 때 동일한 문구를 식별할 수 있는지 여부를 확인하는 테스트) · 눈(snow)과 눈(eye)과 같은 동음이의어 테스트
자연어 처리	· 핵심 키워드 반환에 대한 정밀도(precision) 테스트 및 알고리즘 테스트(NLP의 총 인스턴스 중 관련성 있는 인스턴스의 비율) · 재현율(recall) 테스트(반환 가능한 총 인스턴스 수 대비 실제 반환된 인스턴스 수의 비율) · 맞는 긍정(TP), 맞는 부정(TN), 틀린 긍정(FP), 틀린 부정(FN)에 대한 테스트를 통해 FP과 FN이 사전에 정한 허용 범위 내에 있는지 확인
OCR 인식	· 문자 또는 단어 입력을 사용해 OCR과 광학단어 인식(OWR) 기본 테스트 · 프린트 문자, 손글씨 문자 등에 대한 인식 테스트 · 치우침, 반점, 흑백 전환시 인식 테스트 · 문서 내에 이미 정의된 어휘로 이루어진 새로운 단어 인식 테스트

AI 플랫폼(예: IBM Watson, Google Deep Mind, Microsoft Oxford 등)을 개발하고 테스트할 경우에는 훨씬 더 광범위하고 구체적인 테스트 수단이 동원되어야 하겠지만 테스트 전략은 **표 4-4**와 같이 정리할 수 있습니다.

표 4-4 AI 플랫폼에 대한 테스트 전략

구분	테스트 전략
데이터 소스 및 정제 테스트	· 다양한 시스템으로 데이터의 품질을 검증(데이터 정확성, 완전성, 다양성, 형식, 패턴, 시계열 등) · 원시 데이터에서 원하는 출력 형식으로 변환하는 규칙과 로직 검증 · 출력 질의(query) 또는 프로그램이 의도한 데이터 출력을 제공하는지를 검증 · 긍정 or 부정 시나리오 테스트

알고리즘 테스트	· 학습용 데이터와 테스트용 데이터의 분리 · 알고리즘이 모호한 데이터 세트를 사용하는 경우, 즉 단일 입력에 대한 출력을 알 수 없는 경우, 입력 세트를 공급하고 소프트웨어의 출력이 관련이 있는지 확인하는 테스트를 수행(알고리즘에 결함이 없음을 보장하기 위해 이러한 관계를 확실하게 설정해야 함) · 틀린 것(FP, FN) 대비 맞힌 것(TP, NP)에 대한 누적 정확도 테스트
API 통합 테스트	· 각 API에 대한 입력 요청과 응답을 검증 · 컴포넌트 간의 통신 테스트(입력 및 응답, 응답 형식 및 정확성) · API와 알고리즘 통합 테스트(출력의 조정/시각화 확인)
시 스 템 테스트 및 회귀 테스트	· 유스케이스별 End-to-end 구현 테스트(입력 제공, 데이터 수집 및 품질에 대한 검증, 알고리즘 테스트, API 계층을 통한 통신 검증, 데이터 시각화 플랫폼의 최종 출력을 예상 출력과 확인) · 시스템 보안성 검증(정적/동적 보안성 테스트) · 사용성 테스트와 회귀 테스트

우리가 AI 기반 분석 모델을 활용하는 목적은 과거의 데이터로부터 현재 상황을 정확히 분석하거나, 미래를 예측하거나, 앞으로의 방향을 제시받기 위한 분석을 하는 경우 등 크게 세 가지로 구분할 수 있습니다.

그림 4-2 AI 분석 모델을 사용하는 형태와 목적

분석 모델은 우리 주변에서 가장 흔히 볼 수 있는 AI 시스템의 형태이며, 일반적으로 다음과 같은 세 가지 단계를 거치는 테스트 전략을 수립하게 됩니다.

- 수집된 과거 데이터를 '학습용 데이터'와 '검증용 데이터'로 분리
- 생성된 '학습용 데이터'와 '검증용 데이터'에 근거해 학습과 검증을 수행
- 다양한 시나리오를 통하여 AI 모델의 성능을 평가

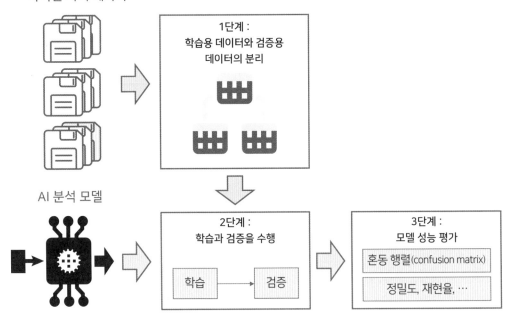

축적된 과거 데이터

AI 분석 모델

1단계 :
학습용 데이터와 검증용
데이터의 분리

2단계 :
학습과 검증을 수행

학습 → 검증

3단계 :
모델 성능 평가

혼동 행렬(confusion matrix)

정밀도, 재현율, …

그림 4-3 AI 분석 모델에 대한 테스트 전략

AI 분석 모델에 대한 테스트 전략에 있어서는 다음과 같은 사항이 수반되어야 보다 효율적이고 성공적인 테스트를 보장할 수 있습니다.

- 개발 모델과 코드에 대한 지식을 기반으로 과거 데이터 세트를 분할하는 것에 대한 올바른 접근 방식을 고안하고, 데이터에 대한 작동 방식을 이해

- 테스트 환경에서 관련 구성요소를 사용하여 모델 학습과 모델 재생성, End-to-end 평가 전략

- 적합한 테스트 자동화 등 맞춤형 솔루션을 활용한 데이터셋 분할과 모델 평가, 보고 지원

마지막으로 AI 기반 응용 솔루션(예: 지원 챗봇, RPA 등)의 경우 테스트 전략은 **표 4-5**와 같습니다.

표 4-5 AI 기반 응용 솔루션에 대한 테스트 전략

구분	테스트 전략
챗봇 프레임워크	· 의미적으로 동등한 다른 문장을 사용하여 챗봇 프레임워크를 테스트하고, 이런 용도의 자동화 라이브러리를 생성 · 복잡한 단어도 섞어서 공식/비공식 톤으로 기본적이고 의미론적으로 동등한 문장의 구성 및 유지 · 자동화된 End-to-end 시나리오(챗봇 요청과 챗봇 응답에 대한 검증) · 파이썬으로 자동화된 실행 스크립트 생성
RPA 프레임워크	· 다수의 애플리케이션을 적용하기 위해 오픈 소스 자동화 또는 기능 테스트 도구 사용 (Selenium, Sikuli, AutoIt 등) · 기계 언어(로봇에 입력이 요구되는 경우)에서 고급 언어로 전환할 수 있는 유연한 기능 자동화 테스트 스크립트 사용 · 애플리케이션의 End-to-end 테스트를 위한 패턴과 텍스트, 음성, 이미지, OCR 테스팅 기법을 조합하여 사용

4.2.3 AI 시스템의 테스트 워크플로우

그림 4-4는 AI 모델에 대한 테스트 라이프사이클을 나타내는 그림입니다.

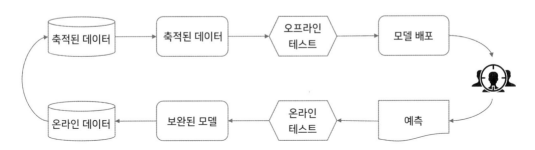

그림 4-4 AI 모델의 테스트 라이프사이클(출처: Jie M. Zhang, Mark Harman, Lei Ma, Yang Liu 『Machine Learning Testing: Survey, Landscapes and Horizons』)

축적된 과거 데이터를 기반으로 AI 모델의 프로토타입을 생성하면, 이 모델을 온라인으로 배포하기 전에 모델이 정해진 요건을 충족하는지 확인하기 위해 교차검증과 같은 오프라인 테스트를 수행하게 됩니다. 오프라인 테스트를 통해 검증된 모델을 배포하고 나면 모델은 예측을 수행하며, 모델이 사용자 행동과 어떻게 상호작용하는지를 평가하기 위해 온라인 테스트를 수행합니다.

온라인 테스트가 필요한 이유는 첫째, 오프라인 테스트는 축적된 과거 데이터 중에서 샘플링된 검증용 데이터에 의존하기 때문에 미래의 데이터를 완전히 나타내지 못하는 문제가 있고, 둘째, 오프라인 테스트는 데이터 손실과 통신 지연과 같은 실제 적용 시나리오에서 문제가 될 수 있는 몇 가지 상황을 테스트할 수 없다는 점 때문입니다.

그림 4-5는 오프라인 테스트와 온라인 테스트를 모두 포함하고 있는 AI 시스템의 전체 테스트 워크플로우입니다.

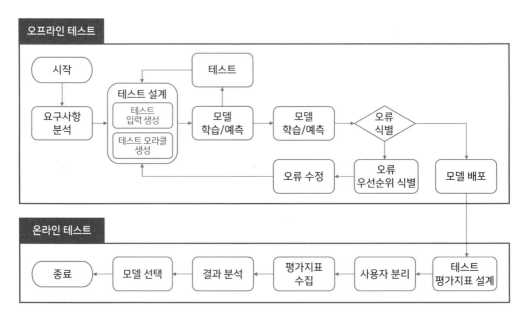

그림 4-5 AI 시스템의 전체 테스트 워크플로우(출처: Jie M. Zhang, Mark Harman, Lei Ma, Yang Liu, 『Machine Learning Testing: Survey, Landscapes and Horizons』)

1) 오프라인 테스트

초기에 개발자가 테스트 대상인 AI 시스템에 대한 사용자의 기대치를 정의한 요구사항을 분석해, AI 시스템의 전체 사양을 분석하고 전체 시험 절차를 계획하게 됩니다. 테스트 입력은 수집된 데이터에서 샘플링을 하거나 특정한 목적을 달성하기 위해 경우에 따라서는 별도로 생성할 수도 있습니다. 그 후 테스트 오라클(예상되는 결괏값)을 생성하게 됩니다. 오프라인 테스트를 수행할 준비가 끝나면 테스트를 실행하고 테스트 결과를 수집합니다. 테스트 실행 프로세스는 학습용 데이터를 사용하여 모델을 구축하거나 검증용 데이터를 사용하여 빌드 모델을 테스트하면서 테스트 오라클이 위반되었는지 여부를 확인하는 활동을 의미합니다.

오프라인 테스트를 수행한 후에는 테스트 오라클과 각종 평가지표를 활용하여 오류를 식별하고 우선순위에 따라 오류를 수정하고 보완한 후에 회귀 테스트를 수행하여 기존의 오류가 해결되었는지, 오류 수정으로 인해 또 다른 문제를 일으키지는 않는지를 확인합니다. 더 이상 새로운 오류가 식별되지 않으면 오프라인 테스트를 종료하고 모델을 배포하게 됩니다.

2) 온라인 테스트

온라인 테스트는 앞에서 설명한 오프라인 테스트의 부족한 부분을 보완하기 위해 AI 모델이 온라인에 배포된 후 오류를 탐지하는 것을 목표로 하는 테스트입니다. 다양한 목적에 따라 여러 형태의 온라인 테스트 수행 방법이 있을 수 있습니다. 예를 들어, 런타임 모니터링처럼 실행 중인 AI 시스템이 요구사항을 충족하는지 또는 원하는 런타임 속성을 위반하는지 확인하기 위한 목적의 테스트도 있을 수 있고, 새로운 AI 모델이 특정 컨텍스트에서 이전 모델보다 우수한지 여부를 확인하기 위해 사용자 응답을 모니터링하는 테스트도 있을 수 있습니다. 즉, 두 가지 버전의 시스템(예: 웹 페이지)을 비교하기 위해 사용자가 새 모델과 이전 모델을 별도로 사용하도록 두 그룹으로 분할해서 테스트하는 방법입니다(**그림 4-5**에서는 이 방식의 테스트가 표현되어 있음).

이후 과정은 평가지표에 따라 더 나은 AI 모델을 선정하고 테스트 프로세스를 종료하게 됩니다.

4.2.4 AI 시스템의 테스트 컴포넌트

AI 모델을 구축하기 위해, 개발자는 보통 데이터를 수집하고, 데이터에 라벨을 붙이고, 학습 프로그램 아키텍처를 설계하고, 특정 프레임워크를 기반으로 전체 모델 아키텍처를 구현하게 됩니다. AI 모델 개발 프로세스는 데이터, 학습 프로그램, 학습 프레임워크와 같은 여러 구성요소와의 상호작용을 필요로 하기 때문에 각 구성요소는 다양한 형태의 오류를 포함할 수 있습니다. **그림 4-6**은 AI 모델 구축의 기본 프로세스와 이에 관련된 주요 구성요소를 보여주고 있습니다.

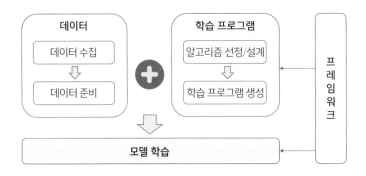

그림 4-6 AI 모델 구축에 관련되는 프로세스와 주요 컴포넌트(출처: Jie M. Zhang, Mark Harman, Lei Ma, Yang Liu, 『Machine Learning Testing: Survey, Landscapes and Horizons』)

그림 4-6에 표현된 것처럼 AI 모델 구축에 있어서 주요 컴포넌트는 다음과 같은 세 가지로 분류할 수 있습니다.

- 데이터: 학습을 위해 수집하고 라벨링을 해야 하는 대상
- 학습 프로그램: 모델을 학습시키기 위한 실행 코드
- 프레임워크: 학습 프로그램을 작성할 때 개발자가 선택할 수 있는 알고리즘과 기타 라이브러리를 제공받는 컴포넌트(예: Weka, scikit-learn, TensorFlow 등)

따라서 AI 모델을 테스트할 때는 '데이터', '학습 프로그램', '프레임워크'를 포함한 모든 구성요소에서 오류를 찾아야 할 필요성이 있습니다. AI 모델은 기존 소프트웨어보다 각 구

성요소가 서로 더 밀접하게 결합되어 있기 때문에 구성요소 간 오류 전파가 더 심각할 수 있습니다.

- **데이터의 경우**, AI 시스템의 동작이 주로 데이터에 의존하게 되므로 데이터의 오류는 생성된 모델의 품질에 영향을 미치며, 모델이 개발된 이후에 시간이 갈수록 더 심각한 문제를 일으키면서 오류 상태가 증폭될 수도 있기 때문에 AI 모델에서 반드시 테스트 대상이 되어야 합니다. 데이터에 대한 오류 검출은 데이터가 학습에 충분한지, 미래 데이터를 대표하는지, 편향된 라벨링과 같은 노이즈를 포함하는지, 학습용 데이터, 검증용 데이터, 테스트용 데이터의 분리는 되었는지, 왜곡 여부 등의 문제를 점검하는 활동이 포함됩니다.

- **학습 프로그램의 경우**, 개발자가 직접 설계하거나 프레임워크에서 선택한 알고리즘과 개발자가 알고리즘을 구현/배포하기 위해 작성하는 실제 코드 등 두 부분으로 분류할 수 있습니다. 학습 프로그램의 오류는 잘못된 알고리즘 설계, 잘못된 알고리즘 선택, 개발자의 코딩 오류 등에 대한 검증을 통해 점검할 필요가 있습니다.

- **프레임워크의 경우**, 기존 소프트웨어 개발보다 AI 모델 개발에 있어서 훨씬 중요한 역할을 하게 됩니다. 즉, 프레임워크는 학습 프로그램의 작성을 돕는 알고리즘과 모델을 학습시키는 데 도움이 되는 플랫폼을 제공하기 때문에 개발자가 복잡한 문제에 대한 알고리즘, 모델 설계, 학습 및 검증에 필요한 솔루션을 쉽게 구축할 수 있도록 하는 지원 컴포넌트인 것입니다. 프레임워크에 대한 테스트에서는 보안 취약성, 프로그램을 손상시키거나 종료되지 않는 버그, 비효율적인 메모리 소모 등 최종 시스템에서 문제를 일으킬 수 있는 버그를 가지고 있는지 여부를 점검해야 할 필요성이 있습니다.

4.2.5 AI 시스템의 테스트 대상 속성

기존 소프트웨어에서 테스트해야 할 대표적인 속성(property)으로 기능 요구사항과 비기능 요구사항(성능, 보안 등)이 있는 것과 마찬가지로 AI 시스템에서도 테스트해야 할 속성이 여러 가지가 있습니다.

AI 시스템에서 테스트해야 할 각 속성은 서로 엄격하게 독립적이지는 않지만 AI 시스템의 동작에 대한 서로 다른 외부적인 표현이기 때문에 독립적으로 테스트해야 할 가치가 있습니다. AI 시스템에는 대표적으로 다음과 같은 테스트 대상 속성이 있습니다.

1) 정확성(Correctness)

AI 시스템의 정확성은 테스트 대상 시스템이 '잘못된 결과를 얻을 확률' 또는 '올바른 결과를 얻을 확률'을 측정하는 것을 말합니다. 허용 가능한 정확성을 달성하는 것은 AI 시스템의 가장 기본적인 요구사항이 될 것입니다.

AI 시스템의 정확성은 학습용 데이터가 아닌 미래의 데이터로 평가를 해야 하는데, 현실적으로 미래의 데이터를 평가에 활용할 수 없는 경우가 많기 때문에 현재의 모범사례(best practice)는 수집된 데이터를 '학습용 데이터', '검증용 데이터', '테스트용 데이터'로 구분해 두고 '데스트용 데이터'를 사용하여 미래를 시뮬레이션하는 '교차검증' 방법을 사용하는 것입니다. AI 시스템의 정확성을 측정할 수 있는 평가지표로는 다음과 같은 것이 있습니다 (각 평가지표에 대한 상세한 내용은 3장 2절을 참고).

- 정밀도(Precision)
- 재현율(Recall)
- 정확도(Accuracy)
- 개선율(Lift)
- F1 Score
- ROC 곡선의 AUC(Are Under the Curve)
- 평균제곱근 오차(RMSE, Root Mean Square Error)

2) 모델 적합성(Model Relevance)

AI 모델은 학습용 데이터와 머신러닝 알고리즘의 조합으로 생성된 결과물입니다. 따라서 데이터와 알고리즘의 성능 관계를 검증하는 것이 필요합니다. 대표적인 것이 데이터의 편향성과 변동성에 의한 모델의 과대적합(over-fitting), 과소적합(under-fitting)입니다.

모델 적합성 평가는 데이터와 알고리즘 간의 불일치를 검증하는 것이라고 보면 되고, 모델 적합성이 낮으면 과대적합과 과소적합이 발생하게 됩니다. 앞에서 말한 교차검증이 과적합을 발견할 수 있는 대표적인 수단이 될 수 있습니다. 그러나 테스트용 데이터가 미래의 데이터를 대표하지 못할 경우에는 교차검증으로 과적합을 감지하지 못할 수도 있습니다. 이러한 점을 보완하기 위해 나온 평가 방법이 'PMV'라 불리는 '교란 모델 검증(perturbed model validation)입니다. PMV는 학습용 데이터에 일부러 노이즈를 주입하고 그렇게 교란된 데이터로 재학습시킨 모델에 대한 정확도 감소율을 측정하여 과대적합과 과소적합을 감지하는 검증 방법입니다. 즉, 과대적합 또는 과소적합이었던 모델은 노이즈에 둔감할 것이므로 데이터 노이즈를 증가시켜도 학습 정확도가 많이 낮아지지 않을 것이라는 이론을 배경으로 만들어진 평가 방법입니다.

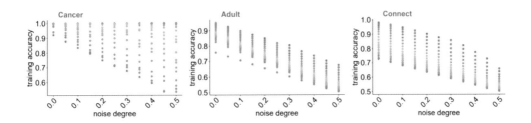

그림 4-7 노이즈 증가에 따른 학습 정확도의 변동 측정 방식으로 모델 적합성 검증 예시(출처: Jie M. Zhang, Mark Harman, Benjamin Guedj, Earl T. Barr, John Shawe-Taylor 『Perturbed Model Validation: A New Framework to Validate Model Relevance』)

3) 모델 견고성(Model Robustness)

견고성(robustness)이라는 용어는 IEEE STD 610.12(standard glossary of software engineering terminology)에 의하면 '시스템 또는 구성요소가 잘못된 입력 또는 스트레스가 많은 환경 조건에서 올바르게 작동할 수 있는 정도'라고 정의되고 있습니다. 이와 유사하게 AI 시스템의 견고성은 '데이터의 교란이 있을 때에도 모델의 정확도가 유지되는 정도'라고 전문가들에 의해 정의되고 있습니다. '적대적인 데이터 교란에 대해 정확도를 유지하는 정도'로 풀이해서 이해해도 무방합니다.

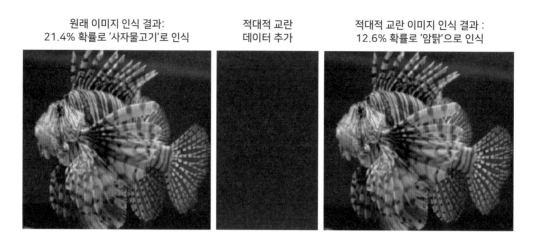

원래 이미지 인식 결과:
21.4% 확률로 '사자물고기'로 인식

적대적 교란
데이터 추가

적대적 교란 이미지 인식 결과 :
12.6% 확률로 '암탉'으로 인식

그림 4-8 적대적 데이터 교란에 의한 모델 견고성 변동 예시(출처: Seyed-Mohsen Moosavi-Dezfooli, Alhussein Fawzi, Pascal Frossard 『DeepFool – A simple and accurate method to fool Deep Neural Networks』)

모델 견고성은 1장에서 소개한 비지도학습 알고리즘 GAN(Generative Adversarial Network)의 분류기(discriminator) 개념을 도입해서 다음과 같은 방법으로 검증하게 됩니다.

- 분류기가 정확도를 유지하지 못하는 교란 데이터의 최소 변동값을 나타내는 점별 견고성
- 교란 데이터의 변경으로 분류기의 결과가 얼마나 자주 변경되는지를 나타내는 적대적 빈도
- 입력 데이터와 가장 가까운 적대적 데이터 사이의 거리를 나타내는 적대적 심각도

4) 보안성(Security)

AI 시스템의 보안성은 머신러닝 구성요소를 조작하거나 불법으로 접근함으로써 발생할 수 있는 잠재적 손상과 위험, 손실에 대한 복원력을 의미합니다. 따라서 이 보안성은 앞에 소개한 견고성과 밀접하게 관련이 되어 있습니다. 즉, 견고성이 낮은 AI 시스템은 불안정할 수밖에 없기 때문에 데이터의 교란에 저항하는 것이 강력하지 못할수록 시스템이 적대

적 공격에 더 쉽게 희생된다는 의미입니다.

다시 말해 학습용 데이터 교란에 대한 저항력이 낮은 경우, 학습용 데이터를 적대적으로 수정함으로써 야기되는 예측 결과의 변화에 취약할 수 있다는 것이고 따라서 낮은 견고성은 보안 취약성의 한 가지 원인이 된다는 것입니다. 그러므로 보안성에 대한 검증은 모델에 대한 견고성 테스트를 통해서 이뤄질 수 있는 것으로 봅니다.

5) 효율성(Efficiency)

AI 시스템의 효율성은 예측 속도를 의미하는데, 시스템이 모델 구축 또는 예측 단계에서 느리게 또는 심지어 무한대로 실행될 때 발생합니다. 데이터가 기하급수적으로 증가하고 시스템이 복잡해짐에 따라 모델 선택과 프레임워크 선택에 있어 효율성은 고려해야 할 중요한 성능이 되고, 때로는 정확도(accuracy)보다 더 비중 있는 대상 속성이 될 수도 있습니다.

예를 들어, 대규모 모델을 모바일 기기에 탑재하기 위해 적절한 시간 내에 모바일 기기 실행이 가능하도록 최적화하고 압축할 필요성이 있다면 이 경우에는 정확도(accuracy)가 효율성을 달성하기 위해 희생될 수도 있을 것입니다.

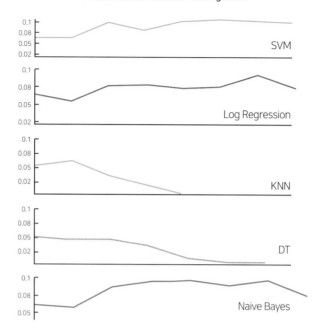

그림 4-9 알고리즘별 데이터 증가에 따른 효율성 성능의 차이 예시(출처: Ricardo Baeza-Yates, Zeinab Liaghat 『Quality-Efficiency Trade-offs in Machine Learning for Text Processing』)

6) 공정성(Fairness)

공정성은 민감한 속성을 가지고 있어 보호받아야 하는 특성을 말합니다. 법적으로 보호받아야 할 속성의 예로는 인종과 피부색, 성별, 종교, 국적, 시민권, 나이, 임신, 가족 지위, 장애 상태, 유전 정보 등 상당히 많은 항목이 있지만 규제를 받는 영역(신용, 교육, 고용 등)마다 다를 수 있습니다.

AI 시스템은 통계적인 방법을 동원해서 예측하는 시스템이므로 소득 예측, 의료 치료 예측과 같은 의사결정을 지원하기 위해서도 많이 채택되고 있는 추세입니다. 머신러닝도 결국은 인간이 가르치는 것을(즉, 인간이 준비한 학습용 데이터를 통해) 배운다는 사실을 감안할 때, 인간은 인식에 대한 편견을 가질 수 있고, 이는 데이터 수집과 라벨링, 알고리즘 설계에 그러한 편견이 반영되는 결과를 낳게 되어, 사용자에게 불쾌감을 주거나 손해를 끼칠 수도 있으며, 나아가 해당 시스템을 개발하거나 활용하는 주체에게 불신과 영업적 손실, 심지어 법적 문제까지 줄 수도 있습니다.

공정성은 비교적 최근에 많이 주목받고 있는 비기능적 속성인데, 불공정성의 주요 원인은 다음과 같습니다.

- **편중된 데이터**: 학습용 데이터의 편중으로 복합적으로 편향된 결과 발생
- **오염된 데이터**: 인간의 편향된 라벨링 활동으로 인한 데이터 편향
- **표본 크기**: 소수집단과 다수집단의 데이터가 매우 불균형한 경우, 모델은 소수집단을 덜 적합하게 할 수 있음
- **대표성**: 중요한 속성이 제외되어 모델에 대한 편향을 일으킬 수 있음

공정성에 대한 검증은 서로 다른 그룹 또는 개인에 대해 관찰된 차이를 측정하고, 이해하고, 대처하는 데 중점을 두게 되는데, 'What-If' 와 같은 공정성 진단도구를 활용하는 것이 효율적일 것으로 생각됩니다.

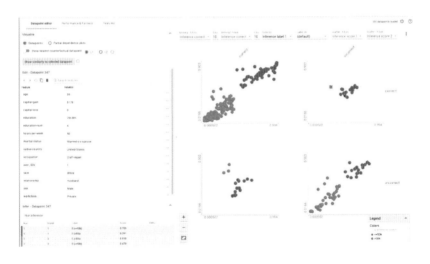

그림 4-10 공정성 진단도구 'What-If' 화면 예시(출처: https://pair-code.github.io/what-if-tool/index.html#demos)

4.2.6 AI 시스템의 테스트 컴포넌트에 대한 테스트

AI 시스템에서 오류를 포함할 가능성이 높기 때문에 테스트 대상으로 고려해야 하는 것이 '데이터'와 '학습 프로그램', '프레임워크' 등 세 가지 컴포넌트라고 앞에서 소개하였습니다. 이들 컴포넌트에 대한 테스트에 대하여 알아보겠습니다.

1) '데이터'에 대한 테스트

AI 시스템의 성능은 데이터에 의해 크게 좌우되기 때문에 데이터는 AI 시스템에서 반드시 테스트해야 할 구성요소입니다. 만일 데이터의 정확도가 75%인데, AI 모델의 정확도(accuracy)가 90%가 되길 원하는 것은 불가능한 일에 가깝습니다. 또한 학습된 모델에서 출력한 결괏값을 활용하여 추가 데이터를 생성하는 경우도 많으므로 데이터 오류를 조기에 감지하는 것이 특히 중요합니다. 이런 경우 시간이 지남에 따라 작은 데이터 오류가 피드백 루프에 의해 더 크게 증폭되기 때문입니다. 3장의 1절 '데이터 품질 확보하기'에서 다음과 같은 데이터 품질요소를 설명한 바 있습니다.

- 데이터 충분성(Sufficiency)
- 데이터 다양성(Diversity, 데이터의 포괄성과 변동성)
- 데이터 신뢰성(Trustworthiness)

여기서는 학습용 데이터에 대한 오류 검출에 관하여 소개하겠습니다.

[규칙 기반 학습용 데이터 오류 검출]

규칙 기반 데이터 오류는 다음과 같은 유형의 문제를 고려하는 것을 말합니다.

- **잘못된 코딩 데이터:** 숫자 또는 날짜를 문자열로 잘못 입력하는 등의 오류
- **이상치(outlier):** 비정상적인 데이터 길이, 정상적인 값의 범위를 초과하는 데이터 등
- **데이터 구성상의 문제:** 데이터 중복, 널(null) 데이터 등
- **피처 편향:** 피처(feature) 값이 서로 다른 데이터 소스, 학습 중에 일관되지 않은 변환 적용 (예: 주택 가격 예상 모델을 달러화 알고리즘으로 학습했지만 예측 제공을 원화로 수행)

- **분산 편향**: 데이터 샘플링 방법 오류, 잘못된 데이터 세트 선택 등

규칙 기반 데이터 오류 검출은 자동으로 데이터의 유효성 검사를 수행하는 'Google Structured Data Testing Tool', 'TensorFlow Data Validation(TFDV)', 파이썬 패키지인 'Data Linter'와 같은 도구를 활용하면 효율적인 검증이 가능합니다.

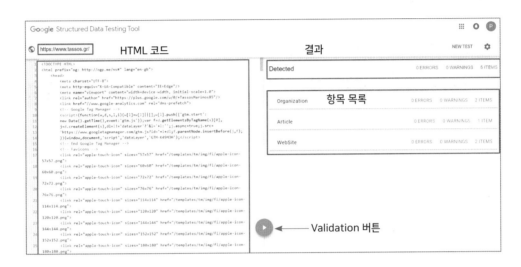

그림 4-11 규칙 기반 데이터 도구인 'Google Structured Data Testing Tool' 화면 예시(출처: https://www.tassos.gr/joomla-extensions/google-structured-data-markup)

[성능 기반 학습용 데이터 오류 검출]

성능 기반 데이터 오류 검출은 데이터 분류 오류를 담당하는 인공신경망에서 '오류 뉴런'을 식별하고, 데이터 재샘플링을 통해 학습용 데이터를 테스트하여 오류 뉴런이 영향을 받는지 여부를 분석하는 방식입니다. 성능 기반 데이터 오류 검출 도구로 대표적인 것에는 'MODE: Automated Neural Network Model Debugging via State Differential Analysis and Input Selection'이 있습니다.

MODE는 과대적합 또는 과소적합 문제가 있는 경우, 데이터 라벨에 대해 정확하게 분류된 입력과 잘못 분류된 입력으로 모델 상태를 차등 분석합니다. 그리고 재학습을 위한 대

상 기능을 강조하는 차등 열지도(heat map)는 기존 또는 새로운 입력(GAN에 의해 생성되거나 실제 환경에서 수집)을 선택해서 새로운 학습용 데이터 세트를 구성하기 위한 지침으로 사용되며, 이 데이터 세트는 모델을 재학습시키고 버그를 수정하는 데 사용하게 됩니다.

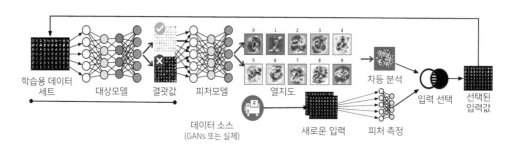

그림 4-12 성능 기반 데이터 도구인 MODE의 작동 개념도(출처: MODE: Automated Neural Network Model Debugging via State Differential Analysis and Input Selection)

MODE에 대한 보다 구체적인 내용은 'https://github.com/fabriceyhc/mode_nn_debugging'에서 찾아볼 수 있습니다.

2) '학습 프로그램'에 대한 테스트

'학습 프로그램'에 대한 테스트는 AI 알고리즘이 올바르게 구현되고 구성되었는지 여부 즉, 모델 아키텍처가 잘 설계되었는지, 코딩 오류가 있는지 여부를 검증하는 것을 말합니다.

AI 알고리즘의 경우 대부분의 오류가 운영체와의 호환성 문제, 프로그램 언어의 버전 문제, 하드웨어와의 충돌 문제 등에 기인합니다. 또한 TensorFlow API의 변경에 따른 코딩 업데이트의 미비, 인공신경망의 하이퍼 파라미터(hyperparameter)에 대한 부적절성(뉴런의 개수, 층의 형태, 뉴런 간의 상호작용 방식, 가중치 등)도 주요 문제로 조사되고 있습니다. 학습 프로그램에 대한 테스트 방법 몇 가지를 소개합니다.

[돌연변이 테스트(Mutation Test)]

돌연변이 테스트는 기존 소프트웨어에서 소스 코드의 특정 명령문을 변경/변형하여 테스트 케이스가 소스 코드에서 오류를 찾을 수 있는지 확인하는 테스트 유형입니다. 돌연변이 테스트의 목표는 변형된 소스 코드가 실패하는 것을 확인하여 테스트 케이스의 품질을 보장하는 것인데, 주로 단위 테스트에 사용되었던 화이트박스 테스팅 기법이고, 오류 기반 테스트 전략이라고도 합니다. 돌연변이 테스트는 원래 1971년에 제안되었음에도 시간과 비용이 너무 많이 들어서 크게 활용되지는 않았었지만, AI 시스템에서는 그 개념이 유용할 것으로 기대되어 최근 주목을 받고 있는 테스트 방법입니다.

기존 소프트웨어에서 돌연변이 테스트를 수행하는 과정은 다음과 같습니다.

- **1단계:** 원래 프로그램에 의도적으로 결함을 주입한 돌연변이 프로그램 여러 버전을 생성합니다. 각 돌연변이는 단일 결함을 포함해야 하며, 목표는 돌연변이 버전이 실패하게 하여 테스트 케이스의 효과를 입증하는 것입니다.

- **2단계:** 테스트 케이스를 원래 프로그램과 돌연변이 프로그램에 적용하여 프로그램을 테스트합니다.

- **3단계:** 원래 프로그램과 돌연변이 프로그램의 결과를 비교합니다.

- **4단계:** 원래 프로그램과 돌연변이 프로그램이 다른 출력을 생성하면 해당 돌연변이가 테스트 케이스에 의해 종료됩니다. 따라서 이러한 방식으로 원래 프로그램과 돌연변이 프로그램 간의 변화를 감지하게 됩니다.

- **5단계:** 원래 프로그램과 돌연변이 프로그램이 동일한 출력을 생성하면 돌연변이가 살아남게 되고 이 경우에는 돌연변이 정보를 활용, 보다 효과적인 테스트 케이스를 만들게 됩니다.

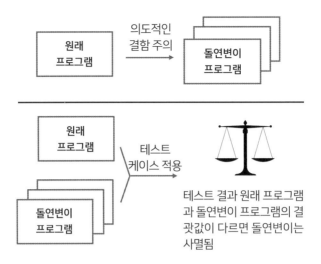

그림 4-13 기존 소프트웨어에서 돌연변이 테스트 개념도

이때, 돌연변이 점수는 다음과 같이 정의됩니다.

- 돌연변이 점수(mutation score) = (사멸된 돌연변이 수 / 총 돌연변이 수) *100

돌연변이 점수가 100%라면 품질이 좋은 소프트웨어라고 판정하고 100%가 아니면 살아남은 돌연변이를 활용하여 오류를 수정하게 되는 것입니다.

AI 시스템에서 수행하는 돌연변이 테스트도 사실상 같은 개념입니다.

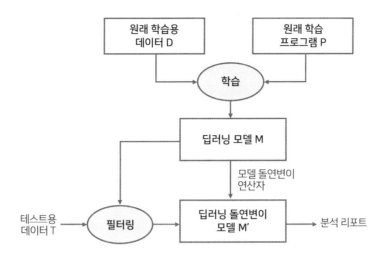

그림 4-14 AI 시스템에서 돌연변이 테스트 개념도(출처: Lei Ma, Fuyuan Zhang, Jiyuan Sun, Minhui Xue, Bo Li, Felix Juefei-Xu, Chao Xie, Li Li, Yang Liu, Jianjun Zhao, Yadong Wang 『DeepMutation: Mutation Testing of Deep Learning Systems』)

모델 수준에서의 돌연변이 테스트의 기본 아이디어는 활용 가능한 테스트용 데이터를 사용해서 돌연변이 모델의 평가 결과를 원래 모델의 평가 결과와 비교한 후에 상당한 편차가 있는 경우라면 돌연변이 모델이 사멸된 것으로 판단하는 것입니다. 이 아이디어를 기반으로 한 돌연변이 테스트의 개념도를 **그림 4-14**에 표현하였습니다.

그림 4-14에 표시된 학습용 데이터(D)와 학습 프로그램(P)으로 학습된 딥러닝 모델(M)을 생성하게 됩니다. 학습된 딥러닝 모델(M)에서 실행된 데이터를 필터링하여 의도적인 오류가 주입된 데이터를 각 돌연변이 모델(M')로 전송, 모델의 실행 결과를 분석하고 돌연변이 모델의 사멸 여부로 모델의 품질을 판단하는 방식입니다. 이때 돌연변이 모델은 **표 4-6**에 정의한 모델 수준 돌연변이 연산자를 활용하여 여러 가지 복수 개의 모델을 생성하여 활용하게 됩니다.

표 4-6 모델 수준 돌연변이 테스트에서 돌연변이 연산자

돌연변이 연산자	레벨	설명	돌연변이 생성 방법
가우스 퍼지 (Gaussian Fuzzing, GF)	가중치	· 가우스 분포에 의한 퍼지 가중치 · 가중치는 뉴런 간 연결의 중요성을 설명하는 DNN의 기본 요소 · 딥러닝 네트워크 의사결정 논리에 크게 기여함	가중치를 변이시키는 자연스러운 방법은 가중치가 나타내는 연결 중요도를 변경하기 위해 값을 흐리게 하는 것이다. 일반적으로 주어진 가중치의 99.7% 내외로 변이시킨다.
혼합 가중치 (Weight Shuffling, WS)	뉴런	· 선택된 가중치 혼합 · 뉴런의 출력은 이전 층(layer)의 뉴런에 의해 결정되는데, 각 뉴런은 가중치로 연결되어 있음	무작위로 뉴런을 선택하고 이전 층에 대한 뉴런 연결의 가중치를 섞어서 변이시킨다.
뉴런 효과 차단 (Neuron Effect Block, NEB)	뉴런	· 테스트용 데이터 포인트가 DNN으로 판독되면 최종 결과가 나올 때까지 서로 다른 가중치와 뉴런층과의 연결을 통해 처리되고 전파됨 · 각 뉴런은 연결 강도에 따라 어느 정도 DNN의 최종 결정에 기여함	다음 층의 연결된 모든 뉴런에 대한 뉴런 효과를 차단(다음 층의 연결 가중치를 0으로 재설정)하여 변이시킨다. NEB는 최종 DNN 결정에 대한 뉴런의 영향을 제거한다.
뉴런 활성화 반전 (Neuron Activation Inverse, NAI)	뉴런	· 활성화 함수는 DNN의 비선형 동작을 생성하는 데 중요한 역할을 하고, 널리 사용되는 많은 활성화 기능은 활성화 상태에 따라 상당히 다른 동작을 보이게 됨 · NAI 연산자는 뉴런의 활성화 상태를 반전시키는 것임	뉴런의 활성화 기능을 적용하기 전에 뉴런 출력값의 부호를 변경하여 변이시킨다.
뉴런 스위치 (Neuron Switch, NS)	뉴런	· DNN의 뉴런은 다음 층(layer)에 연결된 뉴런에 영향을 미침	NS 연산자는 다음 층에 대한 역할과 영향을 교환하기 위해 층 내의 두 개의 뉴런을 전환하여 변이시킨다.
층 비활성화 (Layer Deactivation, LD)	층	· DNN의 각 층(layer)은 이전 층의 출력을 변환하고 결과를 다음 층에 전파함 · LD 연산자는 전체 계층의 변환 효과를 DNN에서 삭제하듯이 제거하는 돌연변이 연산자임	학습된 모델에서 층(layer)을 제거하는 것만으로도 모델 구조가 깨질 수 있으므로 LD 연산자는 입력과 출력 모양이 일치하는 층으로 제한하여 변이시킨다.
층 추가 (Layer Adittion)	층	· LAM 연산자는 DNN에 층(layer)을 추가하여 LD 연산자의 반대 효과를 만드는 것임	LD 연산자와 마찬가지로, LAM 연산자는 원래의 모델 구조를 깨지 않도록 제한하여 변이시킨다.
활성화 함수 제거(Activation Function Removal, AFRM)	층	· AFRM 연산자는 전체 층에 대해 활성화 함수 효과를 제거하는 것임	NAI 연산자는 활성화 함수를 유지하고 뉴런의 활성화 상태를 반전시키는 것이라는 점에서 차이가 있다.

[메타몰픽 테스트(Metamorphic Test)]

AI 시스템을 테스트하려고 할 때 가장 문제는, 테스트 결과가 맞는 것인지 틀린 것인지를 판단할 수 있는 기준('테스트 오라클' 이라고 함)을 미리 정의하기가 곤란하다는 데 있다고 앞서 설명했습니다. 즉, AI 시스템의 확률 기반 추론에 따라 시스템 응답의 불확실성이 개입되고, 이로 인해 비결정론적 동작을 하게 되기 때문입니다.

메타몰픽 테스트는 '변성 테스트'라고 우리말로 변역해서 지칭하는 경우도 있습니다. 이 테스트는 '테스트 오라클(테스트 결과가 맞는 것인지 틀린 것인지를 판단할 수 있는 기준)' 문제를 해결하기 위해 고안된 테스트 기법인데, 개별 테스트의 예상 결과를 알 수 없을 때, 복수 개의 테스트 실행 결과들을 비교함으로써 테스트 결과가 맞는 것인지를 판단하는 방법입니다.

만일, 삼각함수 값을 계산하는 소프트웨어를 테스트한다고 할 때, $\langle \sin(x) = \sin(\pi - x) \rangle$ 와 결과가 같다는 관계를 이용하여 두 개의 테스트 결과를 서로 비교하는 것입니다. 예를 들면, $\sin(12)$의 정확한 값을 모르는 상태입니다. 그러나 $\sin(12) = \sin(\pi - 12)$는 그 값이 서로 같은 관계입니다. 따라서 $\sin(12)$를 입력으로 한 테스트 결과와 $\sin(\pi - 12)$을 입력으로 한 테스트 결과는 서로 같아야 합니다. 결괏값이 서로 다르다면 소프트웨어에 오류가 있다고 판단하는 것입니다.

'$\sin(x) = \sin(\pi - x)$'는 메타몰픽 관계(metamorphic relation)라 하고, 첫 번째 입력 '$\sin(x)$'를 '시드 입력(seed input)', 두 번째 입력 '$\sin(\pi - x)$'를 '메타몰픽 변형 입력(metamorphic transformation)'이라고 합니다. $\sin(x)$의 경우, $\sin(25) = \sin(\pi - 25)$, $\sin(55) = \sin(\pi - 55)$, … 와 같이 하나의 '시드 입력'이 주어지면 다양한 메타몰픽 관계를 가지는 '메타몰픽 변환 입력'을 생각할 수 있고, 이 두 가지 입력 테스트 결과에서 메타몰픽 관계가 위반되었다면 그 소프트웨어에는 오류가 존재하는 것입니다.

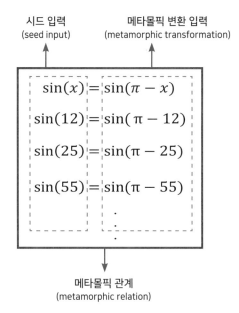

시드 입력
(seed input)

메타몰픽 변환 입력
(metamorphic transformation)

$$\sin(x) = \sin(\pi - x)$$
$$\sin(12) = \sin(\pi - 12)$$
$$\sin(25) = \sin(\pi - 25)$$
$$\sin(55) = \sin(\pi - 55)$$

메타몰픽 관계
(metamorphic relation)

"시드 입력 결괏값과 메타몰픽 변환 입력 결괏값을 비교
메타몰픽 관계가 성립되지 않으면 오류가 있는 것으로 판단"

그림 4-15 메타몰픽 테스트 개념 예시

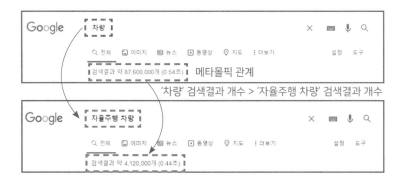

그림 4-16 검색 엔진에서 메타몰픽 관계 예시

또 다른 메타몰픽 관계의 예시를 보이자면, 만일 구글 검색엔진을 테스트한다고 가정하고 '차량'을 검색한 경우와, '자율주행'이라는 단어를 추가한 '자율주행 차량'을 검색한 경우에는, '차량'보다는 '자율주행 차량' 검색결과 개수가 상대적으로 훨씬 더 적을 것이라는 상식적인 메타몰픽 관계를 사전에 설정할 수 있을 것입니다. 만일 '자율주행 차량'의 검색결과 개수가 더 많이 나왔다고 한다면 그 검색엔진의 오류 여부를 면밀히 조사해 봐야 할 것입니다.

이번에는 AI 시스템에 대한 메타몰픽 테스트 예시를 자율주행 자동차의 경우를 통해 알아보겠습니다.

그림 4-17 자율주행 자동차의 카메라 이미지에 대한 메타몰픽 변환 입력 예시(1)(출처: Teemu Kanstr⊠n 『Metamorphic Testing of Machine-Learning Based Systems』, https://towardsdatascience.com/metamorphic-testing-of-machine-learning-based-systems-e1fe13baf048)

자율주행 자동차의 카메라 이미지(**그림 4-17**)에 대한 메타몰픽 테스트 요소들은 다음과 같습니다.

- 시드 입력: 자동차 카메라의 실제 이미지(왼쪽 사진)
- 메타몰픽 변환 입력: 실제 이미지에 대한 각도 변경(카메라 각도 변경을 의미)
- 메타몰픽 관계: 두 이미지에 대해 자율주행 자동차의 경로 결정은 서로 같아야 함

그림 4-18 자율주행 자동차의 카메라 이미지에 대한 메타몰픽 변환 입력 예시(2)(출처: Teemu Kanstrén 『Metamorphic Testing of Machine-Learning Based Systems』, https://towardsdatascience.com/metamorphic-testing-of-machine-learning-based-systems-e1fe13baf048)

자율주행 자동차의 카메라 이미지(**그림 4-18**)에 대한 메타몰픽 테스트 요소들은 다음과 같습니다.

- 시드 입력: 자동차 카메라의 실제 이미지(왼쪽 사진)
- 메타몰픽 변환 입력: 실제 이미지에 눈 덮인 이미지 추가(눈 내린 날을 의미)
- 메타몰픽 관계: 두 이미지에 대해 자율주행 자동차의 경로 결정은 서로 동일해야 함

앞에서 두 가지 이미지에 대한 메타몰픽 테스트 변환 입력은 실제 이미지에 자동화된 이미지 변환 도구를 사용하여 생성한 이미지들입니다. 이미지 입력일 경우 파이썬 이미지 증강 라이브러리인 imgaug(https://imgaug.readthedocs.io/) 등을 활용하면 손쉽게 메타몰픽 변환 이미지를 생성할 수 있습니다(**그림 4-19** 참고).

그림 4-19 자율주행 자동차의 카메라 이미지에 대한 다양한 메타몰픽 변환 입력 예시(출처: Teemu Kanstrén 『Metamor-phic Testing of Machine-Learning Based Systems』, https://towardsdatascience.com/metamorphic-testing-of-ma-chine-learning-based-systems-e1fe13baf048)

일반적으로 AI 시스템을 단순하게 검증하고 테스트할 수 있는 '입력과 출력에 대한 명시적인 사양'이 존재하지 않는 경우가 대단히 많습니다. 입력과 출력에 대한 경우의 수가 너무 많기 때문에 그렇습니다. 이런 상황에서 메타몰픽 테스트는 비교적 합리적인 시간과 비용으로 AI 시스템의 올바른 동작을 테스트할 수 있는 유용한 기법 중에 하나입니다. 여러 가지 다른 테스트 방법과 함께 보완적인 테스트 수단으로 활용한다면 AI 시스템의 품질을 확인하는 데 많은 도움이 될 수 있을 것입니다.

3) '프레임워크'에 대한 테스트

프레임워크에 대한 테스트는 'TensorFlow', 'Torch' 등 머신러닝 프레임워크에 대한 테스트를 말합니다. 많은 학습 알고리즘이 이러한 프레임워크 내에서 구현되기 때문에 머신러닝 프레임워크로 인하여 최종 시스템에서 오류를 일으킬 수 있는 버그를 가지고 있는지 확인할 필요성이 있습니다.

'An empirical study of bugs in machine learning systems'라는 연구에서는 Apache Mahout(데이터 마이닝 솔루션 라이브러리), Apache Lucene(정보 검색 솔루션 라이브러리), Apache OpenNLP(자연어 처리 솔루션 라이브러리) 등 머신러닝 프레임워크 내에서 개발자가 자주 활용하는 세 가지 AI 시스템 라이브러리에 대한 버그를 조사했더니, 총 500개의 버그가 있었고 그중 22.65%가 부정확하게 구현된 알고리즘이었다는 결과를 제시하였습니다.

프레임워크에 대한 테스트는 프레임워크 내에 관심을 가지고 있는 데이터나 알고리즘에 대하여 지금까지 소개한 테스트 기법을 활용하여 한번 검증한 후에 활용하는 습관이 중요할 것입니다.

5

Chapter

AI 시스템의
품질관리 사례

잘 정립된 품질관리 이론에 입각하여 체계적으로 잘 수행된 AI 시스템의 실제 품질관리 사례를 살펴보면 앞에서 설명한 여러 가지 이론적 개념을 더 쉽게 이해할 수 있을 것으로 생각합니다만, 아쉽게도 'AI 시스템의 품질관리는 어떻게 해야 할까?'라는 주제는 세계적으로 이제 연구가 시작되고 있는 시점이기 때문에 국제표준과 같은 형태로 정형화되어 있지 않으며, 여러 나라의 전문가들이 연구한 결과를 학회나 컨퍼런스 등을 통해 공유하고 서로 피드백을 받아가며 이론이 정립되고 있는 상태입니다. 다만 최근에 일본의 'AI 프로덕트 품질보증 컨소시엄'에서 발간한 'AI プロダクト品質保証ガイドライン(AI 제품 품질보증 가이드라인)'이라는 지침서에 가상의 사례이긴 하지만 품질관리 사례로 참조할 만한 내용이 있기에, 이 장에서는 해당 자료를 참고해서 스마트 스피커와 자율주행 자동차, 산업용 제어 시스템 등 세 가지 AI 시스템에 대한 품질관리 사례를 소개합니다.

5.1 | 스마트 스피커 사례

>>>

5.1.1 시스템 개요

스마트 스피커는 화자의 말을 청취하여 청취 문장의 의도를 해석하고, 화자가 의도하는 동작을 수행하는 시스템으로 다음 세 가지 머신러닝 기능이 사용되고 있다고 가정합니다.

- 마이크에 입력된 음성 신호를 텍스트로 변환하는 '음성 인식'
- 변환된 텍스트가 무엇을 의도하고 있는지 해석하여 기능 동작을 할 수 있는 명령으로 변환하는 '자연어 이해'
- 텍스트를 음성 신호로 변환하는 '음성 합성'

시스템의 동작 흐름은 다음과 같고 **그림 5-1**에 기능의 흐름을 표현하였습니다.

① 시스템에 음성 신호를 입력

② 입력받은 음성 신호를 음성인식 기능에 전달하여 텍스트로 출력

③ 텍스트를 자연어 이해 처리를 통해 기능을 동작시키는 명령어로 출력

④ 명령에 따른 기능(날씨검색 기능, 음악검색 기능 등)에 명령어를 입력

⑤ 해당 기능에서 데이터 처리

⑥ 해당 기능에서 처리한 응답을 출력

⑦ 해당 기능의 응답을 음성합성 장치 또는 외부장치로 입력

A. 음성합성 장치로 입력될 경우

   1. 음성합성 장치에 해당 기능의 응답을 입력

   2. 음성합성 장치에서 음성 신호로 출력

B. 외부장치(가전제품 등)로 입력될 경우

    1. 외부장치에 해당 기능의 응답을 입력

    2. 외부장치에 의한 응답 처리

    3. 외부장치의 기능 실행

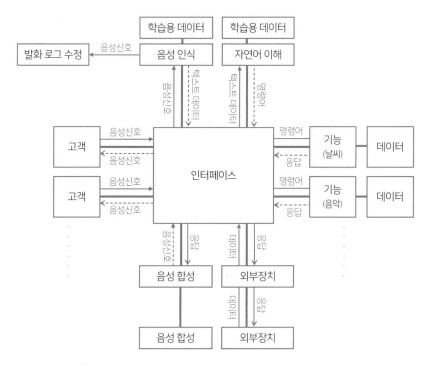

그림 5-1 스마트 스피커의 동작 흐름 개요(출처: AI プロダクト品質保証ガイドライン)

5.1.2 시스템 기능에 대한 품질요건 검토

첫 번째 스마트 스피커가 보유한 기능들에 대해 어떤 품질요건을 충족시켜야 하는가를 빠짐없이 도출하고 그 특성을 검토해야 합니다. 스마트 스피커라는 점을 고려하면 오락성 제품이기 때문에 엔터테인먼트 특성이 요구되는 경우가 많고, 그로 인해 대화의 다양성과 재미 등 비기능적 품질요건 등이 다수 있겠지만, 여기서는 머신러닝 기능만 대상으로 **표 5-1**의 예시와 같은 품질요건들이 도출될 수 있을 것입니다.

표 5-1 스마트 스피커의 품질요건 예시

머신러닝 기능 구분	품질요건	고려할 조건 예시
음성 인식	동일한 음성 입력에 대해 올바른 문자열로 변환할 수 있어야 함	· 성별(남녀에 따라) · 나이(어린이, 성인, 노인 등에 따라) · 톤(액센트, 속도, 음색 등에 따라) · 단어 구분 위치("날씨는? /날씨 는?" 등의 구분에 따라) · 감정 (부드러운 음성, 화난 음성 등에 따라)
	사용자 환경이 허용 범위 이내라면 올바로 작동해야 함	· 설치 환경 　- 음성 노이즈(TV, 이야기 소리 등) 　- 잡음 노이즈(생활 소음 등) · 설치 장소 　- 진동(발판의 불안정성에 의한 흔들림 등) 　- 측면(반사에 의한 영향 등)
	시스템 소유자의 음성에만 반응해야 함	· 화자 개인 특정
자연어 이해	다른 표현일지라도 표준 문장으로 이해할 수 있어야 함	· 어조(경어, 명령어, 젊은 세대 용어 등) · 문법(어순의 변화 등) · 약어(BTS 등) · 동음이의어(눈, 배, 동음의 지명 – 광주 등) · 한국식 영어(노트북, 콘센트 등)
음성 합성	시스템 사용자가 이해할 수 있는 음성 메시지를 전달해야 함	· 발음(관용구 등) · 톤(억양, 감정, 음색 등) · 말투(문장의 구분 위치 등) · 사투리(지역 사투리 등)

5.1.3 품질 중점사항

스마트 스피커로부터 기대하는 품질은 '음성 입력이 화자의 의도대로 인식되고 의도한 기능을 수행하는 것'이 되어야 할 것입니다.

먼저 AI 모델에 국한해서 보자면, 대상 사용자를 특정하기 어려운 점이 있기 때문에 음성 인식 기능의 학습용 데이터 양, 다양성, 분포 등이 중요한 문제가 됩니다. 그리고 음성이 유일한 입력 데이터이므로 음성 인식이 실패하면 자연어 이해 기능도 제대로 작동하지 않고 결국 의도하지 않은 출력으로 직결된다는 문제가 있습니다. 또한, 새롭게 출현하는 단어들 때문에 빈번한 업데이트가 필요할 것이며, 해당 업데이트에 대응하기 위한 개발·운영 프로세스가 중요할 것입니다.

따라서 다양한 음성에서도 같은 동작을 수행해야 할 '데이터 품질' 관점을 먼저 생각해 보아야 하고 비슷한 의미를 갖는 다양한 표현으로도 올바른 동작을 해야 할 '데이터 품질' 관점도 생각해 보아야 합니다. 마찬가지로, 결과를 출력할 때 시스템이 음성 메시지를 사용자에게 전달하는 것도 '데이터 품질'의 관점으로 볼 수 있습니다. **표 5-1**에 있는 '고려해야 할 조건 예시'를 참고해서 학습용 데이터를 준비해야 할 필요가 있습니다. 또한, 말이라는 것은 계속해서 새롭게 나오기 때문에 출하할 때 학습되지 않은 말도 그때그때 대응해야 할 필요성이 있으므로 '모델의 견고성' 관점으로 신속히 대응 업데이트를 해나가는 프로세스 구축도 필요합니다(**그림 5-2** 참고).

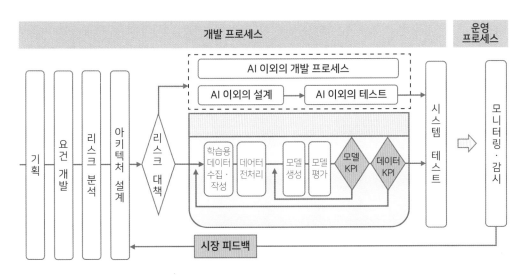

그림 5-2 대응 업데이트를 고려한 개발/운영 프로세스 구축 예시(출처: AI プロダクト品質保証ガイドライン)

시스템 차원으로 확장해서 보면, 스마트 스피커는 가정에 배치하여 일상속에서 사용될 것이므로 TV 또는 일상 소음, 다른 사람과의 대화 등이 발화자의 음성 인식에 저해 요소가 되지 않아야 하기 때문에 잡음 노이즈에 대한 합격 기준의 검토가 필요하고, 외부장치와의 연결이 편의성 차원에서 중요한 기능이며, 가전제품을 포함한 외부장치와의 연결에서 예상치 못한 사고를 초래하지 않도록 해당 항목의 품질 기준을 확인하는 것이 시스템 품질 관점에서 중요할 것입니다.

5.1.4 테스트 아키텍처

AI 컴포넌트를 포함하고 있는 전체 시스템도 궁극적으로는 하나의 논리적인 시스템이므로 전체적인 테스트 개념은 'AI라는 용어에 현혹되지 않고' 기존처럼 단계적인 테스트를 진행하는 것이 필요합니다. 각각의 테스트 레벨(단위 테스트, 통합 테스트, 시스템 테스트)에서 테스트를 수행하여 발견된 결함을 해결하되, 시스템 테스트 방법에 대해서는 다음 절에 n단계 평가법을 제시합니다. 또한, 실제 사용자를 대상으로 한 사용성 테스트도 출시 이후를 고려한 성능 향상에 도움이 될 수 있기 때문에 테스트 아키텍처에 포함하는 것이 좋습니다.

스마트 스피커의 소프트웨어 테스트에 대한 전반적인 테스트 아키텍처 예시를 **표 5-2**에, 그리고 테스트 아키텍처 전반에 걸쳐 유의해야 할 관점을 **표 5-3**과 **표 5-4**에 정리했습니다.

표 5-2 테스트 아키텍처 예시

테스트 레벨	테스트 대상	테스트 내용	설명
단위 테스트	· 각종 기능 부분 (날씨, 음악 등) · 머신러닝 학습 부분 이외의 시스템 부분	각 모듈에 대한 단위 테스트	· AI 컴포넌트 이외의 시스템 부분, 각종 기능(날씨, 음악 등) 부분은 기존과 동일한 방법으로 테스트가 가능함 · 단위 테스트 가능한 부분은 단위 테스트에서 문제를 최대한 발견하는 것이 추후 AI 컴포넌트와 연결하여 문제가 발생하더라도 신속히 해결하는 데 도움이 됨
	· 음성인식 기능 · 자연어 이해 기능 · 음성합성 기능	학습용 데이터와 모델에 대한 정밀 테스트	· AI 기능은 각각 단독으로 정밀한 테스트가 필요함(표 5-3의 학습에 필요한 데이터 유형 예시 참고) 유형별로 정확도 평가 수행 · 문제가 있는 경우에는 학습용 데이터의 문제, 학습 모델의 문제, 또는 둘 다인지 판단이 필요함 · 모델 문제 여부를 확인하려면 데이터를 고정하고 모델 변경 전/후 정확도를 측정 · 데이터 문제 여부를 확인하려면 모델을 고정하고 정밀도를 측정
통합 테스트	각종 API	API 응답, DB와 모듈 연결 후 기능 테스트	· 시스템은 여러 API와의 데이터로 이루어져 있으므로 시스템 테스트 단계에 들어가기 전에 통합 테스트 단계에서 예상되는 유형 데이터를 준비하여 API 응답을 확인해 둘 필요가 있음 · 이 과정을 수행하지 않으면 시스템 테스트 단계에서 문제 파악에 시간 소모가 과다할 가능성이 있음
		API 서버에 대한 부하 테스트	· 부하를 걸었을 때 데이터 처리가 끊어지는지, 서버 확장이 작동하는지 여부를 확인해야 함
시스템 테스트	시스템 전반에 걸쳐 날씨와 음악 등을 확인 대상으로 하는 기능	사양을 기반으로 한 스크립트 테스트	· 인터페이스를 포함한 전체 시스템의 사양에 따라 테스트 케이스를 작성하여 수동 또는 자동으로 기능을 확인하는 시험 · 테스트 케이스의 경우 "지금 몇 시야?"와 같이 기대 결과를 명확히 알 수 있는 내용과 "여름에 맞는 노래 틀어줘"와 같이 사람이나 환경에 의존하는 내용으로 분류될 수 있음 · 이러한 평가 방법은 n단계 평가법을 참고
		호환성 테스트	여러 기종의 스마트 스피커를 판매하고 있다면, 개발한 기능이 자사의 각 기종에서 잘 동작하는지를 확인해야 함
		탐색적 테스트	· 자연어를 취급하는 스마트 스피커에서는 특정 행동을 하는 데에도 여러 표현이 존재하므로 사양에 따라 테스트에서 미처 발견 못하는 문제가 많이 남을 수 있음 · 표 5-3을 테스트 차트에 이용하는 방식 등으로 진행
		시나리오 테스트	각 기능(날씨, 음악 등)마다 고유한 사용 방법이 있으므로 기능이 아니라 사용 주체에 따라 스토리를 작성하고 확인하는 것이 문제 발견에 효과가 있음

		롱런 테스트	음악 기능과 라디오 기능 등은 장시간 사용할 가능성이 높은 기능이므로 장시간에 걸친 연속적인 사용으로 오류가 발생 가능성을 바탕으로 롱런 테스트를 실시해야 함
시스템 테스트		성능 테스트	스마트 스피커에게 인간처럼 즉시 대답을 해주었으면 하는 기대가 있으므로 응답 속도에 대해 각사에서 기준을 만들어 그 기준에 응답할 수 있는지를 확인
		보안성 테스트	스마트 스피커는 개인정보를 취급하는 경우도 있을 수 있으므로 반드시 전문 지식을 기반으로 보안 테스트를 수행해야 함
출시 후 테스트	시스템 전반에 걸쳐 날씨와 음악 등을 확인 대상으로 하는 기능	사용성 테스트	· 실제로 사용자가 어떻게 사용하고 어디에서 불만을 느낄 수 있는지 확인이 필요함 · 시간의 흐름과 함께 새로운 단어와 사용 방법도 변하므로 잠재 사용자 계층을 대상으로 사용성 테스트를 실시하고 기능을 개선하는 것이 바람직함

표 5-3 학습에 필요한 데이터 유형 예시

	동일한 음성 입력이라면 올바른 문자열로 해석할 수 있는가?		
소리	성별	남, 녀	-
	나이	많음, 적음	-
	톤	액센트	-
		빠름, 단절됨	-
		음색	거만함, 간사함 등
	감정	상냥함, 근엄함	감정을 포함한 목소리 등
	언어 초보자	발음 차이	한국어에서 L과 R의 구분 등
	다른 표현으로도 표준적인 문장으로 이해할 수 있는가?		
텍스트	말투	경어	-
		명령어	-
		젊은층이 쓰는 언어	-
	문법	어순 변경	-
		주어 생략	
	약어	생략형	
	동음이의어	배, 눈 등	-
		지명	'광주'가 전국에 여러 곳 등
	유행어	-	

정해진 사용자 환경 내에서 올바르게 작동하는가?			
환경	설치 환경	음성 노이즈	TV, 주변 말소리
		잡음 노이즈	생활 잡음, 문 개폐, 선풍기 바람 등
	설치 장소	진동	스피커의 불안정한 고정
		벽면	반사되는 소리

표 5-4 테스트 아키텍처 전반에 걸쳐 유의해야 할 관점 예시

학습이 아닌 로직 부분			
서비스	명령 응답	통신	
		인터페이스 호환	
	서비스 보장	음질	
외부장치 호출			
가전제품 조작	안전성	안전성에 영향을 주는 장치 접근	목욕물 온도를 80도로 설정하는 등

5.1.5 n단계 평가법

스마트 스피커에서 기대하는 품질인 '음성 입력이 화자의 의도대로 인식되고 의도한 기능을 수행하는 것'을 확인함에 있어서, 입력 음성 데이터의 추상화 정도에 따라 예상 결과를 명확하게 'Yes/No'로 합격 여부를 표시하는 것이 어려운 경우가 있습니다. 예를 들어, "지금 몇 시?"라는 추상도가 낮은 질문에 대해서는 'Yes/No'로 합격 여부를 판단할 수 있는 출력을 생각할 수 있지만 "여름에 어울리는 곡", "재미있는 이야기"라는 추상적인 요청에 대해서는 의도대로 출력을 한 것인지 판단하기가 어렵습니다. 이는 개인의 취향이나 감각 등에 의존하기 때문입니다.

이러한 유형의 테스트 항목을 확인하는 방법 중 하나로 n단계(4단계, 5단계 등) 평가법이 있습니다. 이 방법은 집단지성을 이용하여 판단이 모호한 평가항목에 대한 평가 결과를 얻

는 방법입니다. 해당 기능의 테스트 항목에 대한 합격 기준값(결괏값의 수준을 n단계로 구분)과 테스트 참여 인원수를 결정하고, 참여 인원을 선발한 후에 테스트 항목에 대하여 결과가 어떠한 수준인지에 대한 응답을 수집하게 됩니다. 그런 다음 수집한 결과의 중앙값이나 평균값을 취해, 사전에 정한 합격 기준값과 비교하여 '의도대로인가'를 검증하는 방식입니다.

다음은 5단계 평가법의 예시입니다.

- **1단계 수준**: 의도에 반하는 다른 기능이 실행된다.

  예) '음악 틀어줘'라는 요청에 '오늘의 운세'를 실행함

- **2단계 수준**: 의도한 기능이 실행되지만, 그 기능 내에서 의도와 다른 콘텐츠를 실행한다.

  예) '음악 멈춰'라는 요청에 해당 음악은 중지했지만 다음 곡을 재생함

- **3단계 수준**: 의도한 기능이 실행되지만, 의도한 것과 다른 정보/내용을 출력한다.

  예) '특정 가수 이름으로 곡을 검색' 요청했으나 '다른 가수의 노래'를 출력함

- **4단계 수준**: 의도한 기능이 실행되고 의도한 내용이 실행되지만 맞다고 하긴 어렵다.

  예) '여름에 어울리는 음악 틀어줘'라는 요청에 음악은 재생하지만 여름 음악이라 하기 어려움

- **5단계 수준**: 의도한 기능이 실행되고 의도한 내용으로 응답한다.

  예) '여름에 어울리는 음악 틀어줘'라는 요청에 전형적인 여름 음악을 재생함

여기서 1단계 수준 ~ 3단계 수준은 '당연 품질' 부분이지만, 4단계 수준과 5단계 수준은 사용자의 의도를 평가하는 것이기 때문에 사람이나 여건에 따라 결과가 달라질 수 있는 부분이며 '매력 품질'에 해당합니다.

5.1.6 품질보증 수준

스마트 스피커의 전체 시스템에 대한 품질보증 수준은 두 가지로 나누어 생각할 수 있는데 **그림 5-3**에 예시와 함께 그 내용을 정리했습니다.

품질 수준	확인 사항	판단 기준 예	
동작 만족 수준	기능 호출의 정당성	추상도가 낮은 요청에 대해 의도와 다른 기능이 실행되지 않는 것 예) '음악 틀어줘'라는 요청에 '오늘의 운세'를 실행하는 경우는 NG	저품질
	모듈 호출의 정당성	추상도가 낮은 요청에 대해 기능은 호출되었지만 의도한 모듈이 실행되지 않는 것 예)'음악 멈춰'라는 요청에 해당 음악은 중지했지만 다음 곡을 재생한 경우는 NG	
	정보 호출의 정당성	추상도가 낮은 요청에 대해 기능은 호출되었지만 의도한 모듈이 실행되지 않는 것 예)'음악 멈춰'라는 요청에 해당 음악은 중지했지만 다음 곡을 재생한 경우는 NG	
콘텐츠 만족 수준	호출된 정보의 정당성	의도가 추상적인 요청에 대해 의도한 기능/ 모듈이 호출되고 의도한 콘텐츠(정보)라고 판단되는 비율이 높음 예) '여름에 어울리는 음악 틀어줘'라는 요청에 전형적인 여름 음악을 재생한 경우에 해당	고품질

그림 5-3 스마트 스피커의 전체 시스템에 대한 품질보증 수준 예시(출처: AI プロダクト品質保証ガイドライン)

동작 만족 수준은 Yes/No로 대답할 수 있는 '당연 품질' 부분에 대한 테스트 결과(n단계 평가법에서 1단계 ~ 3단계 수준)가 사전에 규정된 합격 기준을 충족하는 것을 말하며, 콘텐츠 만족 수준은 '매력 품질' 부분에 대한 테스트 결과(n단계 평가법에서 4단계 ~ 5단계 수준)가 사전에 규정된 합격 기준을 충족하는 것을 의미합니다.

5단계 평가법 예시에서는 1단계 ~ 3단계 수준을 동작 만족 수준으로 정의하고, 이 수준을 충족하는 품질은 입력받은 음성 정보로 호출되는 기능 모듈 정보가 올바르다는 것을 보증하게 됩니다. 입력받은 음성 정보는 Yes/No로 판단할 수 있는 정보임이 전제이며, 그 전제가 되는 정보로 의도한 결과가 출력되는지를 판단 기준으로 하고 있습니다.

5단계 평가법 예시에서는 4단계 ~ 5단계 수준을 콘텐츠 만족 수준으로 정의하고, 추상도가 높은 음성 정보에 대해 수행되는 결과가 의도된 것인지 설문 형식으로 평가하게 됩니다. 콘텐츠 만족 수준은 개발 조직이나 프로젝트마다 고유한 합격 기준을 설정하여 평가하는 것이 바람직합니다.

이러한 품질 수준을 적용할 때 추상화의 분리가 중요하게 됩니다. 추상화 분리 지침으로는 사양과의 일치성(사양으로 정의할 수 있는 것)과 사람의 기대치 추상도(예상 결과가 사람에 의해 변화)를 기준으로 삼는 것이 합리적입니다. **그림 5-4**에 나타낸 것처럼 테스트 시에 사용하는 음성 데이터에 대한 예상 결과를 구분하고 테스트 결과가 동작 만족 수준인지 콘텐츠 만족 수준인지 구분함으로써 적절한 품질 수준을 평가할 수 있습니다.

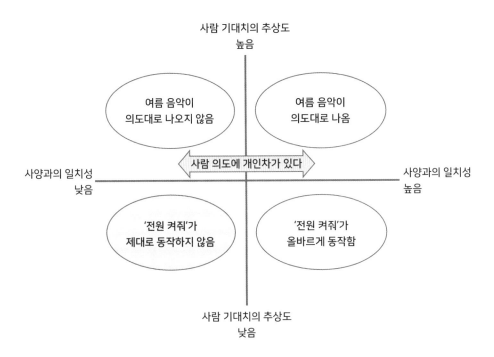

그림 5-4 추상화 분리 지침 예시(출처: AI プロダクト品質保証ガイドライン)

5.2 >>> 자율주행 자동차 사례

5.2.1 전제 사항

자율주행 자동차를 개발함에 있어서 AI 시스템은 환경 인식과 경로 계획 및 결정을 담당하는 핵심 기술입니다. 국내외·산학연에서 자율주행 자동차에 대한 품질보증을 어떻게 할 것인가에 대한 검토가 시작되었지만 주로 전체 시스템의 안전성에 대한 논의가 대부분이며, AI 시스템 자체의 안전을 어떻게 담보할 것인가, AI 시스템 자체의 품질보증을 어떻게 해야 할 것인가에 대해서는 아직까지 구체적인 논의를 시작하지 못한 것이 현실입니다.

자율주행 자동차 사례 역시 일본의 'AI 프로덕트 품질보증 컨소시엄'에서 발간한 'AI プロダクト品質保証ガイドライン(AI 제품 품질보증 가이드라인)'이라는 지침서 내용을 참고하여 소개하고자 합니다. 일본의 'AI 프로덕트 품질보증 컨소시엄' 자율주행 워킹 그룹에서는 AI 시스템 자체의 안전과 품질을 보증하는 것이 자율주행 시스템의 안전성을 극대화하는 중요한 방법이라는 가정하에 AI 시스템을 보증하기 위한 생각과 방법론, 기술 이론을 검토하기 시작했고 다음과 같이 진행했다고 합니다.

- AI 시스템의 품질보증에 대해 어떠한 생각과 방법, 기술이 있는지 검토
- 이를 바탕으로 AI 시스템을 품질보증하는 방법과 방법론을 개발하고 검토
- 검토에 있어서는 자율주행 자동차에서 자동 브레이크(보행자)를 소재로 검토

일본의 'AI 프로덕트 품질보증 컨소시엄' 자율주행 워킹 그룹은 앞으로 이 검토 결과를 자동 브레이크에 국한하지 않고 더 복잡하고 고도화된 자율주행 시스템에 대해서도 적용 가능한 AI 시스템 품질보증 방법론으로 발전시키는 것이 목적이라면서, 여기서 소개한 부분

이 자율주행 시스템의 모든 기능을 대상으로 하는 것이 아니며, 또한 모든 ODD(Operational Design Domain: 동작 설계 영역)를 대상으로 하는 것도 아님을 밝히고 있습니다. 참고로 미국자동차공학회는 J3016이라는 표준을 발표하면서 자율주행을 6단계(0단계 ~ 5단계)로 구분해서 정의하고 있습니다(**그림 5-5** 참조).

미국자동차공학회(SAE) 기준 자율주행차 발전 단계

단계 (Level)	정의	주행 제어 주체	주행 중 변수 감지	차량 운행 주체
00 No Automation	**전통적 주행** 운전자가 모든 것을 통제. 시스템은 경고와 일시적인 개입만	인간	인간	인간
01 Driver Assistance	**부분 보조 주행** 속도 및 차간거리 유지, 차선 유지 등 시스템이 일정 부분 개입	인간 및 시스템	인간	인간
02 Partial Automation	**보조 주행** 특정 상황에서 일정 시간동안 보조 주행. 필요시 운전자가 즉시 개입	시스템	인간	인간
03 Conditional Automation	**부분 자율주행** 고속도로와 같은 조건에서 자율 주행. 필요시 운전자가 즉시 개입	시스템	시스템	인간
04 High Automation	**고도 자율주행** 제한 상황을 제외한 대부분의 도로에서 자율주행	시스템	시스템	시스템
05 Full Automation	**완전 자율주행** 탑승자는 목적지만 입력. 운전대와 페달 제거 가능	시스템	시스템	시스템

그림 5-5 자율주행 단계 구분(출처:현대자동차그룹 『완전 자율주행으로 나아가는 길』 https://news.hmg-journal.com/Group-Story/%EC%99%84%EC%A0%84-%EC%9E%90%EC%9C%A8%EC%A3%B-C%ED%96%89%EC%9C%BC%EB%A1%9C-%EB%82%98%EC%95%84%EA%B0%80%EB%8A%94-%EA%B8%B8)

5.2.2 자율주행 시스템 개요

자율주행 시스템의 기능은 크게 '인지'와 '판단', '조작', 세 가지로 나누어집니다. 특히, 자동차 주변 환경을 이해하는 인지 기능에서 딥러닝을 기반으로 한 이미지 인식 AI 시스템을 적용하고 있는데, 인지 기능은 카메라 센서에서 얻어진 데이터를 이미지 인식 AI 시스템에서 의미적 정보(자동차, 사람 등)로 변환하고, 그것을 후단의 판단 기능이 자동차 주행을 결정하는 데 필요한 정보로 전달하게 됩니다. 이미지 인식의 결과는 판단 작업에 영향을 미치는 동시에 품질보증의 과제가 될 딥러닝 AI 모델이 인지 기능의 주요 기술로 사용되는 경우가 많기 때문에 인지 기능을 품질보증 범위로 하였습니다.

인지 기능에 사용하는 이미지 인식 AI 시스템에는 주로 차선 인식(lane detection)과 물체 인식(object detection) 등 다양한 응용 기술이 있습니다. 특히, 물체 인식은 자동차의 주행 방향에서 충돌을 피해야 할 대상이 나타났을 때 작용하는 자동 브레이크 기능의 핵심 기술이 됩니다.

고려하고자 하는 자율주행 시스템의 인식 기능과 검토 대상은 다음과 같습니다.

- 자율주행 시스템의 인식 기능(**그림 5-6** 참조)
- 검토 대상은 자동차와 보행자, 물체 등을 식별하는 물체 인식 기능(**그림 5-7**의 물체 감지 부분)

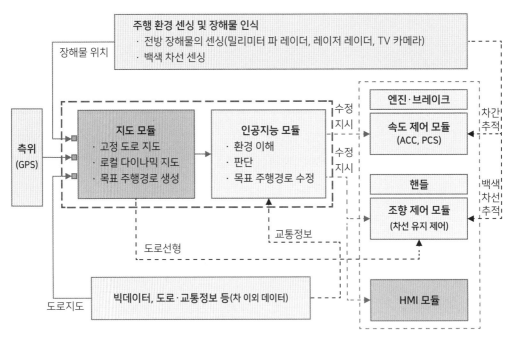

그림 5-6 자율주행 시스템 아키텍처의 일반 예시(출처: AI プロダクト品質保証ガイドライン)

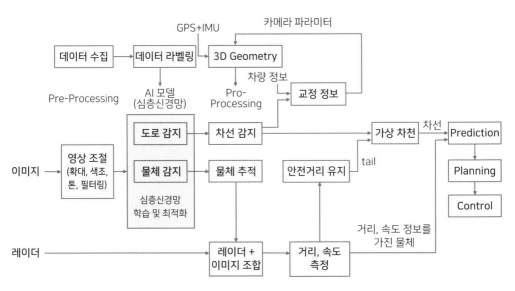

그림 5-7 자율주행 시스템에서 인식 처리 흐름의 일반적인 예시(출처: AI プロダクト品質保証ガイドライン)

5.2.3 자율주행 시스템의 특성과 품질보증 과제

자율주행 시스템의 특성을 먼저 도출한 다음, 그 특성을 근거로 품질보증 착안사항에 해당하는 품질보증 과제를 도출하는 것이 논리적일 것입니다. 개발팀은 검토를 거쳐 다음과 같이 세 가지 특성을 도출했습니다.

- 사회에서는 자율주행에 의해 사고가 감소할 것으로 예상
- 개발 시 예상할 수 없는 다양한 상황에서 사용될 가능성이 있는 미션 크리티컬 시스템
- 자율성이 높은 임베디드 제품('자율성이 높다'는 의미는 AI 모델의 판단 결과에 대해 사람의 판단이 개입하지 않는 것을 의미함)

이들 특성을 근거로 AI 시스템의 품질보증 과제와 그에 대한 대책을 검토하여 **표 5-5**와 **그림 5-8**로 정리하였습니다.

표 5-5 자율주행 시스템의 품질보증 과제와 대책 예시

	품질보증 과제	대책
과제 1	DNN(Deep Neural Network)이 미학습용 데이터에 대해 예측 못 한 출력을 낼 가능성이 있다. 그러나 운용시 모든 유스케이스를 고려한 학습용 데이터 세트 준비는 불가능하며, 학습의 완전성 평가도 곤란하다.	[요구사항 검토시] 고려할 수 있는 한도 내에서 유스케이스를 도출하고 DNN에 요구하는 기능을 구현한다. 예를 들어, 실험 및 시뮬레이션에서 교통상황 장면에 대한 분석을 수행하고 가능한 유스케이스를 도출한다. 그런 다음 DNN의 대상이 되어야 할 유스케이스를 검색하고, 학습용 데이터와 평가 데이터의 사양을 정리한다. DNN이 대처할 수 없는 사례가 발생할 경우를 대비해 이중 안전장치의 개발 필요성을 검토한다.
과제 2	올바르게 학습되어 있었다고 해도 DNN에서 100% 인식을 달성하는 것은 원리적으로 불가능하며, 오인식/미인식이 불가피하다는 위험요소가 있다. 그러나 이로 인해 자동차의 안심/안전 기능을 저해하면 안 된다.	[모델 개발시] 이론과 실험으로 DNN 모델의 약점과 한계를 철저하게 밝혀내어 이에 대한 대책을 강구한다. 예를 들어 오인식/미인식 유스케이스를 실험과 시뮬레이션에서 철저하게 밝혀내는 동시에 DNN의 원칙에 입각하여 해당 약점을 이론적으로 보여준다. 오인식/미인식 요인을 분석하고 데이터 구축과 학습방법 등의 검토를 통해 모델의 성능 개선을 실시한다. 모델이 기대 성능에 미치지 못하는 경우에는 시스템 요구사항을 검토하고 안전장치(Fail Safe) 기능 개발에 집중한다.

| 과제 3 | 출시후 여러 가지 환경 변화에 DNN이 대응하지 못할 위험이 있다. 예를 들어, 보행자 패션과 차량의 모양, 교통 상황 등이 출시 전후로 크게 달라질 수 있다. 이러한 변화에 대응해야 한다. | [시스템 운용시(판매 후)]
판매후 세상의 변화에 대응할 수 있는 DNN 학습 및 품질보증 체계를 구축하고 모델 성능을 유지/개선한다. 예를 들어, 예상치 못한 운용 상황을 가능한 많이 포함시킨 불확실성 분석을 실시한다.
OTA(Over-the-Air) 등을 활용하여 시장에서 DNN 성능을 모니터하는 방법과 시장에서 이미지 데이터를 축적하는 구조를 준비한다. 또한, 해당 데이터를 활용한 재학습·품질보증 체계를 구축한다. |

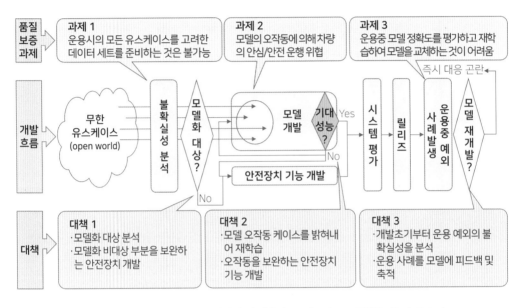

그림 5-8 자율주행 시스템의 품질보증 과제와 대책 간의 관계(출처: AI プロダクト品質保証ガイドライン)

그림 5-8에서 '개발 흐름'을 보게 되면 '불확실성 분석'을 통해 'AI 모델화 대상' 범위를 검토하고, 모델로 구현되지 못한 범위에 대해서는 '안전장치 기능 개발'을 하는 부분이 있습니다. 이 부분에 대한 수행 과정은 **그림 5-9**와 같은데, 리스크 집합 도출, AI 모델화 대상 범위 명확화, 리스크 완화의 순으로 수행하게 됩니다.

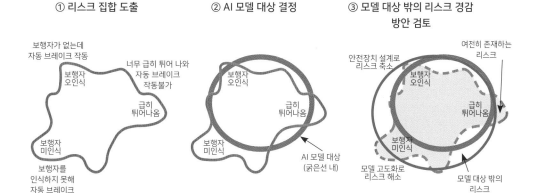

그림 5-9 불확실성 분석에 의한 리스크 대처 방안 예시(출처: AI プロダクト品質保証ガイドライン)

① 운용시 생각할 수 있는 모든 유스케이스를 최대한 도출(리스크 집합)

- **그림 5-9**의 왼쪽 그림
- 범위를 나타내는 선의 돌기 부분은 발생 사례가 흔치 않은 리스크임

② 리스크 집합에 대하여 AI 모델로 구현할 대상(굵은선 안쪽)을 결정

- 리스크 집합을 모두 다루려고 생각하지만, 전체를 모두 포괄하는 것은 어려움

③ AI 모델이 적용되지 않은 부분에 대한 리스크 완화 방법을 검토

- 모델을 고도화하여 리스크를 해소
- 모델 고도화가 곤란한 경우 가능한 대안(안전장치 설계 등)으로 리스크 감소
- 여전히 존재하고 있는 리스크에 대해서는 이에 대응하기 위해 다양한 지원을 검토

항목 ①에 따라 운용 상황에서 생각할 수 있는 유스케이스를 도출한 예시는 **그림 5-10**에 정리하였습니다.

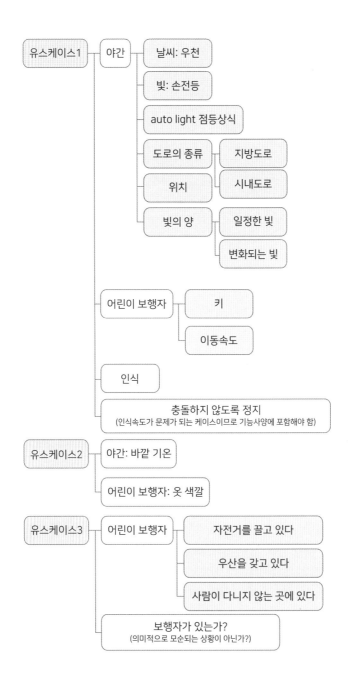

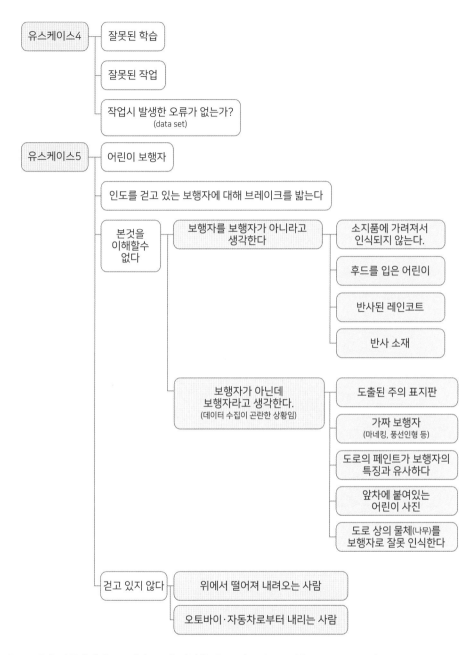

그림 5-10 운용 상황에 대한 유스케이스 도출 예시(출처: AI プロダクト品質保証ガイドライン)

5.2.4 품질 중점사항

1) 데이터 품질 확보하기

데이터 무결성을 위해 우선적으로 해야 할 일은 시스템의 유스케이스를 정의하고 그에 따라 데이터의 사양을 결정하는 것입니다. AI 모델의 성능은 학습용 데이터의 품질에 큰 영향을 받기 때문에, AI 모델을 보증하기 위해서는 높은 품질의 데이터를 준비하는 것이 필수적으로 요구됩니다. 구체적으로는 원시 이미지 데이터 자체의 품질뿐만 아니라 이미지에 부여하는 라벨(Bounding-box와 Segmentation 등으로 정의하는 정답값)의 품질도 관리하는 것이 중요합니다. 다음은 데이터 품질관리를 위해 채택한 체크리스트 예시입니다.

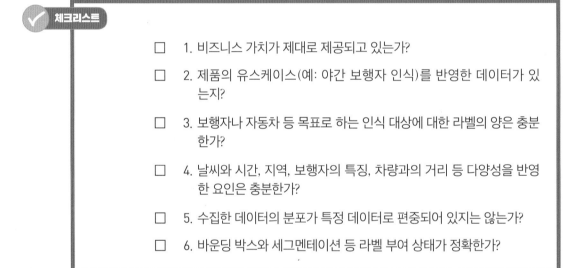

체크리스트

☐ 1. 비즈니스 가치가 제대로 제공되고 있는가?

☐ 2. 제품의 유스케이스(예: 야간 보행자 인식)를 반영한 데이터가 있는지?

☐ 3. 보행자나 자동차 등 목표로 하는 인식 대상에 대한 라벨의 양은 충분한가?

☐ 4. 날씨와 시간, 지역, 보행자의 특징, 차량과의 거리 등 다양성을 반영한 요인은 충분한가?

☐ 5. 수집한 데이터의 분포가 특정 데이터로 편중되어 있지는 않는가?

☐ 6. 바운딩 박스와 세그멘테이션 등 라벨 부여 상태가 정확한가?

보행자 인식 등에 사용할 이미지 데이터는 카메라 등의 센서를 탑재한 실험 차량을 사용하여 실제 환경에서 주행하면서 수집하되, 날씨와 시간, 장소, 주행 조건 등 실제로 사용할 유스케이스를 정의하고, 이 유스케이스를 근거로 수집할 데이터의 사양(데이터 종류와 수집 조건, 타입, 양 등)을 결정해야 합니다. 자율주행 시스템을 사용하는 국가와 교통, 환경,

날씨, 시간 등의 케이스는 대단히 많기 때문에 대상이 되어야 할 유스케이스를 도출하고 결정하는 것이 중요합니다. 이런 도출 범위를 결정하기 위해서 다음과 같은 두 단계의 작업을 수행합니다.

1단계 : 운용시 유스케이스를 가능한 많이 도출하여, AI 모델로 반영할 요구사항을 추출한다. 보행자 인식 유스케이스의 경우 다음과 같은 수행 방안이 제시될 수 있다.

가) 시스템 요구사항 정의

예를 들어, 보행자 인식 요건을 시가지나 교차로에서 시속 0 ~ 50km/h로 주행할 때, 1 ~ 10 미터 전방의 보행자를 인식하는 것이라고 정의하고, 시스템을 사용하는 지역을 한국과 일본, 북미, 중국, 유럽이라고 정의한다.

나) 데이터 수집에 대한 주행 조건 설계

보행자와의 거리와 자동차의 주행 속도를 매개변수로 해서 각 지역에서 가능한 한 많은 시가지나 교차로에서 이미지 데이터를 수집할 수 있도록 현지조사 계획을 수립하되, 다양한 날씨 조건과 밝기 조건, 교통 조건 등이 포함되도록 주행 조건을 검토한다.

다) 엣지 케이스 수집 계획

예를 들어, 충돌 직전의 위험한 상황은 보통의 주행 실험에서는 수집이 어려운 엣지 케이스에 해당되고, 그 외에도 특수한 옷을 입은 보행자, 폭우와 폭설, 안개 등의 특수한 날씨 등도 엣지 케이스이므로 이러한 경우에 대해서는 테스트 과정과 시뮬레이션에서 위험 상황을 가상으로 재현하여 데이터를 수집하는 것이 현실적인 방법이다.

라) 라벨(정답값) 제공

수집한 방대한 데이터에 대해 각 이미지에 라벨(정답값)을 부여한다.

2단계 : 데이터의 품질을 측정하고 정제한다.

가) 원시 데이터의 질과 양에 대한 타당성을 확인

데이터 누락을 확인한다. 예를 들어, 야간 보행자 인식에 대한 케이스에 대해 올바른 조건에서 데이터가 수집되었는지, 날씨와 시간, 지역, 보행자의 특징, 차량과의 거리 등 수집 요소는 충분히 포함되었는지, 성인은 충분히 수집했지만 어린이는 거의 수집되지 않았는지 등 데이터 분포에 있어서 편중은 없는지 등을 확인하는 것이 필요하다.

나) 라벨의 정확성에 대한 확인

잘못 부여한 라벨이 없는지 확인하는 것은 물론, 동일한 유형의 이미지의 라벨 제공 방법이 상이한 경우는 없는지 확인한다. 예를 들어, 우천시 우산을 쓰고 가는 보행자에 대한 바운딩 박스에 대해 그 왼쪽 좌표 또는 오른쪽 좌표를 주는 방법이 일관성이 있는지 확인한다.

다) 데이터/라벨 정제

라벨의 정확성을 확인하는 과정에서 불충분하거나 문제라고 확인된 사항에 대하여 검토한다. 필요하다면 데이터를 다시 수집하거나 라벨 재부여 등의 작업을 실시한다. 무엇을 근거로 '충분하다/부족하다'에 대한 의문이 생기지 않도록 사전에 기준을 설정하는 것이 필요하다(학습된 모델의 성능이 충분하지 않을 때의 대책으로도 데이터와 라벨의 정제는 중요한 역할을 한다.).

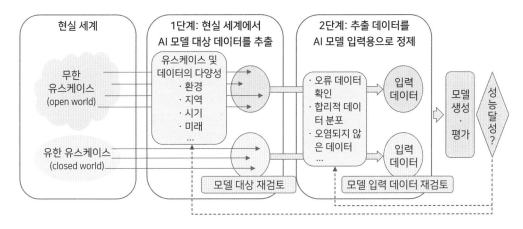

그림 5-11 현실 세계의 데이터를 모델화하기 위한 두 단계 수행 방안(출처: AI プロダクト品質保証ガイドライン)

2) AI 모델의 품질 확보하기

모델의 성능을 평가하는 지표는 3장에서 살펴본 것처럼 정밀도(precision), 재현율(recall), 정확도(accuracy) 등이 있고, 이들 지표는 confusion matrix의 분류 결과를 조합한 산출 식으로 나타내게 됩니다.

자율주행 시스템에서 모델의 인식 정확도는 안전에 관한 중요한 요소이기 때문에 일반화 성능(학습용 데이터가 아니라 실제 데이터에 의해 나오는 성능)이 확보되어 있는지, 학습 이 제대로 진행되었는지, 하이퍼 파라미터(hyperparameter)의 검토를 적절하게 수행했는 지 등 인식 정확도를 높이기 위한 일반적인 대책은 당연히 수행되어야 합니다.

여기에 추가하여 인식 오류의 종류에 따라 자율주행에 어떤 위험을 미치는지를 고려해야 합니다. 예를 들어, 물체 인식이 자동 브레이크에 미치는 위험은 미인식(False Negative) 과 오인식(False Positive)으로 달라질 수 있습니다(**그림 5-12** 참조).

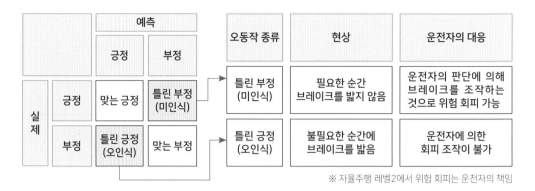

예측			오동작 종류	현상	운전자의 대응
	긍정	부정			

실제	긍정	맞는 긍정	틀린 부정 (미인식)	→	틀린 부정 (미인식)	필요한 순간 브레이크를 밟지 않음	운전자의 판단에 의해 브레이크를 조작하는 것으로 위험 회피 가능
	부정	틀린 긍정 (오인식)	맞는 부정	→	틀린 긍정 (오인식)	불필요한 순간에 브레이크를 밟음	운전자에 의한 회피 조작이 불가

※ 자율주행 레벨2에서 위험 회피는 운전자의 책임

그림 5-12 자율주행 시스템에서 자동 브레이크의 오조작(미인식과 오인식) 차이(출처: AI プロダクト品質保証ガイドライン)

현실 세계의 다양성을 모델에 반영하기 위해서는 평균적으로 출현하는 장면뿐만 아니라 드물게 일어나는 장면이나 혼란스러운 장면 등 엣지 케이스(rare case) 장면을 데이터로 수집해야 합니다. 혼란스러운 장면의 예는 보행자가 있는데 보행자가 없다고 하는 실수 또는 보행자가 아닌 것을 보행자로 인식하는 실수와 같은 경우입니다(**그림 5-10** 유스케이스 예시 참조).

AI 모델은 개발 단계뿐만 아니라 출시 후에 운영 단계까지 여러 가지 불확실성 요인을 포함하고 있습니다. 이런 불확실성을 **그림 5-13**에 표현하였습니다.

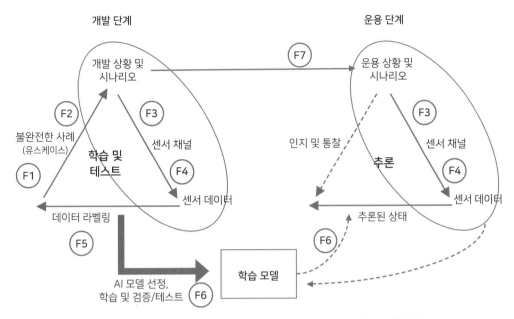

그림 5-13 개발 및 운영 단계에서 AI 모델에 영향을 미치는 불확실성 요인(출처: AI プロダクト品質保証ガイドライン)

그림 5-13에 나타나 있는 7가지 불확실성을 최소화하기 위해서는 현재 상황에서 예상할 수 있는 불확실한 상황을 최대한 유스케이스로 분류하고, 이에 대한 대책을 검토해야 합니다. **표 5-6**은 불확실성 요인별로 유스케이스를 분류한 사례입니다.

표 5-6 불확실성에 따른 유스케이스 분류 예시

① 개념의 불확실성

보행자	도로상에 차량이 아닌 다른 수단으로 이동하고 있는 사람	어른/어린이/노인
	휠체어를 타고 있는 사람	수동 휠체어/전동 휠체어
	보호자 등에 업힌 사람	
	오토바이를 밀고 가는 사람	
	2륜 또는 3륜 자전거를 밀고 가는 사람	
	유모차를 밀고 가는 사람	

② 개발 상황과 시나리오 커버리지의 불확실성

도로 상황	자전거 전용도로 인도가 있는 도로 자전거 전용 차선이 있는 도로	
주변 상황	점포의 마네킹 건물의 유리 또는 거울 포스터, 간판, 표지판 앞 차량의 그림 또는 사진 가로수	
대상물 상황	자세	서있다/쓰러져 있다/웅크리고 있다
	복장	모자(헬멧, 후드)를 쓰고 있다/아니다 입은 옷의 색상, 형태 반사재 유무
	휴대품	가방을 가지고 있다/지팡이를 짚고 있다 우산을 가지고 있다/짐을 안고 있다 동물을 안고 있다

③ 이미지 장면의 불확실성

공간 상태	계절/시간/날씨	
광선 상태	순광/역광 헤드라이트 점등상태, 결로	
대상물 상태	그늘진 곳에 있다/아니다	

④ 센서 속성의 불확실성

이미지 카메라	화이트 밸런스 각도/초점/렌즈 오염	

⑤ 데이터 라벨링 불확실성: 해당 사항 없음

⑥ 모델의 불확실성

잘못된 작업		
학습의 불확실성		
추론의 불확실성		

⑦ 운용 도메인의 불확실성: 해당 사항 없음

이렇게 불확실성에 따른 유스케이스를 분류한 후에는, 대응이 곤란한 것, 대응해야 할 것, 대응이 불필요한 것 등으로 구분하고 우선순위를 정하여 불확실성 분석을 실시합니다(불확실성 분석 시점과 분석 사례 예시는 **그림 5-14** 및 **표 5-7**을 참고).

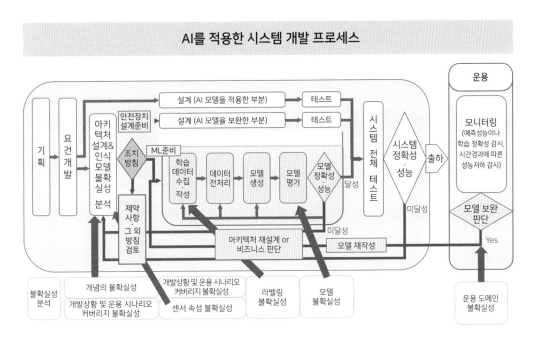

그림 5-14 AI 시스템 개발 프로세스에서 불확실성 분석 단계(출처: AI プロダクト品質保証ガイドライン)

표 5-7 AI 시스템 개발 프로세스에서 불확실성 분석

개발 프로세스		불확실성 분석
아키텍처 설계 및 인식 모델 불확실성 분석	개념의 불확실성	· 시스템 개념을 검토하여 개발 대상을 명확화
	개발상황과 운용 시나리오 커버리지 불확실성	· 개발 대상에 대한 개발상황이나 유스케이스, 시나리오를 다양하게 도출한 후, 인식모델 센서의 성능으로 해결할지, AI 모델로 해결할지를 결정
	센서 속성 불확실성	· 학습용 데이터가 준비가 불가능한 경우에 대한 AI 모델의 불확실성 요소를 보완하기 위해 안전장치 기능을 별도로 개발할지, 제약조건으로 처리할지 등의 대응방안을 판단
학습용 데이터 수집/작성	라벨링 불확실성	· 데이터 라벨이 잘못되어 있지 않는지, 각 유스케이스에 대한 데이터를 충분히 준비할 수 있는지를 분석
AI 모델 평가	모델 불확실성	· 정확성 등 성능이 목표를 충족하지 못하는 경우, 모델 보완 또는 재개발 · 미충족 원인을 분석하여 어느 공정부터 재작업을 할지를 판단 · 성능 한계나 납기 등을 고려하여 성능 목표를 적절히 재조정
운용 모니터링	운용 도메인 불확실성	· 정기적인 모니터링으로 실제 운용 상태, 과거 성능 대비 현재의 성능 저하를 분석해 모델 재개발 여부를 판단

학습용 데이터에 의해 구축된 AI 모델의 품질은 데이터 품질에 강하게 의존한다는 사실에 유의하고 경우에 따라서는 데이터 수집 과정을 다시 수행할 필요도 있습니다. 또한, 예상치 못한 케이스에 대한 안전 확보는 AI 모델의 품질 확보만으로는 불충분하기 때문에 안전장치(Fail Safe) 기능을 구비하는 등 시스템 측면에서의 대책과 함께, AI 시스템의 위험에 대한 이해를 제고하고, 사고 발생시 설명을 통해 사회와의 공감대를 형성하는 등 다방면의 대책을 수립하는 것도 중요합니다.

3) 시스템 수준에서 품질 검토하기

자율주행 시스템은 앞에서 설명한 데이터 품질과 모델 품질만으로는 현실에서의 불확실성을 모두 해결하기가 곤란합니다. 불확실성에 대한 보완 대책 중 하나로 안전장치(Fail Safe)를 설계해 시스템 품질을 확보하는 방법이 있습니다.

안전장치(Fail Safe) 설계는 예를 들어, 자율주행 시스템에서 유스케이스 완전성에 대한 불

확실성과 이미지 인식 모델의 오동작에 대한 불확실성을 보완하기 위해 이미지 인식용 카메라 이외에 추가로 안전장치(Fail Safe) 기능을 하는 레이저 레이더를 갖추는 것입니다. 이런 주행환경 감지장치를 갖추고서, 물체와의 거리, 속도, 이미지 인식 결과 정보 등을 종합적으로 순간 판단하고 제어함으로써 자율주행 시스템의 안전장치 설계를 구현하고 있습니다(**그림 5-7** 참조). 또한, 폭설과 폭우 상태에서는 이미지 인식 성능이 저하되기 때문에 이미지 인식 기능이 정상적으로 작동하는 것이 불가능하다고 판단되면 이미지 인식 기능을 정지시킬 수 있도록 하는 것도 시스템의 안전장치 설계의 한 예가 될 수 있습니다.

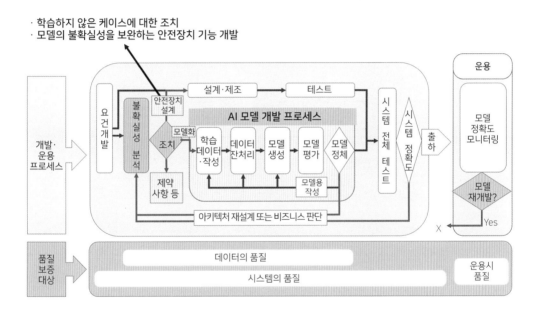

그림 5-15 AI를 포함하는 시스템의 개발·운용 프로세스와 품질보증 대상(출처: AI プロダクト品質保証ガイドライン)

자율주행 시스템은 제품 출시 후 모델을 민첩하게 대체하기 어렵기 때문에 출시 전에 높은 완성도를 필요로 하므로 모델이나 시스템의 성능 미달에 의한 '반복개발' 프로세스의 민첩성(agility)이 중요합니다. 개발기간 중의 '반복개발'은 다음 두 가지 프로세스를 민첩성 있게 수행하는 것을 고려해야 합니다.

- 반복개발 ①: 개발한 모델의 평가 결과가 기대한 성능을 달성하지 못한 경우, 모델을 재조정하고 학습용 데이터를 다시 수집(데이터 확장 등)한다.
- 반복개발 ②: 운용시의 유스케이스에 누락이 있어서 개발 도중에 유스케이스 도출까지 되돌아가서 다시 불확실성 분석과 모델 대상 범위 설정을 할 것인지, 안전장치(Fail Safe) 설계로 보완할 것인지 등을 결정(이 경우는 전체 시스템의 아키텍처에 영향을 주기 때문에 개발에 부정적인 영향을 크게 가져 오게 됨)한다.

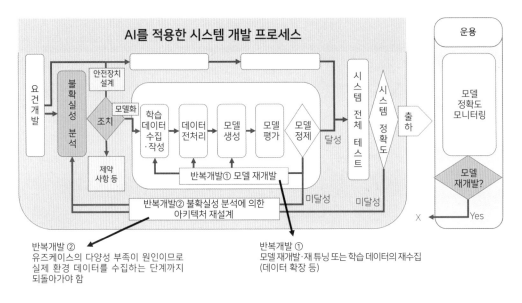

그림 5-16 모델과 시스템의 성능 미달에 의한 '반복개발' 프로세스 두 가지(출처: AI プロダクト品質保証ガイドライン)

자율주행 자동차 개발의 목적 중 하나는 사고가 적은 안전한 사회를 실현하는 데 있습니다. 때문에 기술뿐만 아니라 안전성이 사회에 받아들여질 것인지와 같은 사회수용성 관점에서의 논의도 필요합니다. 일반적으로 자율주행은 사고율 감소 등에 유망한 기술로 기대하고 있지만, 한편으로는 지금까지 없었던 새로운 위험이나 사고가 발생할 가능성도 부정할 수 없습니다. 또한, 현재의 AI 기술은 모델의 완전성과 설명가능성(explainability) 측면에서 해결해야 할 과제도 많이 있습니다.

결국, 사회에서 수용할 수 있는 AI 시스템의 품질과 안전을 사회와 합의하면서 다음과 같은 항목에 대하여 진지하게 검토하고 결정하며 진행할 필요가 있습니다.

- 사회가 수용하는 AI 시스템의 안전성에 대해 지속적으로 검토한다.
- AI 시스템을 탑재한 자율주행 자동차의 운행 실적을 장기간 축적하고 사회와 공유한다.
- AI 시스템의 한계와 약점을 투명하게 사회와 공유한다.
- 국내외 산학연과 연계된 열린 활동을 통해 AI 시스템의 품질에 대해 표준화를 진행한다.

5.3 산업용 제어 시스템 사례

AI 기술이 발전하면서 이제는 제조현장에서 각종 제어 시스템에 AI 시스템을 채택하는 경우도 많아지고 있습니다. 제품의 품질 안정, 생산성 향상, 통계적 품질관리, 피드백 제어, 설비 예방정비 등을 목적으로 이상 감지·변화 감지 등에 AI 시스템을 채택하여 **그림 5-17**과 같은 산업용 제어 시스템 기술의 응용과 실용화가 진행되고 있습니다.

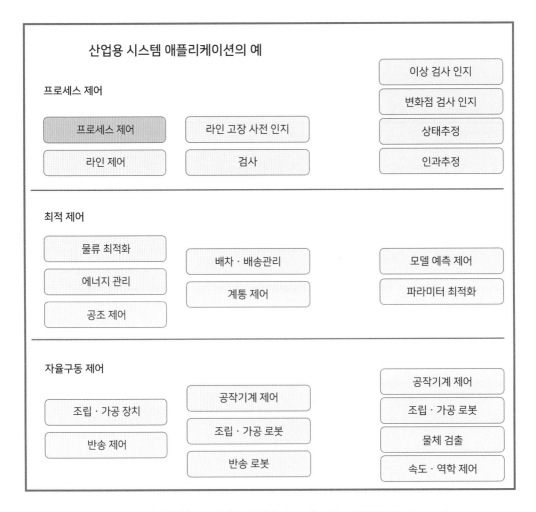

그림 5-17 산업용 시스템 애플리케이션과 AI 기술 운용의 예(출처: AI プロダクト品質保証ガイドライン)

5.3.1 사례 개요

여기서 소개할 사례는 산업용 시스템 중 플랜트 제어를 주요 소재로 하여 다음과 같은 내용을 포함하고 있습니다.

- 산업용 제어 시스템에 AI 기술을 적용할 때 고려해야 할 품질보증 착안사항

- AI 기술이 적용된 산업용 제어 시스템의 구성 아키텍처 검토
- AI 기술이 적용된 산업용 제어 시스템의 PoC(Proof of Concept)부터 운영 단계까지 프로세스 중점사항
- AI 기술이 적용된 산업용 제어 시스템에 대한 품질보증 평가항목 구체화
- 구체화된 평가항목과 시스템의 각 프로세스와의 맵핑
- 공개 사례에 근거한 품질보증 실제 예시

이들 내용을 도식화하여 표현하면 **그림 5-18**과 같습니다.

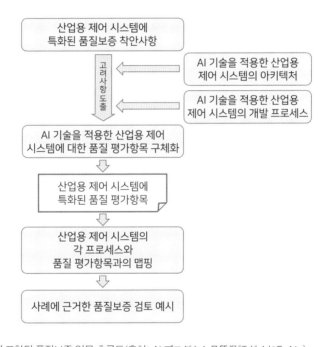

그림 5-18 본 사례에 포함된 품질보증 업무 흐름도(출처: AI プロダクト品質保証ガイドライン)

5.3.2 산업용 제어 시스템의 품질보증 착안사항

시스템에 대한 품질을 관리하기 위해서는 AI 기술 자체의 특성뿐만 아니라 '신뢰성', '안전

성' 등 대상 시스템의 품질목표와 시스템의 제약사항을 고려하는 것이 필요합니다. 산업용 제어 시스템의 경우에는 일반적으로 다음과 같은 세 가지 착안사항이 있을 것입니다.

- 이해관계자의 다양성: 대규모·복잡한 시스템이기 때문에 여러 사업자가 계약에 따라 하위 시스템의 구축·운용이 이루어지는 형태가 많고 개별 데이터의 무결성 전체를 검증할 필요가 있다.

- 환경의존성: 시스템이 5M-E[1]의 변경에 민감하므로 다양한 데이터에 대한 검증과 재현성에 대한 보증이 필요하다.

- 설명용이성: 시스템이 합리적임을 보장하는 프로세스가 있어야 하고 이를 토대로 최종 사용자의 책임과 납득이 필요한 사항을 도출할 필요가 있다.

5.3.3 산업용 제어 시스템의 구성 아키텍처

AI 컴포넌트가 포함된 일반적인 산업용 제어 시스템의 구성요소를 개념화하여 표현하면 **그림 5-19**와 같이 나타낼 수 있습니다.

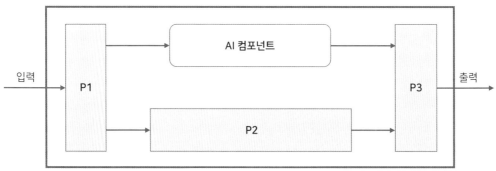

P1, P2, P3: 시스템의 기존 컴포넌트들

그림 5-19 AI 컴포넌트가 포함된 산업용 제어 시스템의 구성 개념도(출처: AI プロダクト品質保証ガイドライン)

---

1 Man, Machine, Method, Material, Measurement + Environment의 약어, 기계가공 및 공장의 품질관리에 사용되는 용어로 품질의 변화 요인이다.

그림 5-19에서 P1, P2, P3는 각각 하위 시스템이고, AI 컴포넌트가 P2의 일부를 대체하여 제어 처리를 담당하는 것으로 이해하면 되겠습니다. AI 컴포넌트를 채택하게 되면 기존의 컴포넌트인 P1, P2, P3는 다음과 같은 항목에 대하여 기능 확대가 필요하게 됩니다.

- P1: AI 컴포넌트가 필요로 하는 데이터 제공, 라벨의 정확성 보장

> - 이해관계자의 다양성에 대한 대응: 데이터 무결성 보장
> - 환경의존성에 대한 대응: 데이터 구간, 범위 보장
> - 설명용이성에 대한 대응: AI 컴포넌트의 동작을 설명하기 위한 데이터 기록

- P2: AI 컴포넌트로 대체에 따른 비교사항 모니터링

> - 환경의존성에 대한 대응: AI 컴포넌트로 대체될 때 제외될 수 있는 이벤트에 대한 모니터링
> - 설명용이성에 대한 대응: AI 컴포넌트와 동작 성능 비교 및 보증

- P2의 예로써 화상으로 제품 검사를 수행하는 경우를 생각해 보면 다음과 같은 예시가 가능합니다.

> - 예시1: AI 컴포넌트가 수행한 화상 검사 결과를 사람이 샘플 검사를 수행하여 환경의존성에 대응
> - 예시2: 다른 지표(예: 위치, 타이밍, 검사장비 등)에 의한 모니터링으로 설명용이성에 대응

- P3: AI 컴포넌트가 출력하는 결과 정확도에 대한 보장

- 이해관계자의 다양성에 대한 대응: P3 출력에 대해 AI 컴포넌트 출력이 기여한 방법의 명확화
- 환경의존성에 대한 대응: P2의 정보를 근거로 AI 컴포넌트 출력 필터링 및 환경의존성에 판단
- 설명용이성에 대한 대응: AI 컴포넌트의 출력과 판단 결과를 기록하여 설명용이성에 대응

P3에 있어서 화상 검사의 예를 들면, AI 컴포넌트가 '불량품일 확률 x%', '양품일 확률 y%'를 출력한다고 할 때, 시스템 전체에서는 이 결과를 어떻게 활용할지, 그 규칙(예: x, y값에 대한 한곗값 결정 등)을 결정하게 됩니다.

5.3.4 산업용 제어 시스템의 개발 프로세스

산업용 제어 시스템에서는 시스템 개발 전체 과정을 프로세스로 분해하고 각 과정이 적절한지를 검증함으로써 품질을 보장하고 있습니다(프로세스 콘트롤). 즉, 프로세스 품질이라는 개념을 전제로 하고 있으므로 각 프로세스마다 평가지표를 활용하여 AI 컴포넌트에 대한 품질을 보증하는 것이 유용한 품질관리 방법이라는 접근 방식을 취합니다.

산업용 제어 시스템의 개발 프로세스 전체는 **그림 5-20**과 같이 개념적으로 구분합니다.

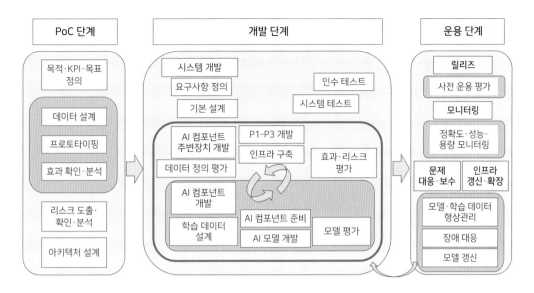

그림 5-20 AI 컴포넌트가 포함된 산업용 제어 시스템의 전체 프로세스(출처: AI プロダクト品質保証ガイドライン)

전체 프로세스는 크게 PoC(Proof of Concept) 단계, 개발(머신러닝 학습 프로그램 개발 포함) 단계, 운용 단계 등 세 단계로 구분합니다. 'PoC' 단계에서는 개발·운용에서 나타날 수 있는 주요 위험사항에 대한 확인과 검증을 실시하고, '개발 단계'에서는 PoC 단계의 검토 결과를 받아 5M-E의 특성을 고려하면서 AI 기술을 적용한 산업용 시스템을 개발합니다. '운용 단계'에서는 개발한 시스템의 출력을 모니터링하고 출력된 결과에 대해 이해관계자에게 설명이 필요한 데이터를 수집하고 운영시에 처음 확인된 데이터에 대한 평가를 실시하며, 필요에 따라 모델의 업데이트를 실시하게 됩니다. 앞에서 살펴본 품질보증 착안사항을 고려하여 각 단계에서 품질 측면의 주요 과제를 **표 5-8**에 정리하였습니다.

표 5-8 각 단계에서 품질보증의 주요 과제 정리

구분	PoC 단계	개발 단계	운용 단계
목적	달성 가능성, 타당성을 확인하고 이해관계자와 개발 착수에 합의	PoC 결과 및 개발 결과에 따라 환경의존성에 대한 보증 항목 및 확인 방법을 수립하고 운용에 합의	AI 시스템을 현장에서 작동하면서 성능 및 발생 이벤트를 평가하고 대응 작업의 안정화
이해관계자 다양성	이해관계자에게 목표·위험 등의 합의 및 프로토타입에 의한 실증	인터페이스 API 설계 및 데이터 일관성에 대한 대응	현장 운영 요구사항, 변경관리 요구사항 등에 대한 대응
환경의존성	일부 환경 조건에 따른 목표 및 위험 평가	시스템이 대상으로 하는 환경 조건의 명확화와 시스템의 개발 및 검증	사양 이외의 환경 모니터링 및 데이터 수집·평가
설명용이성	설명 요구사항 도출 및 시스템 요구사항으로 반영	환경의존성에 근거한 모델 평가와 코드 품질에 대한 설명	사건 발생에 따라 성능 변화시 데이터 모델 구성에 따른 이유와 해결 방법에 대한 설명

5.3.5 품질 평가항목 구체화

1) 데이터 품질

산업용 제어 시스템은 여러 가지 환경 요인에 의존하기 때문에 시스템에도 데이터의 변동 요인이 다수 존재하게 됩니다. 변경관리를 엄격하게 실시하더라도 설비의 자연적인 노후화와 구매물자의 변경, 제조현장의 환경 변화, 기후 변화 등 예기치 못한 변동 요인을 대상으로 PoC 단계와 개발 단계에서 취급하는 모든 데이터를 분류·검증하는 것은 불가능하기 때문에 단계적으로 대상 데이터를 사전에 정의하고 데이터의 변경 또는 내용에 대해 확인을 하는 것이 중요합니다.

표 5-9 데이터 품질의 관점과 각 단계에서의 유의사항

관점	개발 단계	운용 단계
· 양은 충분한가? · 비용은 적정한가? · 의미 있는 양인가? · 가공 데이터로 증량을 해도 · 괜찮은가?	· AI 학습에 필요한 데이터 양을 확보 · PoC 단계에 필요한 데이터 양을 준비 · 교차검증과 일반화 성능확인 등에 사용할 데이터 확보	· 작업중에 얻은 데이터를 활용한 데이터의 '인위적 증량'에 대한 평가 　- 가공 데이터인 경우 개발시의 가정에 대해 운영시 얻을 수 있는 추가 데이터의 분포와 라벨링 적합성을 평가하고 있는가?
· 데이터의 품질은 적절한가? 　- 요구하는 모집단의 샘플인가, 실데이터인가? 　- 불필요한 데이터가 포함되어 있지 않은가? 　- 데이터에 관한 요구사항·제약사항이 충족되는가? 　- 필요한 요소를 적절히 포함한(분포) 샘플인가? 　- 편중이나 편향, 오염은 없는가? 　- 각각의 데이터는 상식적인 값인가?	· 학습에 사용할 데이터가 비즈니스 과제와 일치하는 정도 　- 과제 해결에 연결되는 데이터가 고객으로부터 제공되고 있는가? 혹은 생성해서 획득할 수 있는가? · 데이터의 품질 확보 　- 가정 모집단을 정의한 다음, 포괄적으로 샘플 데이터를 검색하고, 편향은 없는가? · 데이터의 특성 평가 　- 편향과 편견, 교란 등에 관한 위험을 평가했는가? · 한도를 벗어난 값과 결측값 제거 　- 정해진 방침에 의거하여 수정을 하는가?	· 운영 데이터의 필요성 　- 개발시에는 없던 데이터를 얻을 수 있는 가능성이 있으므로, 기존에 수집 못했던 데이터를 기록하는 프로세스를 구축하고 있는가? 　- 운용에서 발견한 오류와 다양성에 대한 데이터를 확보했는가? · 데이터의 특성 평가 　- 운용중인 데이터에 도입시와 다른 편향이 존재하는가? 또한, 그 배경을 분석하고 있는가? · 한도를 벗어난 값과 결측값 제거 　- 정해진 방침에 의거하여 수정을 하는가?
· 너무 복잡하거나 간단하지 않은가? · 데이터의 특성(다중 공선성 등)은 적절하게 고려되고 있는가? · 포함하면 안되는 모집단의 데이터와 섞여 있지 않은가? · 라벨은 타당한가?	· 비즈니스 과제(문제)에 대한 데이터 정의(가정 모델)의 복잡성 　- 비즈니스 과제 모델링시 데이터의 설명변수의 개수·인과관계의 수가 너무 복잡하거나 혹은 너무 간단하지 않은가? 　- 다중 공선성을 고려하고 있는가? · 데이터의 입수 경로와 관리의 타당성 　- 데이터의 입수·취득 경로가 명확한지, 데이터 관리 방법에 문제는 없는가? · 라벨 정확성 　- 학습용으로 정답값을 포함하는 적절한 데이터 세트로 되어 있는가?	

· 학습용 데이터와 검증용 데이터가 독립적인가?	· 교차검증과 일반화 성능 등에 사용하는 데이터의 독립성 - 교차검증과 일반화 성능 등에 사용하는 데이터를 독립적으로 분리·관리하고 있는가?	· 교차검증과 일반화 성능 등에 사용하는 데이터의 독립성 - 재학습, 추가 학습시 교차검증과 일반화 성능 등에 사용하는 데이터를 독립적으로 분리·관리하고 있는가?
· 온라인으로 학습할 경우 그 영향을 적절히 고려하고 있는가?	· 이상치에 대한 구조의 타당성 - 온라인 학습에서 신뢰할 수 있는 데이터 구간을 정의하고 예상치 못한 데이터에 의한 학습을 방지하는 구조를 구축했는가?	· 이상치 감시 - 신뢰할 수 있는 데이터 구간을 벗어난 데이터가 얼마나 있는지 모니터링하고 입력 데이터의 질을 모니터링하는가?
· 학습 프로그램 또는 데이터 생성 프로그램의 결함으로 인해 데이터의 의미가 훼손되지는 않는가?	· 여러 하위 시스템에서 얻은 데이터의 무결성 확인 - 여러 하위 시스템에서 얻은 데이터 시간의 일관성을 맞추기 위해 각각의 하위 시스템에서 얻은 데이터의 결손과 무결성을 확인하고 있는가?	· 데이터 무결성 모니터링 - 머신러닝 모듈에 입력되는 데이터의 무결성을 확인하고 출력 데이터의 데이터 변화를 감시하고 있는가?

2) AI 모델 품질

모델의 성능 평가에 필요한 데이터를 수집하는 것만으로 AI 모델의 성능이 수리적으로 보장되는 것은 아닙니다. 다양한 수집조건(시스템 측면에서 고려해야 할 외부 환경 영향 요인 등의 다양성 조건)에서 수집한 데이터로 학습이나 모델의 성능을 평가해야 합니다.

표 5-10 AI 모델 품질의 관점과 각 단계에서의 유의사항

관점	개발 단계	운용 단계
· 정확도와 정밀도, 재현율, F1 Score 등 성능지표	· 학습 결과의 타당성 - 학습 후 손실함수의 오차는 허용 범위 이내인가? - 성능지푯값은 목표하는 성능에 도달하고 있는가?	· 작업 후 시스템 동작 타당성 - 운용 단계에서 입력 데이터의 특성 변화, 모델의 성능저하 여부를 확인하는 방법은 있는가?
· 일반화 성능	· 일반화 성능 목표 - 일반화 성능을 요구사항으로 명확하게 규정하고 있는가? - 학습 후 모델의 일반화 성능은 학습시의 성능과 비교하여 현저하게 저하되지 않는가? · 일반화 성능 측정 방법 - 일반화 성능을 측정하는 방법이 정의되었는가? - 교차검증에 사용하는 검증용 데이터를 확보하고 있는가?	· 운용시 교차검증 방법 정의 - 검증용 데이터의 변화가 커지는 경우에서도 확인할 수 있는 교차검증 방법을 정의했는가?

· 학습을 제대로 진행했는가? · 국소적인 부분에 한해 최적화되어 있지 않은가?	· 학습 과정의 타당성 - 학습 후 손실함수의 오차는 허용 범위 이내인가? - 손실함수의 잔차는 비정상적인 변화를 보여주고 있지 않은가?	
· 적절한 알고리즘인지 검토하는가?	· AI 구조의 타당성 - 알고리즘의 선택 근거에 따라 하이퍼 파라미터의 설정 근거가 명확하게 되어 있는가?	
· 노이즈에 잘 견디는가?	· AI 노이즈 내성(견고성) - 센서 데이터 등을 혼입하는 노이즈(상정하는 모집단 외의 데이터) 등으로 AI 시스템의 성능이 크게 저하되지 않는가?	
· 충분히 다양한 데이터로 검증을 수행하는가?(수학적 다양성과 의미적 다양성, 사회적/문화적 다양성)	· 검증용 데이터의 타당성 - 비즈니스 과제의 다양성을 고려하여 가정한 모집단에 대해 편향이 없는 포괄적인 데이터로 검증을 실시했는가?	
· 허용 가능한 성능저하 범위 또는 성능 저하의 영향 범위를 파악할 수 있는가? · 학습은 재현할 수 있는가?	· 재학습의 손실함수 허용치 - 입력 데이터의 특성 변화 또는 출력의 추가 등으로 재학습을 실시한 결과, 재학습 이전 성과에 대해 성능 저하는 어디까지 허용하는가? · 재학습한 AI 제품의 타당성 - 재학습으로 얻은 AI 제품은 원래 AI 제품과 동등한 성능을 가지고 있는가? 또한, 처리 속도와 네트워크 규모는 예상 목표를 달성할 수 있는가?	· 재학습 후 손실함수 허용치 - 운용 단계에서 입력 데이터의 특성 변화 또는 출력의 추가 등으로 재학습을 실시한 결과, 재학습 이전 성능과 비교하여 성능 저하는 어느 수준까지 허용하는가?
· 모델이 진부화되거나 실제 데이터에 대한 예측 품질이 저하되고 있지 않은가?	· 실제 데이터 특성의 타당성 - 실제 데이터와 동일한 특성을 갖는 데이터를 확보하는 것이 가능한가? · 상정한 실제 데이터 모델과 실제 데이터의 특성 분석 - 개발시에 상정한 실제 데이터 모델과 실제 데이터(운용 데이터)의 특성 차이와 손실함수 요인에 대한 분석을 하는가?	· 개발 데이터와 운영 데이터의 특성 차이 - 개발시에 상정한 데이터와 운영중인 실제 데이터가 동일한 특성을 가지고 있으며, 예측 품질이 저하되지 않는가? - 데이터 특성에 차이가 있는 경우에는 특성의 차이를 확인하고 성능 저하에 관련되는지 분석하고 있는가?
· 목표지표의 측정이 어려운 경우, 측정할 수 있는 지표와 그 관련성이 타당한가?	· 직접 데이터를 측정할 수 없어서 간접적으로 데이터를 측정하는 경우, 그 방법의 타당성을 검증했는가? · 측정 방법에 따라 노이즈가 포함되거나 특성이 바뀌거나 하지 않는가? · '미래 값의 예측' 등 정답이 분명하지 않은 AI 시스템에 대해 합격/불합격을 판단하기 위한 측정 방법이 정해져 있는가, 또한 고객과 합의할 수 있는가?	

3) 시스템 품질

산업용 제어 시스템의 경우 데이터 품질과 AI 모델 품질을 보장하기 어렵기도 하지만, 운영 측면에서 시스템의 안정적인 동작과 안전, 보안에 대한 요구가 높을 수밖에 없습니다. 일반 기업체의 경우 응용 프로그램에 대해 외부기관의 인증과 품질보증 과정을 통해 전체 시스템의 품질이 보증되었음을 필수적으로 요구하기도 합니다. AI 컴포넌트가 추가된 시스템 전반에 대한 품질 영향과 노후화 등의 환경의존성에 대한 설명을 이해관계자에게 납득시킬 수 있느냐가 중요한 관점이 될 것입니다.

표 5-11 시스템 품질의 관점과 각 단계에서의 유의사항

관점	개발 단계	운용 단계
· 비즈니스 가치가 제대로 제공되고 있는가?	· AI 제품에 대한 고객 가치 - 제공하는 AI 제품이 고객의 비즈니스 과제 해결에 적합한가?	· AI 제품에 대한 고객 가치 - 제공하는 AI 제품이 고객의 비즈니스 과제 해결에 적합한가?
· 심각한 품질사고 발생 가능성은 낮은가? (품질 사고의 심각한 정도는 도메인에 따라 다를 수 있음 - 신체나 생명에 대한 위험, 경제적 피해 - 사회와 환경에 미치는 영향 - 불편함, 매력 없음, 의미 없음, 미풍양속에 반함)	· AI 제품에 대한 위험 예측 타당성 - AI 제품의 출력에 의한 품질사고 발생의 위험 분석(상황 분석, HAZOP 분석 등)과 발생시 피해 최소화 대책이 검토되고 있는가? * HAZOP(Hazard & Operability Analysis)	· AI 제품에 대한 위험 예측 타당성 - 개발시에 실시한 위험 분석(상황 분석, HAZOP 분석 등)을 운용 단계에서 검토하고 있고 새로운 위험이 나오면 추가하고 있는가?

· 시스템 사고의 도달 범위와 안전 기능·내 공격성이 충분한 정도인가? · 필요한 경우, AI 제품의 기여도를 억제할 수단이 있는가?	· AI 제품에 대한 안전성 확보 - 안전·보안 메커니즘이 포함된 아키텍처 설계가 고려되어 있는가? - 제공하는 AI 제품의 출력에 대한 안전 설계가 고려되어 있는가? · 이상 출력을 방지하는 제어 메커니즘의 확보 - AI 제품의 이상 작동을 자가 판단할 수 있는 구조와 출력 데이터를 모니터링하고 적절한 출력 범위 내에서 컨트롤하는 구조를 구현하고 있는가?	· 학습에 피드백할 데이터의 안전성 확보 - 학습시 피드백 데이터에 의해 성능 저하로 이어질 수 있는 악성 데이터의 혼입을 방지할 수 있는가? - 또는 학습 전에 악성 데이터를 제거하는 수단이 있는가? · 추론에 사용하는 데이터의 안전성 확보 - 운용중에 추론에 사용하는 입력 데이터에 대해 비정상적인 동작을 초래할 수 있는 비정상적이거나 악의적인 데이터를 제거할 수 있는 수단이 있는가?
	· AI 제품에 대한 무결성(고장이나 이상을 탐지·진단하고 복구하는 능력)을 확보 - AI 제품의 신뢰성 저하를 감지한 경우, 시스템을 멈추지 않고 AI를 제외한 구조를 구현할 수 있는가?(AI를 사용하지 않는 시스템으로 원활하게 이행하는 구조) · 학습에 피드백할 데이터의 안전성 확보 - 학습에 사용하는 데이터에 대해 성능 저하로 이어질 악성 데이터의 혼입을 방지할 수 있는가? - 혹은 학습 전에 악성 데이터를 제거하는 수단이 있는가?	
· 품질 사고를 일으킬 수 있는 사건의 발생 빈도는 낮다고 추정할 수 있는가? - 사건의 발생 빈도 - 검증된 사건의 완전성 - 환경 통제성(우연한 발생 또는 의도적 공격)	· AI 제품의 안전 작동 - AI 제품의 동작 이력을 바탕으로 통계적 기법 등을 활용하여 안전성을 보여줄 수 있는가?	
· 보증성과 설명가능성, 납득가능성은 충분 한가?	· AI 제품의 설명가능성 - AI 제품의 출력 결과에 대한 근거를 설명할 수 있는가? - 혹은 통계적 기법 등을 이용하여 결과의 타당성을 보여주는 것이 가능한가?	
· 성능 등 시스템의 동작이 저하되고 있지 않는가?	· 작업 후 시스템 동작의 타당성 - 입력 데이터의 특성이 변화하고 성능이 저하되지 않는지 확인하는 방법은 있는가? - 입력 데이터의 특성 변화가 있을 경우에도 시스템의 정상 작동을 유지하는 방법이 있어서 품질 사고를 예방할 수 있는가?	
· 향후 데이터 증가·처리량 증가를 대비하여 시스템을 확장할 수 있는가?	· 운용시 수집하는 데이터 양을 고려 - 운용시 어떤 데이터를 어느 정도 축적할 것을 예측하고 요구사항에 반영하고 있는가? - 현재 보유하고 있지 않지만, 향후 취득할 가능성이 있는 데이터를 대비해 확장성을 고려하고 있는가?	· 운용중인 데이터의 양 모니터링과 제어 - 운용시 축적된 데이터의 양을 모니터링하고 기준에 근거하여 삭제하는가? - 또한 시스템 요구사항에서 정한 예측 범위를 초과하지 않는지 모니터링하고 있는가?

| · 시스템의 구성부품(하드웨어와 OS)을 계획하고 있는가? | · 운용시를 고려한 하드웨어 개발
- 운용시 부하와 데이터의 양에 따라 하드웨어를 선정하고 있는가?
- 유지 보수와 고장시 대응을 계획하고 있는가?
· 업데이트를 고려한 OS 선정
- OS의 업데이트 빈도와 지원 기간을 고려하여 OS를 사용하고 있는가?
- OS의 업데이트에 대한 대응과 지원이 끝난 때의 대응에 대비하고 있는가? | · 계획에 의거 하드웨어 유지 보수
- 운용중 부하와 데이터의 양은 예상대로 인가?
- 개발시 수립한 계획에 의거 하드웨어에 대한 점검을 실시하고 있는가?
· OS 업데이트
- 보안 업데이트 등 OS 업데이트에 맞춰 시스템 업데이트를 실시하고 있는가? |

5.3.6 품질 평가항목에 따른 품질보증 활동

1) PoC 단계

PoC 단계는 새로운 개념과 아이디어의 실현 가능성을 확인하는 활동을 수행하는 단계입니다. 이 단계의 주요 활동과 해당 활동에 맵핑되는 품질보증 활동 관점을 **표 5-12**와 **표 5-13**에 각각 정리했습니다.

표 5-12 PoC 단계의 주요 활동

단계 활동	개요
1. 목적·KPI 목표 정의	산업용 제어 시스템에 한정하지 않고, PoC 목표를 설정하고 이해관계자와 합의하는 단계이다. 이 단계의 활동에서는 PoC에서 검증 대상에 대한 개발·검증 완료 기준을 설정한다. 산업용 제어 시스템은 기존 시스템의 가동 실적을 기반으로 성능 측면의 KPI 뿐만 아니라 그 실현 가능성에 따른 프로젝트 비용, 시스템이 허용 가능한 위험 등 비즈니스 요구사항을 설정한다.
2. 데이터 설계	단계1에서 설정한 과제에 대해 AI 컴포넌트 개발에 활용하는 입력 데이터와 학습용 데이터 세트를 특정하고 수집을 진행하는 단계이다. 산업용 제어 시스템은 장시간의 데이터가 필요한 경우 또는(예: 시간에 따른 성능 저하) 불충분한 데이터를 이용하는 경우도 있을 수 있으므로 이런 경우에는 PoC 단계 동안 확인 범위와 그 확실성을 계획하고 데이터 수집·평가의 구조와 리뷰 체계를 준비한다.
3. 프로토타입 제작	단계2의 설계 내용에 따라 AI 컴포넌트 P1 ~ P3(그림 5-19 참조)의 개발을 실시한다. 산업용 제어 시스템에서는 불확실성이 있는 모듈을 검증하지 않고 도입하는 경우는 극히 드물며, 기존 시스템(P1 ~ P3)에 대해서는 데이터 수집만 진행하므로 시스템의 품질저하 위험을 예방할 수 있다.

4. 효과 확인 및 분석	단계1 ~ 3에 따른 AI 컴포넌트의 평가를 실시한다. 이 평가는 산업용 제어 시스템에서는 5M-E의 변동을 고려한 측정을 실시한다. 분석 결과에 따라 단계 2 ~ 3을 반복한다.
5. 위험 도출·확인·분석	대상 시스템 요구사항·구성, 인증 규격(예: 기능 안전규격, 제어시스템 보안 등)에 근거하여 위험 대상을 도출·확인·분석한다. 단계 4의 결과를 바탕으로 AI 컴포넌트의 불확실한 행동 유발 위험 사건에 대해 AI 컴포넌트에서 수용 가능한지 확인·분석하고 아키텍처 대안을 수립한다.
6. 아키텍처 구상 및 설계	개발시 전체 아키텍처 구상을 데이터 설계, 프로토타입 효과 확인·분석 등을 통해 밝혀진 각종 요구사항에 근거하여 설계를 수행한다. 이 활동을 통해 데이터 모델의 구성을 확인하고 이해관계자의 권리·계약 무결성에 활용한다.

표 5-13 PoC 단계의 주요 품질보증 활동 관점

단계 활동	품질보증 활동 관점	품질보증 체크리스트
목적·KPI 목표 정의	목적(비즈니스 과제)의 구체성	부록 C-1에서 PoC 단계 품질보증 체크리스트 참조
	기대 효과 검증 내용의 명확성	
데이터 설계	목적과 데이터 간의 매핑	
	데이터의 양과 품질 확보	
프로토타입 제작	시스템의 실현 가능성	
효과 확인 및 분석	기대 효과의 확실성	
	환경의존성에 대한 평가	
위험 도출·확인·분석	AI 모델의 확률적 동작과 관련한 위험 평가	
	기타 시스템 품질에 대한 위험 평가	
아키텍처 구상 및 설계	요구사항에 근거한 구성 확인	
	권리·발명 관련의 일관성	

2) 개발 단계

개발 단계는 PoC 단계를 통해 입증된 범위를 근거로 하여 실제 시스템으로 설계·구현을 수행하는 단계입니다. 개발 단계에서는 AI 컴포넌트의 불확실성에 대응하기 위해 '시스템 개발', 'AI 컴포넌트 주변장치 개발', 'AI 컴포넌트 개발' 등 세 가지 세부 프로세스로 구분하여 품질보증 활동을 설명합니다.

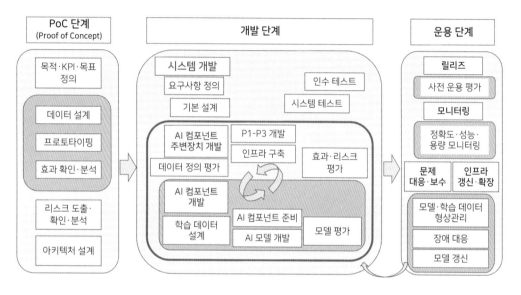

그림 5-21 개발 단계의 세 가지 주요 프로세스(출처: AI プロダクト品質保証ガイドライン)

① 시스템 개발 프로세스

표 5-14 시스템 개발 프로세스에 대한 품질보증 활동 관점

프로세스 개요	세부 프로세스	품질보증 활동 관점
요구사항 정의에 근거하여 데이터 수집을 포함한 달성 목표를 명확히 하고, 기본 설계, 시스템 테스트, 수락 시험 등을 환경 의존성을 고려하면서 반복적으로 개발하고 평가한다.	요구사항 정의	사용 환경과 유스케이스 정의
		시스템 구성 요건 정의
		위험 관리
		품질 목표 설정
	기본 설계	시스템의 안전장치(Fail Safe) 설계
		운용중 평가에 대한 구조 설계
		운용중 사고 대응에서 롤백 설계
		운용 모니터링 설계
		요구사항 기반의 컴포넌트 설계
	시스템 테스트	시스템 요구 품질에 대한 평가
		설명가능성과 환경의존성에 대한 로깅 데이터의 충분성 평가
		동작 검증이 필요한 시스템의 안전장치(Fail Safe) 테스트
		운영 모니터링의 타당성 평가
	수락 시험	운용 대상 환경에서의 운영 요구사항(관리 절차 등)에 대한 적합성 평가
		운용 대상 환경에서의 환경의존성 평가

② AI 컴포넌트 주변장치 개발 프로세스

표 5-15 AI 컴포넌트 주변장치 개발 프로세스에 대한 품질보증 활동 관점

프로세스 개요	세부 프로세스	품질보증 활동 관점
데이터의 정의·수집·관리를 수행하고 AI 컴포넌트의 정확성과 위험 평가를 실시한다. 모든 조건을 고려한 데이터 수집은 불가능하므로 대상 이벤트를 기반으로 데이터의 정의 및 평가 활동을 반복한다.	P1~P3 개발	P1: 입력 보증에 대한 규칙 구현
		P2: 실행 모니터링과 중복 구현 여부
		P3: 출력 보증에 대한 규칙 구현
	인프라 구축	시스템의 안전장치(Fail Safe) 설계
		운용중인 평가에 대한 구조 설계
		운용중 사고 대응을 대비한 롤백 설계
		운용 모니터링 설계
		요구사항 기반의 컴포넌트 설계
	데이터 정의·평가	개발·운용시 데이터 수집, 모델 평가 구조
		운용시 모니터링, 롤백에 대한 대응
		데이터 프라이버시, 안전성
		평가 데이터(테스트용 데이터)의 타당성 확인
	효과·위험 평가	AI 컴포넌트의 동작 검증을 위한 방법 선택(메타모르픽 테스트, 통계적 평가)의 타당성
		잘못된 판정, 예상치 못한 동작 확인 및 운용 방법과의 일치
		시스템 안전성에 대한 평가
		예측 정확도와 실행 성능에 대한 평가

③ AI 컴포넌트 개발 프로세스

표 5-16 AI 컴포넌트 개발 프로세스에 대한 품질보증 활동 관점

프로세스 개요	세부 프로세스	품질보증 활동 관점
확보된 데이터를 이용하여 적용 알고리즘, 학습 모델, 하이퍼 파라미터 등 AI 컴포넌트에 필요한 항목을 개발하고 평가한다. 평가 결과에 따라 수집할 데이터 정의(수집 주기, 특징량 등)를 변경하는 등, AI 컴포넌트 개발과 연계한다.	학습용 데이터 설계	학습 대상 데이터의 타당성 확인 어노테이션(annotation)과 라벨링의 정확성 확인 평가 데이터(테스트용 데이터)의 타당성 확인 데이터 정제, 수량 증가시 데이터 생성 방법의 적절성
	AI 컴포넌트 구현	하이퍼 파라미터 선택의 타당성 확인 입력 데이터에 대한 가공 처리의 타당성 확인(알고리즘별)
	AI 모델 개발	학습 방법의 타당성 학습용 데이터, 하이퍼 파라미터 등의 형상관리
	모델 평가	학습에서 예측까지의 내부 상태의 변화 관찰 가능 여부(알고리즘 내부 범위 등) 기대하는 예측 정확도 대비 실제 값을 확인 환경의존성과 설명가능성에 대한 대응 가능 여부

* 각각의 품질보증활동 관점별 구체적인 품질보증 체크리스트는 부록 C의 개발 단계에 해당하는 품질보증 체크리스트를 참조

3) 운용 단계

운용 단계는 운용 환경에서 데이터 변동, 그에 따른 AI 컴포넌트의 동작에 유의하여 문제 대응, 유지보수, 인프라 업데이트 등이 중요한 활동입니다. PoC 단계의 주요 활동과 해당 활동에 맵핑되는 운용 단계의 품질보증 활동 관점을 **표 5-17**와 **표 5-18**에 각각 정리하였습니다.

표 5-17 운용 단계의 주요 활동

단계 활동	개요
출시	개발한 시스템을 운용 현장에 설치·동작을 확인한 후 작업 현장 데이터를 기반으로 평가를 실시한다. 이 평가 기준은 환경의존성과 운영 요구사항에 기반하여 운용 효과 사전 평가조건으로 명확하게 한다.
운용 효과 사전 평가	출시 당시 운영 환경에서 개발시 고려한 효과를 얻을 수 있는지 평가하고 운용 개시 여부를 결정한다.
모니터링	시스템과 AI 컴포넌트의 입출력 동작을 모니터링하고, 환경의존성 등의 요인으로 인해 예상치 못한 동작 발생 여부를 감시한다. 사고 발생 대응에 필요한 정보를 수집한다.
성능·용량 모니터링	AI 컴포넌트는 환경의존성에 의해 정밀도가 떨어질 수 있으므로 P2와 비교 과거 대비 변화량 등을 확인하는 방법으로 모니터링한다. 이때 설명 확보에 많은 양의 데이터가 필요한 경우가 있기 때문에 인프라의 성능과 데이터 용량을 모니터링한다.
문제대응/유지보수	확률적 결괏값에 대하여 수집된 데이터를 기반으로 조사와 대응 내용을 판단한다. 개발·검증 환경에서 재현하는 방법이 일반적이지만, 환경의존성에 대한 데이터 수집 인프라와 모델에 따라서는 재현이 불가할 수도 있다. 어느 정도의 재현성이 문제 대응·유지에 필요한 것인지 명확히 할 필요가 있다.
인프라 업데이트/확장	운용 환경에서 변할 수 있는 데이터 수집 요구사항에 대응한다. 예를 들어, 개발시 고려되지 않은 데이터를 장기 보존해야 하거나, 데이터 정의가 업데이트되거나 데이터 용량을 확장할 필요가 있는지를 검토한다.
모델·학습용 데이터 형상관리	운용중에 모델을 업데이트해야 하는 상황이 발생할 경우, AI 컴포넌트가 사용하는 모델과 학습용 데이터를 상관지어 저장하고 설명가능성을 검토한다.
사고 대응	문제 대응을 위해 긴급 롤백 판단을 하고 모델을 업데이트할 경우도 있을 수 있으므로, 이 때 롤백에 의해 실제 성능 개선이 되는지를 설명할 수 있어야 한다
모델 업데이트	시스템 품질에 미치는 영향 평가에 따라서 운용 모델을 업데이트한다. 모델 평가시 리스크가 있는 경우, AI 컴포넌트를 중복 작동시켜 새로운 모델의 성능 평가를 할 수도 있다.

표 5-18 운용 단계의 주요 품질보증 활동 관점

단계 활동	품질보증 활동 관점	품질보증 체크리스트
출시	출시 후 문제가 발생했을 때 피해를 최소화한다.	부록 C-5에서 운용 단계 품질보증 체크리스트 참조
운용 효과 사전 평가	환경의존성에 대한 조정·평가 시간을 고려하여 출시 간격을 검토하고, 개발 시 고려한 효과를 실제 운영 환경에서 얻을 수 있을지를 사전에 검토한다.	
모니터링	입력과 출력을 모니터링하고 이상 발생 여부를 확인한다.	
성능·용량 모니터링	로그 데이터와 용량, 개인정보 보호, 안전성 등을 고려하면서 데이터를 저장한다.	
문제대응/유지보수	개발 환경과 검증 환경에서도 재현가능 여부를 확인한다.	
인프라 업데이트/확장	자원(GPU, HDD(데이터 영역), 네트워크(통신 환경)) 등이 필요에 따라 확장 가능한지 여부를 확인한다.	
모델·학습용 데이터 형상관리	모델과 학습용 데이터로 구성된 전체 조합에 대해 형상관리를 한다.	
사고 대응	확률적 행동을 근거로 조사·수정 등의 필요성을 판단한다.	
	고객이 가진 지식에 의한 추론과 다른 결과·빈도에 대해 설명한다.	
모델 업데이트	데이터가 추가되더라도 목표 성능을 만족시키는지, 데이터 망실(모델 롤백) 위험에 대응할 수 있는지, 특징(feature)량은 타당한지, 훈련 알고리즘 매개변수의 변경이 타당한지 등을 검토한다.	

5.3.7 품질 평가항목에 근거한 실제 품질보증 사례 검토

이 절에서 소개하는 사례는 OMRON Corporation의 공개된 논문 '머신 컨트롤러에 탑재 가능한 AI 기술의 개발' 사례이며 더 구체적인 사항은 다음 URL을 참조하면 되겠습니다.

https://www.omron.co.jp/technology/r_d/omrontechnics/2018/OMT_WEB_20180510.pdf

*프리렉 홈페이지 자료실에서 받아보실 수 있습니다.

사례에 등장하는 포장기계(장치)는 플라스틱 필름으로 제품을 베개 모양으로 포장하며, **그림 5-22**와 같이 세 개의 감지센서로 구성되어 컨트롤러가 정밀한 제어를 함으로써 포장을 자동화하고 있다. 플라스틱 필름이 삐뚤어지게 포장되는 현상을 자동으로 감지할 목적으로 AI 컴포넌트를 추가한 시스템에 대한 실제 품질보증 사례이다.

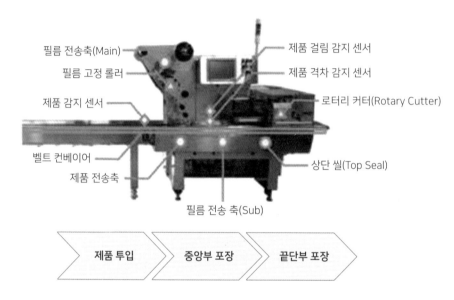

그림 5-22 사례에 등장하는 포장기계(출처: マシンコントローラに搭載可能な AI 技術の開発)

이 포장기계에 AI 컴포넌트를 추가한 시스템을 개발하고 운용할 때 품질보증은 어떻게 수행했는지를 PoC 단계, 개발 단계, 운용 단계로 구분하여 살펴보겠습니다.

1) PoC 단계 품질보증 사례

① 목적·KPI·목표 정의

PoC 단계에서 가장 먼저 해야 할 일은 AI 비즈니스를 추진하려는 궁극적인 목적과 달성하려는 목표를 구체적으로 정의하는 것입니다. 중요한 것은 정의한 비즈니스 목표와 목적의 구체성을 보장하는 것과 추진하려는 AI 프로젝트에 대해 이해관계자가 잘 이해할 수 있도록 정확하게 설명하는 등 지원하는 활동이 진행되어야 합니다.

표 5-19 목적·KPI 목표 정의 단계에서의 활동 관점과 사례

	품질보증 활동 관점	사례
목적 (비즈니스 과제)의 구체성	· AI에 의해 해결하려는 비즈니스 과제의 명확화 · AI에 의한 사업 과제의 해결가능성 · AI에 의해 해결하려는 비즈니스 과제 해결의 효과 · PoC 완료 기준의 명확화	· 목적은 포장시 "필름 투입시 위치 틀어짐" 현상의 발생 원인이 되는 '밀봉 위치 어긋남'을 방지한다. - '밀봉 위치 어긋남'이 발생하기 전에 감지 장치로 대책을 강구하여, 불량 발생을 방지한다. · 빠른 속도로 많은 데이터 분석이 필요하기 때문에 사람이 수행하기에는 불가능하여 AI가 필요하게 되었다. · 기대효과로 불량품 발생의 억제가 예상된다. - 위험요소로는 비상시 순간적으로 장비를 멈출 수 없다. 불량품이 하나라도 나오는 것은 문제이므로 '필름 투입시 위치 틀어짐'의 징후는 철저한 확인이 필요하다. - PoC에서 완료 기준, 데이터 수집, 알고리즘 검증, 효과 확인을 수행한다.
기대 효과, 검증 내용의 명확성	· AI의 설명가능성과 정확성에 대한 이해도 · 모델 선택에 대한 이해도	· 확률적 동작에 대해 고객에게 설명하며 이해시켜 동의를 얻었다. - PoC가 완료되면, 학습 자료, 알고리즘, 테스트 결과 분석에 대해 설명하기로 하였다.

② 데이터 설계

데이터 설계 단계에서는 추진하려는 AI 프로젝트의 목적을 달성하기 위해 필요한 데이터의 수량과 품질을 결정하는 일이 중점사항이 됩니다. 수집 대상이 되어야 할 데이터, 확보

수단, 수집된 데이터의 품질을 확인할 방법, 데이터 관리 방안 등을 사전에 정의하는 것이 필요하고 고객에게 데이터 수집과 관리에 대한 중요성을 설명하는 활동도 동반되어야 합니다. **표 5-20**에 정리된 사례에서도 수집된 데이터의 구체적인 수량뿐만 아니라, 데이터 품질을 확인할 항목으로 완전성과 편향성 등을 정의하고 이를 교차검증이라는 수단으로 확인했다는 점을 참고하기 바랍니다.

표 5-20 데이터 설계 단계에서의 활동 관점과 사례

	품질보증 활동 관점	사례
목적과 데이터 간의 매핑	· 고객의 비즈니스 과제에 부합하는 데이터의 필요성에 대한 이해도 · AI 학습에 필요한 데이터의 양과 질에 대한 이해도	· 과제 해결(AI 학습 테스트)을 위해 필요한 데이터에 대해 고객에게 설명하고 동의를 얻었다. · '필름 투입시 위치 틀어짐'과 인과관계가 있는 여러 가지 데이터에 대해 취득 필요성을 설명하였다.
데이터의 질과 양 확보	· AI의 학습에 필요한 데이터 양 확보 여부 · 교차검증과 일반화 성능 등에 사용할 데이터 확보 여부 · 학습에 사용할 데이터와 비즈니스 과제와의 일치 정도 · 데이터의 품질 확보 · 데이터의 특성 평가 · 비즈니스 과제(문제)에 대한 데이터 정의(가정 모델)의 복잡성 · 데이터의 입수 경로와 관리의 타당성 · 라벨과 정답값의 정확성	· PoC 계획서에서 취급 데이터에 대해 자세히 설명하였다. · [양과 질] 실제 데이터로 정상 작동 데이터 400개, 이상 작동 데이터 100개 정도를 충분하다고 생각했다. · [교차검증] 교차검증을 실시한다. · [완전성] 완전성은 아직 불충분하다. 이상시 작동은 작위적이고 부분적이기 때문에 자연 발생적인 데이터가 있으면 사용하고 싶다. · [편향성] 이상시 작동은 작위적이고 부분적이기 때문에 편향이 있다. 다른 상황 데이터를 취득했다면 추가하고 싶다. · [불필요한 데이터] 불필요한 데이터가 섞여 있지 않은지 확인하였다. · [데이터 접근 및 관리] 고객이 지정한 날짜 시간 데이터를 매번 수령하여 개발 서버에서 관리한다. · [라벨링] 라벨링이 제대로 되어 있는지 확인하였다.

③ 프로토타입 제작

프로토타입 제작 단계에서는 시제품을 제작하기 위한 개발 프로세스를 정의하고, 이를 고객에게 설명하는 과정을 거치면서 고객의 의도가 충족되는지를 확인하는 것이 중요합니다. 사례에서는 애자일 프로세스를 적용하기로 했고, 이상 발생시 경고 표시를 구현하는 방법 등을 고객에게 설명하여, 이에 대한 동의를 얻는 과정이 있다고 밝히고 있습니다. 사례에서는 PoC 세부 단계마다 고객의 참여를 적극적으로 유도하고 있는데, 이는 고객 의도 미반영, 불충분한 이해 등으로 생길 수 있는 후속 단계에서의 시행착오를 예방할 수 있는 중요한 과정입니다.

표 5-21 프로토타입 제작 단계에서의 활동 관점과 사례

	품질보증 활동 관점	사례
시스템의 실현 가능성	· 애자일 소프트웨어 개발에 대한 설명과 시스템 아키텍처에 대한 설명	· 애자일 개발 공정을 명시하고 고객에게 설명했다. - 신속한 응답이 요구되기 때문에 기존의 PLC에서 데이터 수집과 분석을 실시하고 이상 발생 시 경고를 표시하는 구현 방법을 설명하여 동의를 받았다.

④ 효과·확인 및 분석

이 단계에서는 시제품 평가 결과를 통해 추진하려는 AI 비즈니스의 기대효과가 충족되는지를 확인하게 되는데, AI 모델의 학습 과정과 결과에 대한 타당성, 적정성능 달성 여부, 성능측정 방법의 타당성 등이 중요한 관점이 되어야 합니다. 시제품 평가 결과를 고객과 공유함으로써 이해관계자의 이해도가 높아질 수 있도록 이해관계자의 참여를 적극적으로 독려해야 합니다.

표 5-22 효과·확인 및 분석 단계에서의 활동 관점과 사례

	품질보증 활동 관점	사례

기대 효과의 확실성	· AI에 의해 해결하려는 비즈니스 과제의 명확화
	· AI에 의한 사업 과제의 해결가능성
	· AI에 의해 해결하려는 비즈니스 과제 해결의 효과를 확인·분석
		· PoC에서 실시한 결과 보고서를 작성, 고객에게 설명했다.
		  - 검색된 데이터에 대해 "필름 투입시 위치 틀어짐"을 얼마의 확률로 감지했는지를 보고했다.
		  - 거래처로부터 동의를 얻을 때까지 실증 실험과 설명을 반복했다.

환경의존성에 대한 평가	· 학습 결과의 타당성
	· 일반화 성능 목표
	· 일반화 성능을 측정하는 방법
	· 학습 과정의 타당성
	· 검증용 데이터의 타당성
		· PoC에서 실시한 결과 보고서를 작성, 고객에게 설명했다.
		  - 학습 자료와 학습 알고리즘, 일반화 성능, 테스트용 데이터에 대해 설명했다.
		  - 거래처로부터 동의를 얻을 때까지 실증 실험과 설명을 반복했다.

⑤ 위험도출·확인·분석

기존 소프트웨어와 비교시 AI 시스템의 가장 큰 차이점인 확률적 동작으로 인한 위험요소를 PoC 단계에서 미리 확인하고 분석하는 과정이 중요합니다. 확률값으로 출력되는 AI 모델의 결괏값을 어느 정도면 수용할 것인지 비즈니스 목적과 비교해 검토하는 것이 필요하고, 아울러 안전과 고장 복구, 관련 하드웨어, OS, 지적재산권 등 예상되는 다른 위험요소도 식별하여 지속적으로 관리할 수 있도록 준비하는 것이 중요합니다.

표 5-23 위험도출·확인·분석 단계에서의 활동 관점과 사례

	품질보증 활동 관점	사례
확률적 동작에 대한 수용성 위험 평가	· 확률값으로 출력되는 AI 결과에 대한 이해도 · 확률값으로 출력된 결과에 대한 위험 허용 · AI 제품의 출력에 대한 책임의 명확화 · 애자일 소프트웨어 개발에 대한 이해도 · 고객의 비즈니스 과제에 부합하는 데이터의 필요성 · AI의 학습에 필요한 데이터의 질과 양에 대한 이해도 · AI 제품에 대한 설명가능성	· 확률적 동작에 대해 고객에게 설명하고 이해시켜 동의를 받았다. · 과제 해결(AI 학습 테스트)을 위해 필요한 데이터를 고객에게 설명하고 동의를 얻었다. · 애자일 개발 공정을 명시하고 고객에게 설명했다. · PoC 계획서에 책임 소재와 범위를 합의하고 명시하였다. 　- 위험관리 테이블에 의한 위험도출과 대응방안 등을 고객사와 공유하며 합의를 이루었다. 　- 위험관리 테이블은 지속적으로 업데이트하였다. 　- PoC에서 실시한 결과 보고서를 작성하고 고객에게 설명했다. 　- PoC 보고서에서, 고객과 위험회고를 실시했다.
기타 시스템 품질에 대한 위험 평가	· AI 제품에 대한 고객 가치 · AI 제품에 대한 위험 예측의 타당성 · AI 제품에 대한 안전성 확보 · 이상 출력을 방지하는 제어 메커니즘의 확보 · AI 제품에 대한 무결성(고장이나 이상을 탐지·진단하고 복구하는 능력)을 확보 · 학습에 대해 피드백할 데이터의 안전성을 확보 · AI 제품의 안전한 작동에 대한 타당성	· PoC에서 실시한 결과 보고서를 작성하고 고객에게 설명했다. · 여기에서는 특히 효과와 안전성 및 무결성 보장에 대해 설명했다. 　- 위험관리 테이블에 의한 위험도출과 대응방안 등을 고객사와 공유하고 합의를 이루었다. 　- 위험관리 테이블은 지속적으로 업데이트하였다. 　- PoC 보고서에서, 고객과 위험회고를 실시했다.

⑥ 아키텍처 구상 및 설계

PoC 결과를 근간으로 시스템 구성에 필요한 하드웨어와 OS 등 형상항목을 식별하고, 지적재산권과 책임 소재 등과 관련된 합의를 이해관계자와 함께 진행하는 것이 필요합니다.

표 5-24 아키텍처 구상 및 설계 단계에서의 활동 관점과 사례

	품질보증 활동 관점	사례
요구사항에 근거하여 형상 식별	· 운용시를 고려한 하드웨어 개발 · 업데이트를 고려한 OS 선정	· PoC 계획서에서 PoC 수행시 하드웨어 사양을 설명했다. 운용시 하드웨어 사양도 고려하여 명시하였다. · OS 업데이트시 고려사항을 PoC 계획서에 명시하고 고객에게 설명하여 동의를 받았다.
권리·발명 등의 일관성	· AI 제품의 저작권과 지적재산권 등에 관한 계약에 동의 · AI 제품의 저작권과 지적재산권 등에 관한 이해 · AI를 사용하는 고객 데이터 보안의 수준과 정보 공개 범위, 취급 제한의 명확화 · AI제품에 포함된 데이터의 권리에 관한 동의 · 고객 이해관계자의 명확화 · AI 제품 출력에 대한 책임의 명확화 · AI제품의 개발에 대한 고객의 협조와 참여도	· 권리와 데이터 처리, 책임 문제에 대해서는 사전에 비밀유지 계약을 체결하고 기본 계약서에 기재하고 고객과 합의했다.

2) 개발 단계 품질보증 사례

① 시스템 개발

가) 요구사항 정의

요구사항 정의는 후속 단계에도 미치는 영향이 대단히 큰 작업 이기 때문에 시간 투자를 가장 많이 해야 하는 작업입니다, 유스케이스 정의와 시스템 구성 항목 정의, 위험 식별, 품질목표 설정 등이 여기에 포함되는 활동입니다. 정의된 요구사항을 고객에게 설명하고 합의하는 과정은 반드시 진행해야 합니다.

표 5-25 요구사항 정의 단계에서의 활동 관점과 사례

	품질보증 활동 관점	사례
사용 환경과 유즈 케이스 정의	· AI 제품에 대한 고객 가치 · AI 제품에 대한 안전성 확보 · 이상 출력을 방지하는 제어 메커니즘의 확보 · AI 제품에 대한 무결성 · AI 제품 설명가능성	· 과제 해결을 위해 어떤 데이터가 필요한지 고객에게 설명했다. 　- '필름 투입시 위치 틀어짐' 감지를 위한 필름 이송 축 Main 토크, 속도, 위치, ... 등의 데이터가 필요하다. · 데이터 취득과 관리 방법을 확정했다. 　- PLC로부터 네트워크를 통해 데이터를 검색하고 데이터는 개발 회사의 서버에서 관리한다. · 요구 사양을 다음 관점에 대하여 작성하기 시작하였다. 　- 도입 효과, 위험, 안전, 무결성 알고리즘의 설명 용이성, 운용시의 취급 등. · 사용 용어 설명을 명기하고 합의를 이루었다.
시스템 구성 항목 정의	· 운용시를 고려한 하드웨어 개발 · 업데이트를 고려한 OS 선정	· PLC의 계산 속도, 데이터 취득 빈도, 통신 환경, 하드웨어 구성 등을 요구사항 정의서에 명확하게 기재했다. · OS의 취급에 대해 명시했다. 　- P1 ~ P3의 보장 범위를 정하여 요구사항 정의서에 명시했다. 　- P1: 데이터 정제를 실시, 이상치가 AI 컴포넌트, P2에 들어 가지 않도록 한다. 　- P2: 입력 데이터에 대해 '필름 투입시 위치 틀어짐' 감지를 AI 컴포넌트와는 다른 방법으로 실시한다. 　- P3: AI 컴포넌트의 출력결과와 P2의 출력 결과에서 최종 출력을 결정한다.
위험 관리	· AI 제품의 저작권과 지적재산권 등에 관한 계약에 동의 · AI 제품의 저작권과 지적재산권 등에 관한 이해도 · AI 사용하는 고객 데이터 보안의 수준, 정보 공개 범위, 취급 제한의 명확화 · AI 제품에 포함된 데이터의 권리에 관한 동의 · 고객 이해관계자의 명확화 · AI 제품의 출력에 대한 책임의 명확화 · AI 제품에 대한 위험 예측의 타당성	· 권리와 데이터 처리, 책임 문제에 대해서는 사전에 비밀유지 계약을 체결하고 기본 계약서에 기재하고 고객과 합의했다. 　- 이 시점에서 위험관리 테이블을 업데이트하였다.

	품질보증 활동 관점	사례
품질 목표 설정	· AI에 의해 해결하려는 비즈니스 과제의 명확화 · AI에 의한 사업 과제의 해결가능성 · AI에 의해 해결하려는 비즈니스 과제 해결의 효과 · PoC와 단계적 출시에 의한 성능 개선 전망	· 요구사항 정의서에 재차 명확히 기재했다. · '필름 투입시 위치 틀어짐'의 징후를 실시간 감지에서 놓치지 않는 것으로 명시했다.

나) 기본 설계

시스템 기본 설계에서 중요하게 다루어야 할 점은 안전성 확보 측면, 운용 중 평가가 가능한 구조, 이상 발생시 롤백이 가능한 구조 등이 설계에 반영되는지를 확인한 후에, 정의되어 있는 요구사항을 기반으로 실제 컴포넌트를 설계하도록 진행하는 것입니다. 설계 사항도 반드시 문서화하여 이해관계자에게 관련 내용을 설명하고 이해할 수 있도록 하는 것이 필요합니다.

표 5-26 기본 설계 단계에서의 활동 관점과 사례

	품질보증 활동 관점	사례
시스템의 안전장치(Fail Safe) 설계	· AI 제품에 대한 안전성 확보 · 이상 출력을 방지하는 제어 메커니즘의 확보 · AI 제품에 대한 무결성(고장이나 이상을 탐지·진단하고 복구하는 능력)을 확보 · 학습에 피드백할 데이터의 안전성 확보	· '필름 투입시 위치 틀어짐'의 징후를 경고하지만, 제어에 영향을 주지 않는 것으로 한다. - PLC의 정상 작동에 영향을 주지 않는 것으로 한다. · '필름 투입시 위치 틀어짐' 판단을 할 수 없는 이상 출력의 경우, 어떤 이상인지를 제시하고 운영자의 판단에 따라 결정한다. · AI 제품이 없어도 정상 작동에 영향을 주지 않는 것으로 한다. · 학습용 데이터는 학습 전에 조사하는 것으로 한다.

운용중 평가에 대한 구조 설계	· 애자일 소프트웨어 개발 수행 능력
	· AI 제품 형상관리의 타당성
	· 출시 계획의 타당성
	· 롤백의 신속성
		· 단계적 출시 일정을 기본 설계서에 기재하고 설명 후 동의를 받았다.
		  - 정기적인 데이터 수집에 맞게 학습 모델을 업데이트하기 때문에 그 시점에 맞춰 선보인다.
		  - 롤백이 신속하게 이루어질 수 있도록 형상관리 방법에 대해서도 설명했다.

운용중 사고 대응을 위한 롤백 설계	· AI 제품에 대한 안전성 확보 · 이상 출력을 방지하는 제어 메커니즘의 확보 · AI 제품에 대한 무결성(고장이나 이상을 탐지 · 진단하고 복구하는 능력)을 확보 · 학습에 피드백할 데이터의 안전성 확보 · AI 제품의 안전 작동에 대한 타당성 · 작업 후 시스템 동작의 타당성 · AI 제품 형상관리의 타당성 · 출시 계획의 타당성 · 롤백의 신속성	· PLC 내부 알고리즘 변경은 롤백 가능한 설계로 되어 있는지 확인하였다.
운용 모니터링 설계	· 이상치에 대한 구조 타당성 · 측정 방법의 타당성 · 작업 후 시스템 동작의 타당성 · AI 제품 개발에 고객의 협조	· 운용중에 PLC에서 데이터 취득 상황, 모니터링 변수 상황이 가시화하도록 설계되어 있다. · 운용 후 적시에 데이터 수집과 분석에 관한 고객의 동의를 받았다.
요구사항 기반의 컴포넌트 설계	· 운용시 수집하는 데이터 양을 고려 · 운용시를 고려한 하드웨어 개발 · 업데이트를 고려한 OS 선정	· P1 ~ P3, AI 컴포넌트의 설계를 수행하고, 기본 설계서에 기재하였다. · 운용시 데이터 양은 고객 데이터 서버에 축적된 것을 적시에 수집한다. · PLC의 계산 속도, 데이터 취득 빈도, 통신 환경, 하드웨어 구성 등을 요구사항 정의서에 명확하게 기재했다. · OS의 취급에 대해서도 언급했다.

다) 시스템 테스트

시스템 테스트 단계에서는 테스트 사양서를 사전에 작성하는 것이 중요합니다. 이 사양서에는 요구사항 정의서에 근거한 데이터 양과 질, 데이터 라벨링, 시스템의 동작, 안전성, 무결성, 성능 등의 관점에서 테스트 항목과 절차 등이 구체적으로 정의되어 있어야 합니다.

표 5-27 시스템 테스트 단계에서의 활동 관점과 사례

	품질보증 활동 관점	사례
시스템 요구 품질에 대한 평가	· AI에 의해 해결하려는 비즈니스 과제의 명확화 · AI에 의한 사업 과제의 해결가능성 · AI에 의해 해결하려는 비즈니스 과제 해결의 효과 · 애자일 소프트웨어 개발의 수행 능력 · AI 제품 개발에 고객의 협조 · AI 제품 구성 관리의 타당성 · 출시 계획의 타당성 · 롤백의 신속성	· 요구사항 충족 여부를 확인하기 위한 테스트 내용을 테스트 사양서에 기재했다. · 테스트 사양서에 따라 테스트 요구 사양을 충족하는지 확인했다.
설명 가능성과 환경의존성에 대한 로깅 데이터의 충분성 평가	· AI 학습에 필요한 데이터 양을 확보 · 교차검증과 일반화 성능 등에 사용하는 데이터 확보 · 학습에 사용할 데이터와 비즈니스 과제와의 일치 정도 · 데이터의 품질 확보 · 데이터의 특성 평가 · 비즈니스 과제(문제)에 대한 데이터 정의(가정 모델)의 복잡성 · 데이터의 입수 경로와 관리의 타당성 · 라벨과 정답값이 올바른지 여부 · 이상치에 대한 구조 타당성 · 여러 하위 시스템에서 얻은 데이터의 무결성을 확인 · AI 제품의 안전 작동의 타당성 · AI 제품의 설명용이성	· 테스트 결과가 요구사항을 충족하는지 설명하기 위해 취득 데이터와 시스템의 출력 결과를 테스트 보고서에 기재하고 고객에게 설명했다. · 어떤 조건에서 어떤 데이터라면 어떤 결과가 되는지 고객이 이해하였다. · 출력 데이터의 모니터링(라벨 부착, 정상, 이상)을 실시, 고객에게 설명했다.
동작 검증이 필요한 시스템의 안전장치(Fail Safe) 테스트	· AI 제품에 대한 안전성 확보 · 이상 출력을 방지하는 제어 메커니즘의 확보 · AI 제품에 대한 무결성(고장이나 이상을 탐지 · 진단하고 복구하는 능력)을 확보 · 학습에 피드백할 데이터의 안전성 확보 · AI 제품의 안전 작동의 타당성	· 기본 설계의 고장 안전 테스트를 수행한다. - 이번 시스템은 AI 제품이 시스템에 영향을 주지 않도록 한다.
운영 모니터링의 타당성 평가	· 작업 후 시스템 동작의 타당성 · 운용시 수집하는 데이터 양을 고려	· 운영 모니터링으로 운용시 데이터를 적시에 매핑 비교하여 AI 제품의 유효성을 확인한다. · 이와 관련하여 고객의 동의를 받았다.

라) 수락 시험

수락 시험은 일반적으로 운용 환경에서 실시하게 되며, 핵심 사항은 실제 데이터에서도 AI 모델이 학습용 데이터 성능과 유사한 성능을 발휘하는지, 즉 일반화 성능을 확인하는 것이 될 것입니다. 또한, 시스템을 구성하는 컴포넌트에 대한 형상관리(데이터, 하드웨어, OS 등을 포함한 형상관리)를 확인하는 것도 향후 운용 단계 유지보수를 위해 꼭 필요한 활동입니다.

표 5-28 수락 시험 단계에서의 활동 관점과 사례

	품질보증 활동 관점	사례
운용 대상 환경에서의 운용 요구사항 (관리 절차 등)에 대한 적합성 평가	· AI에 의해 해결하려는 비즈니스 과제의 명확화 · AI에 의한 사업 과제의 해결가능성 · AI에 의해 해결하려는 비즈니스 과제 해결의 효과 · 일반화 성능 목표 · 일반화 성능을 측정하는 방법 · AI 제품 개발에 고객의 협조 · AI 제품 형상관리의 타당성 · 출시 계획의 타당성 · 롤백의 신속성 · AI 제품 업데이트 계획의 타당성	· 운용 대상 환경에서도 요구사항 충족 여부를 확인하기 위한 테스트 내용을 테스트 사양서에 기재했다. · 여기서 핵심은 문제를 해결할 수 있는지 일반화 성능을 충족하는지 등이다. · 테스트 사양에 따라 테스트 운영 환경에서도 요구사항을 충족하는지 확인했다. · 정해진 출시 판정 기준을 만족하는지 확인한다. - 형상관리, 릴리즈 계획, 요구사양, 유지보수 등의 내용을 계약서에 기재하고, 고객의 동의를 받았다.
운용 대상 환경에서의 환경의존성 평가	· 고객의 비즈니스 과제에 부합하는 데이터 필요성에 대한 이해도 · AI 학습에 필요한 데이터의 질과 양에 대한 이해도 · 학습에 사용하는 데이터와 비즈니스 과제와의 일치 정도 · 데이터의 품질 확보 · 데이터의 특성 평가 · 비즈니스 과제(문제)에 대한 데이터 정의(가정 모델)의 복잡성 · 데이터의 입수 경로와 관리의 타당성 · 라벨과 정답값이 올바른지 여부 · AI 노이즈 내성(견고성)의 타당성 · 운용시 수집하는 데이터 양을 고려 · 운용시를 고려한 하드웨어 개발 · 업데이트를 고려한 OS 선정	· 운영 모니터링으로 운용시 데이터를 적시 매핑 비교하여 AI 제품의 유효성을 확인한다. · 테스트 결과가 요구사항을 충족하는지 여부를 설명하기 위해 취득 데이터와 시스템의 출력 결과를 고객에게 설명했다. 특히, 여기에서는 견고성에 대해 평가했다.

② AI 컴포넌트 주변장치 개발

가) P1~P3 개발

AI 컴포넌트 주변장치는 시스템을 구성하는 하위 시스템을 의미합니다. P1과 P2, P3는 각각 하위 시스템이고, AI 컴포넌트는 그중 P2의 일부를 대체하여 제어 처리를 담당하는 것으로 이해하면 되겠습니다(**그림 5-19** 참고). P1은 입력과 인터페이스를 갖는 컴포넌트이므로 데이터와 관련된 사항을 점검하는 것이 필요하고, P2는 AI 컴포넌트와 인터페이스를 갖게 되므로 AI 컴포넌트의 동작과 안전성, 무결성 등과 관련된 사항을 확인하는 것이 필요합니다. P3는 출력과 인터페이스를 갖게 되므로 최종 출력과 관련된 이상 여부를 확인해야 합니다.

표 5-29 P1~P3 개발 단계에서의 활동 관점과 사례

	품질보증 활동 관점	사례

P1: 입력 보증에 대한 규칙 구현	· AI 학습에 필요한 데이터 양을 확보
	· 교차검증과 일반화 성능 등에 사용하는 데이터의 확보
	· 학습에 사용하는 데이터와 비즈니스 과제와의 일치 정도
	· 데이터의 품질 확보
	· 데이터의 특성 평가
	· 비즈니스 과제(문제)에 대한 데이터 정의(가정 모델)의 복잡성
	· 데이터의 입수 경로와 관리의 타당성
	· 라벨과 정답값이 올바른지 여부
	· 이상치에 대한 구조 타당성
	· 여러 하위 시스템에서 얻은 데이터의 무결성 확인
	· 운용시 수집하는 데이터 양을 고려
		· P1의 거동, 구조에 대해 각 컴포넌트 상세 설계서에 기재하였다.
		  - 각 데이터에 대해 이상치를 제거 수행 내용과 알고리즘을 기재했다.
		  - 위 결과로 P2와 AI 컴포넌트에 대한 입력이 보장되는 것을 설명했다.

| P2: 실행 모
니터링, 중복
구현 여부 | · AI 제품에 대한 위험 예측 타당성
· AI 제품에 대한 안전성 확보
· 이상 출력을 방지하는 제어 메커니즘의 확보
· AI 제품에 대한 무결성(고장이나 이상을 탐
　지·진단하고 복구하는 능력)을 확보
· 학습에 피드백할 데이터의 안전성 확보 | · P2의 거동, 구조에 대해 각 컴포넌트 상세 설계서
　에 기재하였다.
　- AI 컴포넌트의 처리 이외의 데이터 처리에 대해
　　설명했다.
　- AI 컴포넌트와 독립적으로 작동하는지 설명했다. |
| P3: 출력 보
증에 대한 규
칙 구현 | · 실제 데이터 특성의 타당성
· 고려했던 데이터 모델 및 실제 데이터의 특
　성 분석
· AI 제품에 대한 위험 예측 타당성
· AI 제품에 대한 안전성 확보
· 이상 출력을 방지하는 제어 메커니즘의 확보
· AI 제품에 대한 무결성(고장이나 이상을 탐
　지·진단하고 복구하는 능력)을 확보
· 학습에 피드백할 데이터의 안전성 확보 | · P3의 거동, 구조에 대해 각 컴포넌트 상세 설계서
　에 기재하였다.
　- AI 컴포넌트 출력과 P2의 출력 결과에서 최종
　　출력을 결정하는 과정에 대해 설명했다. |

나) 인프라 구축

인프라 구축 단계는 향후 운용 단계를 고려했을 때 필요한 사항들을 사전에 준비하는 과정을 의미합니다. 운용시 수집될 데이터, 확장성, 운용 단계에서 사람이 수행하는 프로세스(예: 데이터 라벨링 등), 각 컴포넌트들에 대한 지속적인 형상관리 등이 보장될 수 있도록 관련 사항들을 확인하는 것이 필요합니다.

표 5-30 인프라 구축 단계에서의 활동 관점과 사례

	품질보증 활동 관점	사례
운용시 확장 성에 대한 구 조 구현	· 이상치에 대한 구조 타당성 · 운용시 수집하는 데이터 양을 고려 · AI 제품 업데이트 계획의 타당성	· 입력 데이터에 이상치가 들어간 경우 경고를 표시 　한다. · 수집된 데이터는 고객사 데이터 서버에서 확보할 　수 있으며, 최대 24시간만큼의 데이터 확보가 가능 　하다. · 데이터 추가, 특징(feature)량 추가시에 재분석, 모 　델 재개발이 필요함을 설명하고 거래처에 이해를 　구했다.

| 어노테이션과 라벨링 등 사람이 수행하는 작업 구조 | · 학습에 사용하는 데이터와 비즈니스 과제와의 일치 정도
· 데이터의 품질 확보
· 데이터의 특성 평가
· 비즈니스 과제(문제)에 대한 데이터 정의(가정 모델)의 복잡성
· 데이터의 입수 경로와 관리의 타당성
· 라벨과 정답값이 올바른지 여부 | · 교차검증과 일반화 성능 등에 사용하는 데이터의 독립성, 라벨 부여 규칙을 정하고, 세부 설계서에 기재한다. |
| 데이터, 모델, 소프트웨어에 대한 형상 관리 | · AI 제품 형상관리의 타당성
· 롤백 신속성 | · 데이터 취득연월일, 시간, 라인번호, 상황(이상 상황 등)에 라벨을 붙여 관리한다.
· "매개변수 내용" 파일에서 관리한다.
· 버전 지정하여 서버에서 관리한다.
· 개발 사양 작성시 새로운 사항이 있을 때마다 업데이트한다.
· 모델과 데이터를 연결하여 관리한다. |

다) 데이터 정의·평가

개발 과정에서 발견된 특이 데이터와 관련한 사항을 점검하고, 필요시 AI 모델이 재학습할 수 있도록 조치하고, 데이터를 수집하고 평가하는 프로세스에 대해서도 점검하여 운용시 시행착오가 발생하지 않도록 사전에 조치하는 것이 필요합니다. 또한, 데이터에 포함된 개인정보 또는 민감 정보 등을 확인하고, 데스트용 데이터의 타당성에 대해서도 재확인하는 활동이 중요합니다.

표 5-31 데이터 정의·평가 단계에서의 활동 관점과 사례

	품질보증 활동 관점	사례
특징(feature)량의 타당성 확인	· 학습에 사용하는 데이터와 비즈니스 과제와 의 일치 정도 · 데이터의 품질 확보 · 데이터의 특성 평가 · 비즈니스 과제(문제)에 대한 데이터 정의(가정 모델)의 복잡성 · 데이터의 입수 경로와 관리의 타당성 · 라벨과 정답값이 올바른지 여부	· 사용하는 특징(feature)량에 대해 학습 프로 그램 설계서에 기재하고 그 타당성을 거래 처에 설명했다. · [인과관계] 그 특징량이 과제 해결로 이어지 는지를 설명한다. · [특성] 독립성과 다중 공선성을 확인했다. · [비용] 요구사양의 정도를 만족할 수 있는 계 산속도로 되어있는지를 확인했다. · [다중 요건] 사용하는 특징량에 대해 고객에 게 설명하고, 소유권 및 저작권 · 지적재산 권, 기밀, 개인정보 등을 침해하지 않음을 확 인했다. · [온라인] 온라인 학습은 실시하지 않는다. · [특징량 추가] 운용중에 "필름 투입시 위치 틀어짐"을 감지할 수 없는 경우에는 분석하 여 특징량을 추가한다.
개발·운용시 데이 터 수집, 모델 평가 구조	· AI 제품의 개발에 대한 고객의 협조와 참여도 · AI의 학습에 필요한 데이터 양을 확보 · 교차검증과 일반화 성능 등에 사용하는 데 이터 확보 · 학습에 사용하는 데이터와 비즈니스 과제와 의 일치 정도 · 데이터의 품질 확보 · 데이터의 특성 평가 · 비즈니스 과제(문제)에 대한 데이터 정의(가 정 모델)의 복잡성 · 데이터의 입수 경로와 관리의 타당성 · 라벨과 정답값이 올바른지 여부 · 교차검증과 일반화 성능 등에 사용하는 데 이터의 독립성 · 학습 결과의 타당성 · 일반화 성능 목표 · 일반화 성능 측정 방법	· 개발 진행시 데이터를 수집하는 방법과 관 리 방법에 대해서는 요구사항 정의서, 기본 설계서에 의해 규정하고 운영시는 유지보수 계약서에서 규정한 바와 같이 진행한다. · 이를 통해 적절한 시기에 데이터를 수집하 고 모델을 평가하는 구조를 수립한다

운용시 모니터링, 롤백에 대한 대응	· 이상치에 대한 구조 타당성 · 여러 하위 시스템에서 얻은 데이터의 무결성 확인 · 측정 방법의 타당성 · 작업 후 시스템 동작의 타당성 · 운용시 수집하는 데이터 양을 고려 · AI 제품 개발에 대한 고객의 협조 · AI 제품 형상관리의 타당성 · 출시 계획의 타당성 · 롤백의 신속성	· 운용중에 PLC에서 데이터 취득 상황에 대한 모니터링, 변수의 상황이 가시화하도록 설계되어 있다. · 문제 발생시 롤백할 수 있도록 시스템과 모듈 등의 백업을 보관하고 있다.
데이터 프라이버시, 안전성	· AI 제품의 저작권과 지적재산권 등에 관한 계약 동의 · AI 제품의 저작권과 지적재산권 등에 관한 이해도 · AI 사용하는 고객 데이터 보안의 수준, 정보 공개 범위, 취급 제한의 명확화 · AI 제품에 포함된 데이터의 권리에 관한 동의 · 여러 하위 시스템에서 얻은 데이터의 무결성 확인 · AI 제품에 대한 위험 예측의 타당성 · AI 제품에 대한 안전성 확보 · 이상 출력을 방지하는 제어 메커니즘의 확보 · AI 제품에 대한 무결성(고장이나 이상을 탐지·진단하고 복구하는 능력)을 확보 · 학습에 피드백할 데이터의 안전성 확보 · AI 제품의 안전 작동의 타당성	· 사전 비밀유지 계약서, 각서, 요구사항 정의서 등에서 명문화하고 있다. - 거래처에 사용하는 특징량을 설명하고 동의를 얻었다. - 사용하는 데이터는 관계자 외에는 서버에 접근하지 못하고, 패스워드를 설정하여 관리하고 있다. - 개인 데이터를 갖고 있지 않기 때문에 익명화하지 않는다.
평가 데이터(테스트용 데이터)의 타당성 확인	· 학습에 사용하는 데이터와 비즈니스 과제와의 일치 정도 · 데이터의 품질 확보 · 데이터의 특성 평가 · 비즈니스 과제(문제)에 대한 데이터 정의(가정 모델)의 복잡성 · 데이터의 입수 경로와 관리의 타당성 · 라벨과 정답값이 올바른지 여부 · 학습 결과의 타당성 · 학습 과정의 타당성 · 검증용 데이터의 타당성	· 연속 가동으로 1,000회 작동분에 대한 검증을 실시했다. · 금액으로는 충분하지만, 이상시 작동은 작위적이기 때문에 불충분할 수도 있다. 적시에 추가한다 - PoC에서의 데이터 정의를 재확인하고 다시 정의했다. - 평가 데이터의 유효성 테스트를 실시하면서 검증했다.

라) 효과·위험 평가

이 단계에서는 P1~P3 컴포넌트 개발 과정을 회고하고 테스트와 평가 측면에서 유의해야 할 사항을 점검하는 활동이 필요합니다. 즉, AI 컴포넌트 동작 검증을 위한 방법의 적절성, 결과 판정과 관련된 사항, 안전성, 무결성, 성능 평가 방법의 타당성 등을 확인하는 것이 필요합니다.

표 5-32 효과·위험 평가 단계에서의 활동 관점과 사례

	품질보증 활동 관점	사례

AI 컴포넌트의 동작 검증을 위한 방법 선택(돌연변이 테스트, 메타몰픽 테스트, 통계적 평가 등)	· AI 구조의 타당성
	· 검증용 데이터의 타당성
	· 측정 방법의 타당성
	· 작업 후 시스템 동작의 타당성
		· 사전 특징량 분석 결과에 따라 타당성, 필요충분성을 고객에게 설명하고 동의를 받아야 한다.
		  - 판정 기준도 그래프에 의해 한계를 명시하여 거래처의 동의를 받았다.
		· 데이터를 N 분할하여 교차검증을 실시했다.
		  - 1 변수, 1 특징량의 경우와 비교하고 있다.
		· 알고리즘 선택 근거, 하이퍼 파라미터 설정 근거를 고객에게 설명한다.
		· 학습에 의해 모든 하이퍼 파라미터 변수를 얼마나 조정했는지를 확인한다.

잘못된 판정, 예상치 못한 동작 확인 및 운용 방법과의 일치	· 교차검증과 일반화 성능 등에 사용하는 데이터의 독립성 · 이상치에 대한 구조의 타당성 · AI 제품에 대한 위험 예측의 타당성에서 벗어난 값은 P1에서 제외하고 AI 컴포넌트의 입력으로 할 것	· 벗어난 값은 P1에서 제외하고 AI 컴포넌트에 대한 입력으로 한다. · 출력 이상치 제거에 대한 거동을 확인한다. · 이러한 사항은 위험관리 테이블에 기재되어야 한다.
시스템 안전성에 대한 평가	· AI 제품에 대한 위험 예측의 타당성 · AI 제품에 대한 안전성 확보 · 이상 출력을 방지하는 제어 메커니즘의 확보 · AI 제품에 대한 무결성(고장이나 이상을 탐지·진단하고 복구하는 능력)을 확보 · 학습에 피드백할 데이터의 안전성 확보	· 이번 시스템에 대해서는 AI 제품이 시스템에 영향을 주지 않도록 한다. · 이상치 입력과 이상치 출력 때의 행동을 평가한다. · '필름 투입시 위치 틀어짐'의 판단을 할 수 없는 이상 출력의 경우에는 이상 출력을 제시하고 운영자의 판단에 따라 결정한다. · 입력 데이터에 이상치가 들어간 경우 경고를 표시한다.

| 예측 정확도와 실행 성능에 대한 평가 | · 학습 결과의 타당성
· 일반화 성능 목표
· 일반화 성능을 측정하는 방법
· AI 노이즈 내성(견고성)의 타당성
· 작업 후 시스템 동작의 타당성 | · 학습 결과에 대한 데이터 평가 결과를 제공하여 고객에게 타당성을 설명한다.
· 일반화 성능과 견고성에 대해 설명하고 운영 후 동작 보장에 대해서도 언급한다.
· 예측 품질 데이터를 시각화하여 성능 저하를 감시한다. |

③ AI 컴포넌트 개발

가) 학습용 데이터 설계

AI 컴포넌트 개발 단계에서 데이터는 중요한 항목입니다. 데이터에 대한 확인사항으로는 학습용 데이터가 실제 데이터의 특성을 반영하고 있는지(유효성, 신뢰성 등), 데이터 정제와 주석 및 라벨링의 정확성, 테스트용 데이터의 수량 및 품질 등에 적절성이 있는지 확인해야 합니다.

표 5-33 학습용 데이터 설계 단계에서의 활동 관점과 사례

	품질보증 활동 관점	사례
학습 대상 데이터의 유효성 확인	· 실제 데이터 특성의 타당성 · 고려한 실제 데이터 모델과 실제 데이터의 특성 분석	· 학습에 사용하는 데이터의 타당성에 대해 분석한다. · 데이터 클렌징을 할 때 왜 그렇게 된 것인지 사유를 기재하고 고객에게 설명, 동의를 받아야 한다.
어노테이션과 라벨링의 정확성 확인	· 학습에 사용하는 데이터와 비즈니스 과제와의 일치 정도 · 데이터의 품질 확보 · 데이터의 특성 평가 · 비즈니스 과제(문제)에 대한 데이터 정의(가정 모델)의 복잡성 · 데이터의 입수 경로와 관리의 타당성 · 라벨과 정답값이 올바른지 여부	· 취득 데이터와 사용 데이터에 대해 정밀 조사를 실시했다.

평가 데이터 (테스트용 데이터)의 타당성 확인	· 교차검증과 일반화 성능 등에 사용하는 데이터의 독립성 · 실제 데이터 특성의 타당성 · 고려한 실제 데이터 모델과 실제 데이터의 특성 분석	· 교차검증과 일반화 성능 평가시 데이터의 독립성을 확인했다.
데이터 정제, 수량 증가시 데이터 생성 방법의 적절성	· AI의 학습에 필요한 데이터 양을 확보 · 교차검증과 일반화 성능 등에 사용하는 데이터의 확보 · 학습에 사용하는 데이터와 비즈니스 과제와의 일치 정도 · 데이터의 품질 확보 · 데이터의 특성 평가 · 비즈니스 과제(문제)에 대한 데이터 정의(가정 모델)의 복잡성 · 데이터의 입수 경로와 관리의 타당성 · 라벨과 정답값이 올바른지 여부	· 데이터 정제, 수량 증가, 데이터 생성 방법에 대한 자세한 내용을 설계서에 기재하고, 그 이유를 포함하여 고객에게 설명했다.

나) AI 컴포넌트 구현

AI 컴포넌트 구현 단계에서는 알고리즘의 하이퍼 파라미터 조정 과정과 결과에 대한 적절성을 확인하는 것이 가장 중요한 관점입니다. 이를 위해서는 하이퍼 파라미터에 대한 조정 사항을 설계서에 명시하는 것이 필요합니다. 학습용 데이터의 품질 확인과 결과 문서화가 필요합니다.

표 5-34 AI 컴포넌트 구현 단계에서의 활동 관점과 사례

	품질보증 활동 관점	사례
하이퍼 파라미터 선택의 타당성 확인	· AI 구조의 타당성	· 학습용 데이터를 사용하여 하이퍼 파라미터 조정을 실시하고, 그 타당성을 상세 설계서에 기재하고, 거래처에 설명해 동의를 받았다.

| 입력 데이터에 대한 가공 처리의 타당성 확인(알고리즘별) | · 학습에 사용하는 데이터와 비즈니스 과제와의 일치 정도
· 데이터의 품질 확보
· 데이터의 특성 평가
· 비즈니스 과제(문제)에 대한 데이터 정의(가정 모델)의 복잡성
· 데이터의 입수 경로와 관리의 타당성
· 라벨과 정답값이 올바른지 여부 | · 입력 데이터의 가공 처리(이동 평균, 이상치 제거 등)에 대해 명확히 하고 상세 설계서에 기재하고, 검증을 거쳐 타당성을 확인한다. |

다) AI 모델 개발

AI 모델 개발 단계에서는 학습용 데이터와 알고리즘(레이어와 하이퍼 파라미터)과의 관계를 조합하여 형상관리를 하는 것이 대단히 중요합니다. '학습용 데이터 버전＋알고리즘 버전＋결괏값'의 형태로 개발 과정의 정보를 기록하고 유지하는 것이 개발 과정에서 시행착오를 예방할 수 있습니다. 물론 각 버전에는 각 버전을 구성하는 형상항목이 식별되어야 할 것입니다.

표 5-35 AI 모델 개발 단계에서의 활동 관점과 사례

	품질보증 활동 관점	사례
학습 방법의 타딩싱	· AI 구조의 타당성	· 학습 방법은 수시로 결과를 검증하여 합리적으로 선정했다.
학습용 데이터와 하이퍼 파라미터 등의 형상관리	· AI 구조의 타당성 · AI 제품 형상관리의 타당성 · 출시 계획의 타당성 · 롤백의 신속성	· 학습용 데이터는 취득연월일, 시간, 라인번호, 상황(이상 상황 등)에 라벨을 붙여 관리한다. · 모델 데이터와 하이퍼 파라미터 등을 상호 연결지어 관리한다. · 이러한 정보는 요구사항 정의서, 기본 설계서, 상세 설계서에 기재한다.

라) 모델 평가

AI 모델 자체가 가진 블랙박스(black box) 특성을 이해관계자에게 최소한 설명가능한 상태로 만들기 위해서는 학습과 알고리즘 조정, 결괏값의 관계를 평가 과정에서 가능한 구체적으로 문서화하는 것이 필요합니다. 이런 자료가 정리되어 있어야 모델을 개발할 때에도 효율적인 개발이 가능하고, 이해관계자가 AI 모델의 출력값에 대한 이해도를 높일 수 있는 데 기여할 수 있기 때문입니다.

표 5-36 모델 평가 단계에서의 활동 관점과 사례

	품질보증 활동 관점	사례
학습에서 예측까지의 내부 상태의 변화 관찰 가능 여부	· AI 구조의 타당성	· 개발중 데이터 취득 상황, 내부 변수 상황이 가시적으로 나타나도록 설계한다. · 정기적으로 데이터 로그를 수집하고, 탐지율을 분석하고, 필요하다면 모델을 업데이트한다.
기대하는 예측 정확도 대비 실제 값을 확인	· 학습 결과의 타당성 · 일반화 성능 목표 · 일반화 성능 측정 방법 · 학습 과정의 타당성	· 사전에 목표와 확인 방법을 설정하고 효과를 확인했다. · 일반화 성능을 명시하고, 그것을 고려하면서 정확성을 높여 탐지율 90 % 이상을 목표로 했다
환경의존성과 설명가능성에 대한 대응 가능 여부	· AI 제품 설명가능성	· AI 제품에 사용된 데이터를 설명하고, 모델의 내용과 결과를 고객에게 설명하고 동의를 받았다. 　- 궁극적으로 고객에게 설명해야 한다는 점을 의식하고 모델 개발을 수행하는 것이 중요하다.

3) 운용 단계 품질보증 사례

① 출시

출시를 앞둔 상태에서는 출시 후 문제 발생시 신속하게 롤백이 가능한 상태가 보장이 되는지 확인하는 것이 중요합니다. 컴포넌트에 대한 형상관리 정보가 유지되고 관리되고 있어야 가능한 사항이므로, 개발 단계에서부터 '데이터 - 각 구성 컴포넌트(AI 모델) - 결괏값'의 조합 형태로 형상관리 자료를 항상 기록하고 유지하는 것이 반드시 필요합니다.

표 5-37 출시 단계에서의 활동 관점과 사례

	품질보증 활동 관점	사례
출시 후 문제 발생시 피해를 최소화	· 출시 계획대로 출시 · 롤백의 신속성	· 업데이트 버전 출시 시기를 고객사에 제시했다. · 문제 발생시 롤백할 수 있도록 시스템과 모듈 등의 백업을 보관하고 있다.

② 운용 효과 사전 평가

운용 효과 사전 평가는 출시했을 때 개발시 고려한 효과를 운용 환경에서 얻을 수 있을지 여부를 사전에 점검하는 것을 의미합니다. 최초에 의도한 비즈니스 목적이 달성되는 데 장해 요소가 없는지 확인하는 활동이 필요합니다. 대표적인 예를 들자면, 시스템이 배치될 현장의 관련 인원이 변화에 대한 이해도가 충분한지 등이 될 것입니다. 아울러 시스템 운용 상태를 모니터링할 수 있는 제반 여건이 충족되는지 확인하는 것도 필요합니다.

표 5-38 운용 효과 사전 평가 단계에서의 활동 관점과 사례

	품질보증 활동 관점	사례
환경의존성에 대 한 조정·평가 시간 을 고려한 출시 간 격, 개발시 고려한 효과를 운용 환경 에서 얻을 수 있을 지 여부	· AI에 의한 비즈니스 과제 해결 만족도 · AI의 성능 유지에 대한 지속적인 개선 에 대한 이해도 · 운용 후 개선 검증 방법에 대한 이해도 · AI 제품에 대한 고객 가치 · 계획에 의거한 출시 · 롤백의 신속성 · 현장에서는 충분히 납득하고 있는지 여부 · 계획에 따라 업데이트할 수 있는지 여부	· 납품 후 운영 규칙(모니터링 방법과 검증 방법 개 선 정책 등)을 정하고 고객의 동의를 받아야 한다. · 이번 건은 납품 후 고객의 검토 기간을 마련하고, 그 기간 내에 필요한 경우 기능 개선을 실시하는 것으로 한다.

③ 모니터링

이 단계는 시스템을 운용하면서 특이사항 발생 여부를 모니터링하는 것을 의미합니다. 데이터의 무결성과 이상치 여부, 동작의 타당성 등의 발생 여부를 지속적으로 확인해야 합니다.

표 5-39 모니터링 단계에서의 활동 관점과 사례

	품질보증 활동 관점	사례

입력과 출력을 모니터링하고 이상 발생 여부를 확인	· 운용중인 데이터 경향의 변화에 대한 고객의 이해
	· 이상치 모니터링
	· 데이터 무결성 모니터링
	· 작업 후 시스템 동작의 타당성
	· 개발시 데이터와 운영시 데이터 간 특성 차이
	· 작업 후 시스템 동작의 타당성
	· 운용중인 데이터의 양 모니터링과 제어
		· 납품 후 운영 규칙(모니터링 방법 및 검증 방법 개선 정책 등)을 정하고 고객의 동의를 받아야 한다.
		· 이번 건은 다음과 같이 한다.
		  - 입력 데이터에 이상치가 들어간 경우 경고를 표시한다.
		  - 운용중에는 개발시 사용한 것과 같은 방법으로 각종 데이터를 관리하는 구조를 가져야 한다.

④ 성능·용량 모니터링

이 단계는 시스템을 운용하면서 시스템이 과거에 학습하지 못한 데이터가 입력됨으로써 시간 경과에 따른 손실함수 발생 여부를 확인하는 것을 의미합니다. 아울러 데이터 등이 적절한 방법으로 저장되고 있는지도 확인이 필요합니다.

표 5-40 성능·용량 모니터링 단계에서의 활동 관점과 사례

	품질보증 활동 관점	사례
로그 데이터와 용량, 개인정보 보호, 안전성 등을 고려한 저장 방법의 적절성	· 운용중인 데이터 경향의 변화에 대한 고객의 이해 · 운용 후 개선된 AI 제품의 저작권과 지적재산권 등에 관한 계약 동의 · 운용 데이터의 필요성 · 데이터 특성 평가 · 학습에 피드백할 데이터의 안전성 확보 · 추론에 사용하는 데이터의 안전성 확보 · AI 제품의 안전 작동의 타당성	· 예측 품질 데이터를 시각화하여 성능 저하를 감시한다. · 정기적으로 데이터 로그를 수집하고 탐지율을 분석, 필요하다면 모델을 업데이트, 고객에게 업데이트 내용을 설명하고 동의를 받아야 한다.

⑤ 문제대응/유지보수

운용 중 문제 발생으로 인해 시스템을 유지보수하게 되는 경우에는 개발환경, 검증환경에서 재현가능 여부를 확인하는 것이 중요합니다. 필요시 롤백을 할 때에도 품질이 보장될 수 있도록 관련 사항을 점검하는 것이 필요합니다.

표 5-41 문제대응/유지보수 단계에서의 활동 관점과 사례

	품질보증 활동 관점	사례
개발 환경과 검증 환경에서 도 재현가능 여부를 확인	· 운용시 교차검증 방법을 정의하여 요구사항으로 명문화하고 리스크 관리 시점에서 명문화한 후 지원 체제(책임의 소재 및 완화 조치 등)를 결정하고, 유지보수 계약을 체결한다.	· 개발 환경과 실제 환경에서 동일한 PLC를 통해 실제 환경 데이터로 검증을 실시한다. - PLC 펌웨어 버전은 모두 동일했다. - 알고리즘 개발 언어는 모두 동일했다. · 이상이 발생한 경우, 롤백시 품질을 보장하는 것에 대한 동의를 받아야 한다.

⑥ 인프라 업데이트/확장

인프라를 업데이트하거나 확장이 필요할 때를 대비하여 관련 자원(GPU, HDD, 네트워크 등)이 필요에 따라 확장 가능한지 여부를 사전에 점검하는 것이 필요합니다.

표 5-42 인프라 업데이트/확장 단계에서의 활동 관점과 사례

	품질보증 활동 관점	사례
자원(GPU, HDD, 네트워크)이 필요에 따라 확장 가능한지 여부를 확인	· 운용중인 데이터의 양 모니터링과 제어	· 인프라 업데이트 확장에 대한 정책을 명문화하고 동의를 받아야 한다. · 이번 업데이트에서는 확장하지 않고 시스템 하드웨어 업데이트시 하기로 별도 계약을 체결했다.

⑦ 모델·학습용 데이터 형상관리

운용 모니터링 결과를 피드백받아서 필요시 '재학습-모델 업데이트'의 단계를 반복해서 진행할 수도 있으므로 운용 단계에서도 '데이터-각 구성 컴포넌트(AI 모델)-결괏값'의 조합 형태로 형상관리 자료를 항상 기록하고 유지하는 것이 반드시 필요합니다.

표 5-43 모델·학습용 데이터 형상관리 단계에서의 활동 관점과 사례

	품질보증 활동 관점	사례
모델과 실제 구성 데이터를 조합하여 형상관리	· 형상관리 타당성 · OS 업데이트	· 하드웨어 유지보수는 PLC 유지보수 계약에 따른다. · 모델과 형상 데이터의 조합으로 라벨을 붙여 관리한다.

⑧ 사고 대응

사고에 대응하기 위해 관련 데이터를 수집하고 분석할 수 있는 환경이 보장되는지 여부를 확인하는 것이 필요합니다.

표 5-44 사고 대응 단계에서의 활동 관점과 사례

	품질보증 활동 관점	사례
확률적 행동을 근거로 조사·수정 등의 필요성을 판단	· 운용중 지속적인 고객의 협력·참여 　현장에서 충분히 인지하고 있는지 여부	· 운용중인 데이터 수집 등과 관련하여 고객에게 동의를 받았다.
고객의 지식에 의한 추론과 다른 결과·빈도에 대한 설명	· 확률적 동작에서 출력된 결과의 위험 허용 · 운용중인 데이터의 경향 변화에 대한 고객의 이해 · 현장에서 충분히 납득하고 있는지 여부	· 사고 발생시 데이터를 수집하고 분석할 수 있는 환경을 유지한다 · 유지보수 계약서에 사고 발생시에는 즉시 데이터를 분석하고 설명할 것을 명문화하고 동의를 받아야 한다.

⑨ 모델 업데이트

AI 시스템의 성능을 개선하기 위해 모델의 업데이트는 지속적으로 발생하게 됩니다. 이를 위해 데이터 추가와 데이터 망실(모델 롤백), 특징(feature)량 추가, 훈련 알고리즘 변경을 위한 작업 환경이 보장되는지 사전에 확인하는 것이 필요합니다.

표 5-45 모델 업데이트 단계에서의 활동 관점과 사례

	품질보증 활동 관점	사례
데이터 추가와 데이터 망실(모델 롤백), 특징(feature)량 추가, 훈련 알고리즘 매개변수의 변경 검토	· AI 성능 유지에 필요한 지속적인 개선에 대한 이해도 · 운용 후 개선 검증 방법에 대한 이해도 · 재학습시 손실함수 허용치 · 개발된 연구 결과 반영 · 현장에서 충분히 납득하고 있는지 여부	· 모델 변경(롤백)은 용이했다. · 데이터 추가, 특징량 추가시에는 재해석과 모델 재개발이 필요함을 설명하고 고객의 이해를 구하였다.

부록

인공지능 데이터 품질 표준

1 적용 범위

인공지능 데이터 품질 표준안은 인공지능 학습용 데이터의 구축과정 전반에 필요한 일반 요구사항을 규정하고 있다.

2 관련 규격

관련 규격은 해당 최신본 상태로 유지한다.

- 2.1 TTAK.KO-10.1208, 자율주행 자동차의 객체 인식기술에 필요한 도로상 데이터의 객체 분류체계
- 2.2 ETRI 전사규칙, 2019년 5월 8일, 버전 1.0, 음성지능연구그룹
- 2.3 IITP 간판 글자 인식 이미지 어노테이션 가이드라인, 2020년 5월 18일, 버전 0.8
- 2.4 TTAK.KO-10.0010/R1, 형태소 태깅 말뭉치 작성용 품사 태그세트
- 2.5 TTAK.KO-10.0852, 개체명 태그세트 및 태깅 말뭉치
- 2.6 TTAK.KO-10.0853, 의존 구문분석 말뭉치 구축을 위한 의존관계 태그세트 및 의존 관계 설정 방법
- 2.7 TTAK.KO-10.1098, 오픈 도메인 자연어 질의 응답을 위한 질문 분석 메타데이터
- 2.8 TTAK.KO-10.0904/R1, 지능형 CCTV 영상분석 시스템 경보 기록 방법
- 2.9 공공데이터 공통 표준용어(행정안전부)

3 용어 정리

- 3.1 인공지능(Artificial Intelligence)

  추론과 학습 등의 인간 지능과 관련된 기능을 수행하는 기능요소

  * 참조: ISO/IEC 2382-28:1995

- 3.2 머신러닝(Machine Learning)

  기능요소가 기존의 지식과 기술을 재구성하거나 새로운 지식과 기술을 습득하여 성능을 향상시키는 프로세스

  * 참조: ISO/IEC 2382-28:1995

- 3.3 인공지능 학습용 데이터

  인공지능이 학습을 통해 성능을 향상시키는 데 활용되는 데이터로 해당 기능목적에 알맞은 형태와 내용으로 구성된 데이터임

- 3.4 원시 데이터(Raw Data)

  원천 데이터(source data)가 정제 과정을 거쳐 데이터 라벨링 용도로 사전 작업이 완료된 데이터를 지칭하며 데이터 라벨링 작업에 직접적으로 투입되는 데이터임

  * 일반적으로 원시 데이터는 원천 데이터와 동일한 의미로 사용되는 용어이나 인공지능 학습용 데이터 구축 사업에서는 데이터 라벨링 이전과 이후 단계의 데이터를 구분하고자 상기와 같은 의미로 사용

- 3.5 데이터 라벨링(Data Labeling)

  인공지능이 학습에 활용할 수 있도록 기능목적에 적합한 설명정보 데이터를 원시 데이터에 추가 부착하는 과정을 총칭

[용어사용 예시] 텍스트 데이터 라벨링, 이미지 데이터 라벨링, 동영상 데이터 라벨링 등

- 3.6 어노테이션(Annotation)

  데이터 라벨링시 원시 데이터에 추가 부착되는 설명정보 데이터는 기능목적에 따라 다양한 형태로 표현될 수 있으며 이러한 설명정보 표현방식을 지칭

[용어사용 예시] 사물 바운딩박스 어노테이션, 클래스 라벨 어노테이션 등

- 3.7 인공지능 데이터 품질

인공지능 기술(모델 및 알고리즘)에 활용되는 데이터가 다양성과 정확성, 유효성 등을 확보하여 사용자에게 유용한 가치를 줄 수 있는 수준을 의미

4 일반 요구사항

- ## 4.1 원시 데이터 적합성

  ### 4.1.1 다양성(Diversity)

  활용목적을 달성할 수 있도록 인공지능이 처리해야 하는 실제 세상의 데이터와 유사한 특성과 변동성을 가진 데이터로 구성하도록 한다. 이때 다음의 요소를 반드시 고려한다.

  1) 포괄성(Coverage)

  사물과 사람, 장소, 시간, 환경, 언어 특성 등 학습에 유용한 모든 특성정보를 포함할 수 있도록 한다.

[예시] 자율주행 데이터는 위치정보(GPS), 촬영시간, 도로종류, 차량속도 등 포함

[예시] 어류행동 데이터는 동영상 외에 생육단계, 수질정보 등 포함

[예시] 음성 데이터는 발화자의 연령과 성별, 지역정보 등 포함

  2) 변동성(Variation)

  사물과 사람, 장소, 시간, 환경, 언어 등 데이터 특성정보가 학습에 유용한 범위에서 다양하게 변화하여야 한다.

[예시] 자율주행 동영상은 넓은 범위의 지역을 대상으로 낮과 밤, 우천, 눈 등 조건하에서 도심도로와 고속도로, 외곽/시골도로를 중심으로 저속과 중속, 고속 주행환경에서 촬영

  ### 4.1.2 신뢰성(Trustworthiness)

  원시 데이터는 반드시 신뢰할 수 있는 출처로 부터 획득해야 한다.

  ### 4.1.3 충분성(Sufficiency)

  카테고리와 인스턴스는 학습에 유용한 수량이어야 한다.

[예시] MS COCO 데이터 세트는 객체당 5,000개 이상 인스턴스 수집

4.1.4 균일성(Uniformity)

분류/탐지/인식/이해/예측 카테고리별 인스턴스 수량의 균일성 및 비율을 고려해야 한다.

4.1.6 사실성(Reality)

원시 데이터를 인위적인 환경과 조건하에 획득해야 하는 경우 반드시 실제 환경과 상황 특성을 반영할 수 있도록 한다.

4.1.7 편향성(Bias)

지역적 편견과 사회적 편견, 인종적 편견 등 의도가 없을지라도 데이터 내에 포함될 수 있는 편향된 데이터를 제거해야 한다.

- ### 4.2 원시 데이터 속성

4.2.1 파일 포맷

대중적으로 널리 사용되는 대표적인 파일 포맷을 사용한다.

[예시] 데이터 유형별 권장 파일 포맷

데이터 유형	파일 포맷	비고
이미지	JPG, PNG	의료 등 전문분야의 경우 해당 분야의 표준 준수
동영상	MP4	무압축 방식으로 프레임 이미지 시퀀스의 묶음 형태
오디오	WAV	
텍스트	-	UTF-8 엔코딩 준수
정량수치	CSV	산업용 센서의 경우 해당 분야의 표준 준수
로그	JSON	웹표준 준수

4.2.2 동영상/이미지 해상도

동영상 데이터의 경우 가로와 세로 픽셀수로, 이미지 데이터는 가로와 세로 픽셀수, 인치당 픽셀수 밀도로 표시한다.

[예시] 동영상(1080p Full HD)1920x1080, 이미지 60x60@144PPI

4.2.3 동영상 프레임 레이트(Frame Rate)

동영상 데이터의 경우 1초당 사용되는 이미지가 몇 장인지 초당 프레임 수를 표시한다.

[예시] 30 fps(frame per second), 60 fps(frame per second)

4.2.4 동영상/이미지 컬러 심도

동영상이나 이미지의 색 깊이는 픽셀당 비트 수로 표시한다.

[예시] 픽셀당 16,777,216색(24bit), 256색(8bit), 2색(1bit) 등으로 표현 가능

4.2.5 텍스트/음성 문장의 어절 수

기본 단위가 되는 문장의 어절 수가 너무 짧거나 길지 않아야 하며, 문어체의 경우 평균 15어절, 구어체(대화)의 경우 평균 5어절 범위에서 설정한다.

- ### 4.3 원시 데이터 품질관리

4.3.1 적합성

다양성과 신뢰성, 충분성 등 원시 데이터 적합성 기준에 부합할 수 있도록 데이터 획득과 정제 계획을 마련해야 한다.

[예시] 충분성 기준: 클래스별 최소 1,000개의 인스턴스 획득

4.3.2 기술 규격

파일 포맷과 해상도 등 사전에 정한 원시 데이터 속성 기준을 준수해야 한다.

- ### 4.4 데이터 라벨링 품질관리

4.4.1 구문정확성 품질기준 수립

구문정확성에 대한 측정지표와 목표치를 설정하고 주기적인 자체평가를 통해 점검하고 그 결과를 품질개선 활동에 반영해야 한다.

[예시] 라벨링 데이터 구조(형식/값)의 오류율 0.1% 미만

4.4.2 의미정확성 품질기준 수립

의미정확성에 대한 측정지표와 목표치를 설정하고 주기적인 자체평가를 통해 점검하고 그 결과를 품질개선 활동에 반영해야 한다.

[예시] 바운딩박스 정밀도(95%), 재현율(85%), 근거 - MS COCO, 구글 오픈 이미지 세트

    4.4.3 자체 검증

    정확성을 자체평가하기 위한 어노테이션 상세방법과 예시를 포함되어 있는 지침을 마련하고 검증계획을 수립해야 한다.

[예시] 자율주행 영상에서 객체 바운딩박스 작업 지침

- 4.5 인공지능 활용 품질관리

    4.5.1 유효성

    1) 머신러닝 유효성 달성 목표를 수립하고 관리해야 한다.

    2) 잘 알려진 최신의 머신러닝 알고리즘 또는 자체 알고리즘을 활용한다.

    3) 유효성에 대한 측정지표와 목표치를 설정해야 한다.

[예시] 질의응답 F1-score(90점), 근거 - SQuAD2의 리더보드는 2019년 11월말 이후 최저 성능이 F1-score 90.037임

    4) 데이터 세트는 train/validation/test로 분할하되, 분할된 각각의 데이터 세트가 전체 데이터 세트와 유사한 분포를 갖도록 해야 한다.

[예시] 총 데이터 세트 100만개 중 train 70만개, validation 10만개, test 20만개

[예시] 자율주행 데이터의 경우 획득한 날짜별로 구분하여 서로 다른 날짜에 촬영한 데이터를 각각 train과 validation으로 구분

- 4.6 데이터 보안과 관리

    4.6.1 데이터 라벨링을 크라우드 소싱 방식으로 작업하는 경우 개인정보 유출과 데이터 도용을 방지하기 위한 보안정책을 수립하고 자체 보안점검을 실시해야 한다.

    4.6.2 데이터 세트에 대한 정보 검색을 제공하기 위해 메타데이터를 관리해야 한다.

    4.6.3 데이터 세트에 대한 버전을 관리해야 한다.

5 데이터 구축 요구사항

- 5.1 데이터 획득

5.1.1 다음 사항을 포함하여 법적·제도적 규정 등을 준수해야 한다.

1) 개인정보가 포함된 데이터는 수집시 반드시 수집에 대한 동의뿐만 아니라 활용과 제3자 제공 등에 대한 동의를 받아야 한다.

2) 보안시설과 공공시설 등 출입허가가 필요한 구역에서는 해당 관공서의 사전허가를 득해야 한다.

3) 데이터 획득 장비 설치와 이용시 사전 허가가 필요한 경우 반드시 사전허가를 득해야 한다.

4) 데이터 획득 과정중 발생할 수 있는 각종 안전과 사고위험을 사전에 충분히 인지하고 해당 업무인원에게 사전 안전교육을 실시해야 한다.

5) 의료 데이터의 경우 IRB(의학연구윤리심의위원회)와 데이터 공개에 대한 해당 기관의 동의를 득해야 한다.

6) 지적재산권 이슈가 있는 경우 반드시 해결방안을 마련해야 한다.

5.1.2 획득환경의 사실성

원시 데이터를 인위적인 환경과 조건하에 획득해야 하는 경우 반드시 실제 환경과 상황 특성을 최대한 반영할 수 있도록 데이터 획득용 수집 장치 선정과 수집 환경구성시 해당 분야의 최신의 실제적인 설치·운용·활용 사례와 참조 방법을 벤치마킹해야 한다. 이때 획득 장비와 환경 구성에 대한 내용을 반드시 명시해야 한다.

[예시] 자율주행 동영상 촬영시 차량전용 ADAS 카메라를 실제 운용되고 있는 자율주행차와 최대한 동일한 방식으로 카메라 배열과 해상도 조정, 촬영 각도 설정

[예시] CCTV 영상 촬영시 CCTV 카메라를 해당 지역 실제 CCTV 카메라와 동일한 구도(설치 위치(높이), 화각)로 촬영

5.1.3 획득대상의 사실성

원시 데이터를 인위적인 환경과 조건하에 획득해야 하는 경우 반드시 실제 환경

과 상황 특성을 최대한 반영할 수 있도록 데이터 획득용 수집 장치 선정과 수집 환경구성시 해당 분야의 최신의 실제적인 설치·운용·활용 사례와 참조 방법을 벤치마킹해야 한다.

[예시] 스튜디오에서 사물촬영시 해당 사물이 가질 수 있는 다양한 형태 고려

5.1.4 일관성

원시 데이터를 인위적인 환경과 조건하에 획득해야 하는 경우 해당 환경과 조건은 일관성을 가져야 함

5.1.5 동기화

다중 소스 원시 데이터의 경우 소스 동기화가 반드시 필요하다.

[예시] 자율주행 또는 CCTV 동영상의 멀티카메라 촬영영상은 시간동기를 맞추어야 함

[예시] 오디오와 영상을 동시에 획득하는 경우에 소스 동기화

5.1.6 편향성 방지

데이터 획득 계획 수립시 의도하지 않은 데이터 편향성이 발생하지 않도록 하기 위한 방안을 마련해야 한다. 단, 특수 상황에서 데이터의 집중 수집이 필요한 경우는 편향성 고려대상이 아니다.

[예시] 자율주행 영상이 일부 지역에서 반복 촬영되어 지역적 편향성이 발생할 수 있음

[예시] 자율주행의 경우, 사고다발지역인 교차로 인근 등에서 예외적으로 많은 데이터를 수집할 수 있음

- **5.2 데이터 정제**

5.2.1 정제 기준

데이터 구축 목적에 알맞은 데이터를 선별하기 위한 명확한 기준을 수립하고 기준미달 또는 불량 데이터를 효과적으로 제거할 수 있는 방법을 수립해야 한다.

[예시] MS COCO 데이터 세트는 사물 이미지를 ①하나의 사물 등장 ②배경으로서의 사물 ③복수 개 사물이 등장하는 3개 그룹으로 분류하고, 복수 개 사물이 등장하는 이미지만 선별

[예시] 음성대화 내에 두 화자의 발성 외에 오디오 신호가 녹음된 경우 삭제

    5.2.2 중복성 방지

    유사한 데이터를 제거하거나 특성이 드러나지 않는 데이터를 제거하는 등의 적절한 정제 과정을 거쳐야 한다.

[예시] 사물 이미지의 경우, 동일한 사물을 조명과 각도 등을 달리하여 과도하게 반복 촬영된 경우에는 중복 제거

[예시] 자연어 데이터 수집시 동일 단어가 일정 비율을 넘지 않도록 제한

    5.2.3 비식별화

    개인정보와 민감정보를 포함하는 경우 적절한 방법으로 비식별화 처리하되, 비식별화로 인한 정보의 손실이 발생하여 데이터의 활용 목적을 달성할 수 없는 경우가 생기지 않도록 주의한다.

[예시] 자율주행 동영상 내 동의받지 않은 차량번호, 사람얼굴은 비식별 처리하고 성적차별 발언 등 민감정보는 제거

- **5.3 데이터 라벨링**

    5.3.1 어노테이션 유형 선택시 다음 사항을 고려해야 한다.

    1) 머신러닝 목적에 부합하는 단일 또는 복수 어노테이션 방식을 적용해야 한다.

[예시] 세그멘테이션과 키포인트 어노테이션이 필요한 임무에 단순 바운딩박스 어노테이션 적용 지양

    2) 이미지/동영상 어노테이션 데이터 포맷은 참조할 수 있는 사실상 표준 데이터 포맷이 있는 경우 하위 호환성 확보가 가능하도록 해당 포맷을 준용한다.

[예시] PASCAL VOC 데이터 세트의 XML 포맷, MS COCO 데이터 세트의 JSON 포맷

    3) 어노테이션 데이터 포맷은 JSON을 사용하고 필요시 XML을 사용할수 있다.

    4) 카테고리 라벨링과 바운딩박스, 세그멘테이션, 키포인트 작업시 MS COCO 데이터 세트의 어노테이션 포맷 권고

    5.3.2 분류체계

라벨링 대상 객체들의 종류는 향후 다양한 데이터 세트들과 통합하여 재처리가 가능하도록 객체에 대한 분류체계를 제공해야 하며, 이때 분류 기준은 연관성 있는 각종 법령과 표준을 참조하도록 한다.

5.3.3 데이터 라벨링 작업에 필요한 라벨링 규격은 다음의 사항을 반드시 포함해야 한다.

1) 라벨 정의: 라벨 유형과 라벨 구성항목, 속성값, 타입 등

2) 라벨링 작업방법: 라벨을 부여하는 기준(ground truth)과 방법

3) 라벨링 예시: 정답 라벨링과 오류 라벨링, 모호한 라벨링 처리, 예외처리 라벨링 등

5.3.4 라벨링 플랫폼/도구

라벨링 작업에 사용하는 플랫폼 또는 소프트웨어 도구의 기능과 사용방법을 기술해야 하며, 플랫폼 또는 소프트웨어 도구 선택시 데이터 보안준수 여부를 확인해야 한다.

5.3.5 작업 방식

데이터 특성과 활용목적을 고려하여 크라우드 소싱과 전문업체 아웃소싱, 내부조직 활용 등 데이터 라벨링 작업방식을 선택하고 활용해야 한다.

1) 내부 조직: 머신러닝 훈련에 대한 높은 수준의 이해가 필요한 작업과 라벨링 결과에 대한 매우 긴밀한 피드백을 필요로 하는 작업에 적합

2) 아웃소싱: 머신러닝에 대한 이해도는 낮아도 되지만 전문적인 지식과 숙련도를 요구하기 때문에 내부 직원이 수행하기에는 어려운 라벨링 작업에 적합

3) 크라우드 소싱: 단기간에 대량의 라벨링을 처리해야 하고, 다수의 사용자로부터 데이터 수집과 라벨링 작업을 필요로 하는 개인정보 보호와 기밀성 수준이 낮은 작업에 적합

5.3.6 이미지/동영상 라벨링시 다음 사항을 준수해야 한다.

1) 카테고리 라벨은 반드시 분류체계에 따라 명확하게 정의된 라벨을 사용해야

하고 카테고리 간 모호성이 없어야 한다.

2) 바운딩박스는 이미지 내에서 특정 객체의 위치정보를 추출하는 것으로 대상 객체 전체를 감싸는 형태로 공백을 최소화해야 한다.

3) 시맨틱 세그멘테이션(semantic segmentation)은 객체 영역을 픽셀 단위로 표시하는 작업으로 동일 카테고리의 객체가 중첩되어 있는 경우를 구별하지 않는다.

4) 인스턴스 세그멘테이션(instance segmentation)은 각 객체 영역을 픽셀 단위로 구분해 표시한다.

5.3.7 음성 데이터 라벨링시 다음 사항을 준수해야 한다.

1) 음성 전사는 'ETRI 전사규칙'을 준수할 것을 권고한다.

- 5.4 데이터 검수

5.4.1 검수작업에 필요한 검수규격은 다음의 사항을 반드시 포함해야 한다.

1) 검수유형: 일반 데이터에 대한 작업숙련자가 검수가능한 일반분야, 해당 분야 전문가의 검수가 필요한 전문분야로 구분

2) 검수기준: 적합/부적합 판정을 위한 기준과 예시(라벨링 규격참조)

3) 검수방법: 2인 이상 교차검증과 전수조사 필수

부록B >>> AI 시스템에 대한 요구사항 정의서 작성사례

여기에 소개하는 AI 시스템에 대한 요구사항 정의서(requirement specifiction) 작성 사례는 GSMA Terminal Steering Group이 휴대폰 환경에서 인공지능이 학습하고 알고리즘에 따라 자율적으로 반응할 수 있는 다양한 기능을 제공하는 'AI 모바일 디바이스' 개발을 목적으로 작성한 요구사항 정의서입니다.

영어 원문 참조 URL:

https://www.gsma.com/aboutus/workinggroups/wp−content/up-loads/2019/09/TS.47−CR1001−1.docx

1 개요

1) 목적

이 사양서는 새로운 유형의 모바일 단말기인 인공지능(AI) 모바일 디바이스에 관하여 모바일 산업계가 설계와 개발, 테스트 등에 참조할 목적으로 작성되었다.

이 사양서는 AI 모바일 디바이스의 유스케이스와 애플리케이션, 요구사항, 기술의 베이스라인을 정의함으로써, 모바일 네트워크 운영업체와 디바이스 및 부품 제조업체 등 산업 전반에 걸쳐 인공지능 기술의 확산을 촉진시키고자 한다.

이 사양서에는 반드시 준수해야 할 항목과 정보 참고용 항목이 모두 포함되어 있으나 특별히 지정하지 않은 항목은 모두 준수해야 할 항목으로 간주한다.

이 사양서에 대한 설명과 배경 정보는 GSMA AI Mobile Device Guidelines Study Report 2018 [i.6]에서 확인할 수 있다.

2) 적용 범위

이 사양서의 적용 범위는 AI 모바일 디바이스의 요구사항을 정의한다. 이 버전의 AI 모바일 디바이스는 휴대폰과 태블릿을 의미한다. IoT와 웨어러블 같은 다른 유형의 모바일 디바이스는 추후 고려할 것이다.

3) 용어 정의

용어	설명
Deep Learning	Deep learning is an approach to creating rich hierarchical representations through the efficient training of architectures with arbitrarily many layers. Deep learning uses multi-layered networks of simple computing units (or "neurons"). In these neural networks each unit combines a set of input values to produce an output value, which in turn is passed on to other neurons downstream. Neural networks in Deep learning are composed of several hidden layers. [Ref: ISO/IEC 23053, 3.x]
Deep Neural Network (DNN)	A Deep Neural Network (DNN) is created using the Deep Learning techniques defined above.
Facial Photo Enhancement	An application that can do one or more of the following: remove spots, reduce wrinkles, reshape facial features (such as lips, nose, cheeks, ears etc.), remove dark circles, and alter skin tone and other common imperfections when taking selfies.
Native API	APIs provided by the device manufacturer for access to AI hardware(e.g., NPU, CPU, GPU and DSP).
Native Application	An application that is pre-installed by the device manufacturer.
OPS	Operations Per Second Operations only refers to multiply-accumulate (MAC) operations, not including input, output and other operations, and typically 1 MAC operation = 2 Deep Learning operations; The number of MACs needed to compute an inference on a single image is a common metric to measure the efficiency of the model. The widths of the integer matrix multiplication vary by architecture, dedicated hardware and supported topologies. Any claimed TOPS number depends on several assumptions such as frequency, number of MACs and various other hardware specifications.
OPS/w	OPS per watt extend that measurement to describe performance efficiency.

용어	설명
Software Framework	A software framework is a universal, reusable software environment that provides particular functionality as part of a larger software platform to facilitate development of software applications, products and solutions. Software frameworks may include support programs, compilers, code libraries, tool sets, and application programming interfaces (APIs) that bring together all the different components to enable development of a project or system.
TensorFlow	TensorFlow is an end-to-end open source platform for machine learning. It has a comprehensive, flexible ecosystem of tools, libraries and community resources that lets researchers push the state-of-the-art in ML and developers easily build and deploy ML powered applications.
TensorFlow Lite	TensorFlow Lite is an open source deep learning framework for on-device inference. (https://tensorflow.org/)
Third-party Applications	An application installed by the user.

4) 약어

약어	설명
AI	Artificial Intelligence
API	Application Programming Interface
AR	Augmented Reality
ASR	Automatic Speech Recognition
Caffe	Convolutional Architecture for Fast Feature Embedding
Caffe2	Caffe2 is a deep learning framework that provides an easy and straightforward way for experimentation with deep learning by using community contributions of new models and algorithms. Users bring their creations to scale using the power of GPUs in the cloud or to the masses on mobile with Caffe2's cross-platform libraries. (https://caffe2.ai/docs/caffe-migration.html).
CPU	Central Processing Unit
DNN	Deep Neural Network
DSP	Digital Signal Processing
FAR	False Acceptance Rate
FPE	Facial Photo Enhancement
FRR	False Rejection Rate
GPU	Graphics Processing Unit
GSMA	Global System for Mobile Communications, originally Group Special Mobile Association
MAC	Multiply-accumulate
MEC	Mobile Edge Computing
NLP	Natural Language Processing

약어	설명
NPU	Neural Processing Unit
SAR	Spoof Acceptance Rate
SDK	Software Development Kit
SE	Secure Element
TAF	Telecommunication Terminal Industry Forum Association
TAR	True Acceptance Rate
TEE	Trusted Execution Environment
TOPS	Tera Operations Per Second
TTS	Text-To-Speech
VGG	Visual Geometry Group (Department of Engineering Science, University of Oxford)

5) 참조 문서

요구사항은 다음 표시한 정확한 버전을 기반으로 작성되어야 한다. 그러나 이후 제조업체
가 릴리즈 및/또는 버전을 사용할 경우에는 이를 표시해야 한다, GSMA는 출시 계획에 대
한 시기 적절한 정보를 얻기 위해 다른 SDO와 지속적으로 협조 노력을 다할 것이다.

가) 필수 준수 문서

참고문헌	문서 번호	제목
[1]	RFC 2119	"Key words for use in RFCs to Indicate Requirement Levels", S. Bradner, March 1997. Available at http://www.ietf.org/rfc/rfc2119.txt
[2]	ISO_IEC_29100	Information technology — Security techniques — Privacy framework Available at https://standards.iso.org/ittf/PubliclyAvailableStandards/index.html or https://www.iso.org/committee/45306.html
[3]	TAF-WG4-AS0026-V1.0.0 2018	TEE-based face recognition security evaluation method for mobile device Available at http://www.taf.net.cn/Association_standard_detail.aspx?Id=5b2b8d50-7ce7-47ad-b99c-d8e1b1cf7cee
[4]	ETSI GS MEC	Series standards, available at https://www.etsi.org/technologies/multi-access-edge-computing
[5]	Regulation (EU) 2016/679	General Data Protection Regulation Available at https://gdpr-info.eu/
[6]	GPD_SPE_009	TEE System Architecture Available at https://globalplatform.org/specs-library/

참고문헌	문서 번호	제목
[7]	GB/T 35273-2017	Information security techniques - Personal information security specification Available at https://www.tc260.org.cn/front/bzcx/yfgbcx.html
[8]	ISO/IEC 29101	《Information technology — Security techniques — Privacy architecture framework》 Available at https://www.iso.org/standard/75293.html
[9]	PUBLIC LAW 106-102—NOV. 12, 1999	Gramm-Leach-Bliley Act (USA) Available at https://www.congress.gov/106/plaws/publ102/PLAW-106publ102.pdf
[10]	GB/T36464.4—2018	Information technology—Intelligent speech interaction system—Part4:Mobile terminal Available at http://openstd.samr.gov.cn/bzgk/gb/newGbInfo?hcno=7659A1A0BF2EE19723B46BC159057572

나) 참고 문서

참고문서	제목
[1]	Wang, Shiqiang, et al. "When edge meets learning: Adaptive control for resource-constrained distributed machine learning." IEEE INFOCOM 2018-IEEE Conference on Computer Communications. IEEE, 2018.
[2]	Huang, Kaibin, et al. "Communication, Computing, and Learning on the Edge." 2018 IEEE International Conference on Communication Systems (ICCS). IEEE, 2019.
[3]	Mao, Yuyi, et al. "A survey on mobile edge computing: The communication perspective." IEEE Communications Surveys & Tutorials 19.4 (2017): 2322-2358.
[4]	Nazer, Bobak, and Michael Gastpar. "Computation over multiple-access channels." IEEE Transactions on information theory 53.10 (2007): 3498-3516.
[5]	Zhu, Guangxu, and Kaibin Huang. "MIMO over-the-air computation for high-mobility multi-modal sensing." IEEE Internet of Things Journal (2018).
[6]	Study Report of AI Mobile Device Guidelines https://infocentre2.gsma.com/gp/wg/TS/WorkingDocuments/TSG33_035%20TSG%20Study%20Report%20of%20AI%20Mobile%20Device%20Guidelines%20v2.0.docx

6) 조동사 용어(Modal Verbs Terminology)

이 문서에 사용한 단어 "MUST", "MUST NOT", "REQUIRED", "SHALL", "SHALL NOT", "SHOULD", "SHOULD NOT", "RECOMMENDED", "MAY", and "OPTION-

AL" 등은 RFC 2119 [1]에 명시된 내용에 따라 해석한다.

SHALL이라는 단어는 표준을 준수하기 위해 엄격히 따라야 하는 필수 요구사항을 나타내며, 이로부터 벗어나는 것은 허용하지 않는다(SHALL은 'is required to'와 동일함).

MUST라는 단어는 필수 요구사항을 나타낼 때 사용되지 않음에 유의한다. MUST는 피할 수 없는 상황을 설명하는 데만 사용한다.

WILL이라는 단어는 필수 요구사항을 나타낼 때 사용되지 않음에 유의한다. WILL은 사실을 표현할 때에만 사용한다.

SHOULD라는 단어는 여러 가능성 중에서 다른 것을 언급하거나 제외함이 없이 특별히 적합한 것으로 권고한다는 것을 나타낸다. 또는 특정한 행위가 바람직하지만 반드시 필수적으로 요구되는 것은 아니다(SHOULD는 'is recommended that'과 동일함).

MAY라는 단어는 표준의 한도 내에서 허용되는 행위를 나타내는 데 사용한다(MAY는 'is permitted to'와 동일함).

2 AI 모바일 디바이스 정의

AI 모바일 디바이스는 다음과 같은 특성을 가진 모바일 디바이스를 의미한다.

딥러닝 AI 애플리케이션을 지원하기 위해 전용 AI 하드웨어 또는 일반 하드웨어를 기반으로 AI 딥러닝과 기타 AI 알고리즘을 활성화하는 온디바이스 컴퓨팅 리소스

AI 딥러닝 신경망 업데이트를 지원하는 온디바이스 소프트웨어 프레임워크

심층신경망 모델을 사용하여 추론을 수행하는 온디바이스 AI 소프트웨어

3 AI 모바일 디바이스 요구사항

1) 하드웨어 요구사항

AI 소프트웨어 애플리케이션을 효율적으로 지원하기 위해 AI 모바일 디바이스 하드웨어가 필요하다. 하드웨어 성능의 예시는 다음 표에 명시한 수정 VGG 네트워크를 사용하는

TS.47_3.1_REQ_001 ~ TS.47_3.1_REQ_004이다.

TS47_3.1_REQ_001	AI 모바일 디바이스는 최소 1 int8 TOPS를 가져야 한다.
TS47_3.1_REQ_002	AI 모바일 디바이스는 최소 0.5 float16 TOPS를 가져야 한다.
TS47_3.1_REQ_003	AI 모바일 디바이스는 최소 0.5 int8 TOPS/Watt를 가져야 한다.
TS47_3.1_REQ_004	AI 모바일 디바이스는 최소 0. 3 float16 TOPS/Watt를 가져야 한다.

2) 소프트웨어 요구사항

AI 모바일 디바이스의 소프트웨어 요구사항은 다음과 같다.

TS47_3.2_REQ_001	AI 모바일 디바이스는 기존 딥러닝 네트워크의 온디바이스 모델의 업데이트를 지원해야 한다.
TS47_3.2_REQ_002	AI 모바일 디바이스는 AI 하드웨어 기능을 노출하기 위해 네이티브 API를 지원해야 한다.
TS47_3.2_REQ_003	AI 모바일 디바이스는 컴퓨터 비전(CV), 자동음성인식(ASR), 자연어 이해(NLU) 모델에 액세스하기 위해 네이티브와 타사 애플리케이션에 대한 애플리케이션 API(7 참고 사항(SDK&API) 참조)를 지원해야 한다.
TS47_3.2_REQ_004	AI 모바일 디바이스는 DNN 모델을 기존 형식에서 AI 모바일 디바이스의 기본 형식으로 변환하는 SDK를 제공해야 한다. DNN 모델 파일 형식의 포괄적이지 않은 예는 * .ckpt 또는 * .pb, * .tflite, * .prototxt, * .pb 또는 * .pth 또는 * .pt, * .jason 또는 * .onnx이다.
TS47_3.2_REQ_005	AI 모바일 디바이스는 새롭게 커스터마이징한 딥러닝 연산자의 정의를 지원하기 위한 SDK를 제공해야 한다.

기존 SDK와 API에 대한 상세 내용은 '7 참고 사항(SDK&API)'을 참조한다.

3) 딥러닝 애플리케이션 요구사항

딥러닝 애플리케이션에는 생체 기능과 이미지 처리, 음성 인식, 증강현실(AR), 시스템 최적화 범주를 포함하되, 여기에 국한하지는 않는다.

<표> 생체인식 성능 요구사항

TS47_3.3.1_REQ_001	AI 모바일 디바이스는 TS47_3.3.1_REQ_001.1, TS47_3.3.1_REQ_001.2, TS47_3.3.1_REQ_001.3에 정의된 하나 이상의 생체인식 시스템을 구현하고 인증해야 한다.
TS47_3.3.1_REQ_001.1	AI 모바일 디바이스는 지문 생체인식 시스템을 지원해야 한다.
TS47_3.3.1_REQ_001.2	AI 모바일 디바이스는 2D 안면 생체인식 시스템을 지원해야 한다.
TS47_3.3.1_REQ_001.3	AI 모바일 디바이스는 3D 안면 생체인식 시스템을 지원해야 한다
TS47_3.3.1_REQ_002	지원되는 생체인식 시스템의 생체인식 핵심성과지표(KPI)는 다음 프로그램 중 하나 이상에 의해 인증되어야 한다. - Fast IDentity Online (FIDO) Alliance 생체인식 구성요소 인증 프로그램 - IFAA(Internet Finance Authentication Alliance) 생체인증 프로그램
TS47_3.3.1_REQ_003	2D 안면 생체인식 시스템을 지원하는 AI 모바일 디바이스는 기기잠금 해제, 애플리케이션 로그인, 결제 승인과 같은 각 유스케이스에 대해 생체인식 KPI 요구사항 TS47_3.3.1_REQ_003.1을 지원해야 한다.
TS47_3.3.1_REQ_003.1	2D 안면 생체인식의 FAR은 0.002% 이하이고, 동시에 FRR은 3% 이하이어야 한다.
TS47_3.3.1_REQ_004	3D 안면 생체인식 시스템을 지원하는 AI 모바일 디바이스는 기기잠금 해제, 애플리케이션 로그인, 결제 승인과 같은 각 유스케이스에 대해 생체인식 KPI 요구사항 TS47_3.3.1_REQ_004.1을 지원해야 한다.
TS47_3.3.1_REQ_004.1	3D 안면 생체인식의 FAR은 0.001% 이하이고, 동시에 FRR은 3% 이하이어야 한다.
TS47_3.3.1_REQ_005	지문 생체인식 시스템을 지원하는 AI 모바일 디바이스는 기기잠금 해제, 애플리케이션 로그인, 결제 승인과 같은 각 유스케이스에 대해 생체인식 KPI 요구사항 TS47_3.3.1_REQ_005.1을 지원해야 한다.
TS47_3.3.1_REQ_005.1	지문 생체인식의 FAR은 0.002% 이하이고, 동시에 FRR은 3% 이하이어야 한다.

<표> 온디바이스 이미지 처리 요구사항

TS47_3.3.2_REQ_001	AI 모바일 디바이스는 OEM이 정한 API를 통해 네이티브와 타사 애플리케이션에서 직접 사용할 수 있는 온디바이스 컴퓨터 비전 기능을 가지고 있어야 한다.
TS47_3.3.2_REQ_002	AI 모바일 디바이스는 OCR(Optical Character Recognition) 기능을 가지고 있어야 한다.
TS47_3.3.2_REQ_003	AI 모바일 디바이스는 이미지 감지와 이미지 분류, 이미지 분할 기능을 가지고 있어야 한다.

TS47_3.3.2_REQ_004	AI 모바일 디바이스는 사진 그룹 내에서 얼굴 감지와 얼굴 클러스터링 기능을 가지고 있어야 한다.
TS47_3.3.2_REQ_005	AI 모바일 디바이스는 초고해상도 비디오 기능을 가지고 있어야 한다.
TS47_3.3.2_REQ_006	AI 모바일 디바이스는 비디오 분류 기능을 가지고 있어야 한다.

<표> 온디바이스 이미지 처리 애플리케이션

TS47_3.3.2.1_REQ_001	AI 모바일 디바이스는 다음 애플리케이션을 모두 지원해야 한다. · 사진 장면 감지 및 인식: - 인물과 풍경, 음식, 야경, 텍스트 등과 같은 다양한 장면에서 하나 이상의 물체 식별 - 장면 콘텐츠를 기반으로 이미지를 캡처하기 위한 카메라 설정을 최적화하는 장면 감지 기능 · 다운로드 받은 언어에서 텍스트 감지와 인식: - 다른 언어 - 자연스러운 장면 내의 텍스트(예: 광고판과 메뉴, 차량번호판, 제품설명) - 명함과 신분증, 여권, 운전면허증, 신용카드
TS47_3.3.2.1_REQ_002	AI 모바일 디바이스는 자동 언어감지를 지원해야 한다.
TS47_3.3.2.1_REQ_003	AI 모바일 디바이스는 성별과 나이, 피부색에 따라 사용자에게 개인화된 FPE를 제공해야 한다.
TS47_3.3.2.1_REQ_004	AI 모바일 디바이스는 한 장의 사진에서 여러 사람의 FPE를 지원해야 한다.
TS47_3.3.2.1_REQ_005	AI 모바일 디바이스는 최대 FPE까지 사용자의 FPE 수준 조정을 지원해야 한다.
TS47_3.3.2.1_REQ_006	AI 모바일 디바이스는 앨범의 사진을 카테고리별로 자동 분류하는 기능을 지원해야 한다.

<표> 대화

TS47_3.3.3_REQ_001	AI 모바일 디바이스는 음성 지원을 포함하되, 이에 국한되지 않는 대화 기능이 있어야 한다.

<표> 음성도우미

TS47_3.3.3.1_REQ_001	AI 모바일 디바이스는 음성도우미 기능을 지원해야 한다.
TS47_3.3.3.1_REQ_002	AI 모바일 디바이스는 자동 음성인식(ASR) 기능을 제공해야 한다.
TS47_3.3.3.1_REQ_003	AI 모바일 디바이스는 자연어 이해(natural language understanding) 기능을 제공해야 한다.
TS47_3.3.3.1_REQ_004	AI 모바일 디바이스는 TTS(Text To Speech) 기능을 제공해야 한다.
TS47_3.3.3.1_REQ_005	AI 모바일 디바이스는 음성 트리거를 지원해야 한다.
TS47_3.3.3.1_REQ_006	디바이스 소유자가 아닌 사람이 음성도우미 기능을 실행하지 못하도록 성문 인식을 지원해야 한다.
T S 4 7 _ 3 . 3 . 3 . 1 _ REQ_006.1	조용한 환경에서 다음 사항을 만족해야 한다. TAR(True Acceptance Rate) 90% 이상 및 FAR(False Acceptance Rate) 20 % 이하
T S 4 7 _ 3 . 3 . 3 . 1 _ REQ_006.2	소음이 있는 환경에서 다음 사항을 만족해야 한다. - TAR 80% 이상과 FAR 20 % 이하
TS47_3.3.3.1_REQ_007	AI 모바일 디바이스는 시스템 설정(예: 음성도우미 기능을 통해 블루투스 켜기/끄기)을 변경하고 기본 응용 프로그램을 호출(예: 음성도우미를 통해 SMS 보내기)하기 위한 디바이스 내 음성인식 라이브러리(예: 인터넷에 액세스할 수 없음)가 있어야 한다.
TS47_3.3.3.1_REQ_008	AI 모바일 디바이스는 다양한 카테고리의 애플리케이션에 액세스하고 음성도우미를 통해 이러한 애플리케이션의 서비스와 기능을 호출해야 한다.
TS47_3.3.3.1_REQ_009	AI 모바일 디바이스는 디바이스 내에 있는 음성도우미에 의한 정보 검색을 지원해야 한다.
TS47_3.3.3.1_REQ_010	AI 모바일 디바이스는 음성도우미를 통해 스마트 장치(예: 가전제품)와의 상호작용을 지원해야 한다.

<표> 증강 현실

TS47_3.3.4_REQ_001	AI 모바일 디바이스는 AR 네이티브 및 타사 애플리케이션에 대해 다음과 같은 AI 기능을 제공해야 한다. - 손동작 제스처 인식 - 손 골격 추적 - 인체 자세 인식 - 인체 골격 추적

TS47_3.3.4_REQ_002	AI 모바일 디바이스는 다음 애플리케이션을 지원해야 한다. · AR 이모티콘 - 맞춤형 AR 기반 이모티콘 만들기 - 사용자의 얼굴 움직임과 표정을 추적하고 이를 AR 기반 이모티콘에 렌더링 · AR 동영상 - 실제 개체와 가상 개체 및/또는 가상 배경 합성 - 최소 30fps 프레임 속도 - AR 그림자 효과 및 폐색 처리 - AR 정보 텍스트 라벨은 AI 모바일 디바이스가 움직일 때 실제 대상 장면에서 벗어나거나 사라지지 않아야 함

<표> 시스템 최적화

TS47_3.3.5_REQ_001	AI 모바일 디바이스는 사용자 습관과 행동에 대해 지속적인 학습과 결합된 환경 조건 측정 온디바이스 센서가 제공하는 피드백을 기반으로 동적 시스템 리소스 할당과 최적화를 지원해야 한다. · 사용자 습관(예: 사용 기간, 빈도)에 기반한 동적 애플리케이션 관리(예: 사전로드, 종료, 절전모드, 네트워크 액세스 제어) · 비정상 동작 감지를 기반으로 한 동적 애플리케이션 관리(예: 메모리 사용량 증가, 비정상 전력소비, 백그라운드에서 자동 시작) · 시스템 성능에 대한 지속적인 학습을 기반으로 한 동적 시스템 리소스 관리(예: 메모리 및 스토리지 조각 모음, 사용량이 적은 기간 동안 오프라인 스토리지) · 고성능 애플리케이션(예: 게임 및 비디오)을 위한 동적 시스템 리소스 할당

4 AI 에이전트(참고 정보)

딥러닝의 최고 목표는 강화학습 영역으로 확장하는 것이다. 강화학습의 맥락에서 AI 에이전트는 최소한의 사용자 지침으로 시행착오를 통해 작업을 수행하는 방법을 학습한다.

1) AI 에이전트 기능의 예(다음 내용에 국한되는 것은 아님)

AI 에이전트는 AI 계산 오프로딩의 의사결정을 담당하고 MEC 우선 전략을 구현한다. 즉, 특정 애플리케이션에서 계산 오프로딩 결정 기능을 추상화하여 AI 모바일 디바이스에서 기능 엔티티가 되도록 한다.

온디바이스 심층 강화학습은 디바이스가 환경을 인식하고 자율적으로 반응할 수 있도록 한다. 점점 더 많은 자율 애플리케이션을 지원하는 것이 추세가 될 것이며, 이는 AI 모바일 디바이스를 현재의 스마트폰과 크게 차별화할 것이다.

AI 에이전트는 어느 정도 자율성을 가지고 클라이언트를 대신하여 일부 작업을 수행할 수 있는 소프트웨어 엔티티이다.

일반적으로 AI 에이전트는 자율성(일정 수준의 자제력)과 적응성(경험을 통해 학습하고 성과를 향상시키는 능력), 반응성(환경을 인식하고 변화 발생시 적시에 대응하는 능력), 사전 활동(환경에 대한 반응으로 단순히 행동할뿐만 아니라 주도권을 가지고 목표지향적 행동을 나타내는 능력), 사교성(다른 AI 에이전트와의 상호작용, 의사소통, 작업 능력)이라는 다섯 가지 공통적인 속성을 가지고 있다.

AI 에이전트는 모바일 디바이스의 환경을 극적으로 변화시킬 것이다. AI 모바일 디바이스의 '두뇌' 역할을 하여, 디바이스의 동작과 시스템 성능을 제어할 수 있다. 새로운 '서비스 진입' 역할을 할 수 있으며 상황에 따라 최종 사용자에게 서비스(애플리케이션)를 추천할 수 있다. 다른 AI 에이전트와 상호작용할 수 있다. AI 에이전트 간의 통신은 기기 간 추론을 달성할 수 있다.

앞으로 AI 에이전트는 AI 모바일 디바이스를 정의하는 데 중요한 기능이 될 것이다.

2) AI 에이전트에 대한 개인정보 보호 및 보안 요구사항(참고 정보)

AI 에이전트가 어떤 영향을 미칠 수 있는지에 대해 사용자에게 알려주어야 한다.

사용자가 AI 에이전트의 처리에 대해 불만을 제기하거나 이에 동의할 수 있어야 한다.

AI 에이전트가 내린 결정과 권장사항은 사용자가 이해할 수 있어야 한다.

AI 에이전트가 내린 결정과 권장사항은 사용자가 결과를 이해할 수 있도록 설명해야 한다.

AI 에이전트의 결정에 반대하거나 무시하는 방법을 사용자에게 알려주어야 한다.

5 AI 모바일 디바이스를 지원하기 위한 네트워크 요구사항(참고 정보)

대기 시간과 모바일 전력 소비를 줄이기 위해 MEC나 클라우드로 오프로드하여 AI 모바일 디바이스의 계산을 개선할 수 있다. 유비쿼터스 AI 모바일 디바이스는 AI 계산을 네트워크가 수행해야 하는 매우 중요한 작업으로 만들어 궁극적으로 네트워크를 변화시킬 것이다.

클라우드 컴퓨팅 센터는 인공지능을 서비스로 제공하는 기능을 가질 수 있다.

MEC는 위치 서비스와 대역폭관리 서비스, 무선네트워크정보 서비스에 해당하는 서비스로서 인공지능을 제공하고 통합된 오픈 API를 제공할 수 있다.

네트워크는 에지학습을 더 잘 지원하기 위해 통신 플랫폼에서 통신과 계산을 모두 지원하는 플랫폼으로 점진적으로 진화할 수 있다.

6 개인정보 보호 및 보안 요구사항

1) 개인정보 보호 요구사항

AI 모바일 디바이스 내 인공지능과 관련하여 개인정보 보호 관련 법률을 준수해야 한다.

2) 보안 요구사항

AI 모바일 디바이스 내 인공지능과 관련하여 보안 관련 법률을 준수해야 한다

TS47_6.2_REQ_001	AI 모바일 디바이스에서 인공지능을 사용함에 있어서 개인정보는 반드시 보호되어야 한다는 GSMA 모바일 개인정보 보호 원칙의 보안 요구사항을 준수해야 하며, AI 모바일 디바이스는 개인정보 보호와 민감성, 기밀성, 무결성에 적합하면서 합리적인 보호장치를 사용해야 한다.

3) AI 애플리케이션의 보안

AI 모바일 디바이스 내 인공지능과 관련하여 보안 요구사항이 높은 AI 애플리케이션의 경우 다음과 같이 AI 모델에 방어 기술을 사용하는 것을 권고한다.

TS47_6.2.1_REQ_001	AI 모바일 디바이스에서 사용하는 AI 모델의 보안과 견고성은 기밀성, 무결성, 재생 공격을 막고 예방하기 위해 적절한 보호장치를 통해 보장되어야 한다..
TS47_6.2.1_REQ_002	기밀성과 무결성 공격으로부터 모델의 학습을 보호하기 위한 방어기술이 고려되어야 한다. 예를 들어, 회피 공격에서 데이터를 조작하여 AI 모델을 오도할 수 있다.

AI 모델에서 회피 공격을 방지하기 위해 방어기술인 네트워크 증류와 적대적 훈련, 적대적 샘플 탐지 등을 사용하는 것을 권고한다.

AI 모델에서 중독성 공격을 방지하기 위해 방어기술인 훈련 데이터 필터링과 회귀분석, 앙상블 분석 등을 사용하는 것을 권고한다.

AI 모델에서 백도어 공격을 방지하기 위해 방어기술인 고강도 암호화 알고리즘과 입력 전처리, 모델 정리 등을 사용하는 것을 권고한다.

AI 에이전트는 안전하지 않은 내부 프로세스로부터 플랫폼과 합법적인 에이전트를 보호하는 서비스로 시스템 취약성 보호 플랫폼을 통해 외부 위협으로부터 보호되어야 한다. 보안 플랫폼은 인증과 권한 부여, 가용성, 기밀성, 무결성에 대한 기본적인 보안 조치를 제공한다.

<표> 생체 인증(Biometrics)

TS47_6.2.1_REQ_003	사용자의 생체 데이터(예 : 얼굴 데이터, 지문 데이터 등)는 암호화되어야 한다. 데이터의 암호화/복호화는 보안 유닛에서 수행되어야하며 핵심 자료도 보안 유닛(SE)에 저장되어야 한다.
TS47_6.2.1_REQ_004	생체 인식 알고리즘(예 : 얼굴 인식 알고리즘, 지문 알고리즘 등)은 신뢰할 수 있는 실행 환경과 같은 개인적이고 안전한 실행 환경에서 실행되어야 한다.
TS47_6.2.1_REQ_005	사용자의 생체 인식 데이터가 교체되는 경우 교체 이전의 예전 생체 인식 데이터는 완전히 영구적으로 삭제되며 데이터 롤백으로 복구되지 않아야 한다.
TS47_6.2.1_REQ_008	생체 인식 데이터는 디바이스 초기화로 삭제되어야 하고 복구할 수 없어야 한다.

<表> 대화(Speech)

TS47_6.2.1_REQ_006	성문 인식 데이터는 암호화하여 디바이스에 저장해야 한다.
TS47_6.2.1_REQ_009	임시 성문 인식 데이터는 처리 후 메모리에 남아 있지 않아야 한다.
TS47_6.2.1_REQ_010	성문 인식 데이터가 영구적으로 완전히 삭제된 경우 데이터 롤백으로 복구되지 않아야 한다..
TS47_6.2.1_REQ_011	성문 인식 데이터는 디바이스 초기화로 삭제되어야 하고 복구할 수 없어야 한다.

<표> 증강 현실(Augmented Reality)

TS47_6.2.1_REQ_007	실제 및/또는 가상 세계에 대한 정보로 사용자 스푸핑과 과부하 공격, 사용자 클릭 하이재킹 등과 같은 악의적인 애플리케이션 공격으로부터 AR 애플리케이션을 보호하기 위해 적절한 보호장치를 사용해야 한다.

7 참고 사항(SDK&API)

현재는 칩셋을 공급하는 업체마다 자체 API 세트가 있어 생태계가 나누어져 있다. AI 애플리케이션 API를 표준화하고 통합하는 것이 필요하며 적극 권장해야 한다.

1) The Android Neural Networks API(NNAPI)

안드로이드 신경망 API(NNAPI)는 AI 모바일 디바이스에서 머신러닝을 위한 계산 집약적인 작업을 실행하도록 설계된 안드로이드 C API이다. NNAPI는 신경망을 구축하고 학습하는 높은 수준의 머신러닝 프레임워크(예: TensorFlow Lite, Caffe2 외)를 위해 기본 기능 계층을 제공하도록 설계되어 있다.

공식 웹사이트, https://developer.android.com/ndk/downloads

2) The Snapdragon Neural Processing Engine(SNPE)

SNPE(Snapdragon Neural Processing Engine)는 심층신경망을 실행하기 위해 런타임을 가속화시키는 퀄컴 스냅드래곤(Qualcomm Snapdragon) 소프트웨어입니다. 인공지능(AI)용 퀄컴 신경처리 SDK는 개발자가 CPU나 GPU, DSP 등 스냅드래곤 모바일 플랫폼에서 Caffe/Caffe2, ONNX, TensorFlow로 학습된 하나 이상의 신경망 모델을 실행할 수 있도록 설계되어 있다.

공식 웹사이트, https://developer.qualcomm.com/software/qualcomm-neural-processing-sdk

3) HiAI

HiAI는 서비스 능력 개방성과 애플리케이션 능력 개방성, 칩 능력 개방성이라는 세 가지 생태계층을 구성하는 모바일 단말 지향 인공지능 컴퓨팅 플랫폼이다. 단말과 칩, 클라우드를 통합하는 3계층 개방형 플랫폼은 사용자와 개발자에게 더욱 특별한 경험을 제공한다.

공식 웹사이트 https://developer.huawei.com/consumer/en/devservice/doc/2020301

4) NeuroPilot

NeuroPilot은 MediaTek의 인공지능 생태계이다. 고속 인터넷 연결과 클라우드 서비스에 의존하지 않고 인공지능 처리를 AI 디바이스 내에서 수행된다는 것을 의미하는 'Edge AI'의 장점을 실현한다. 그러나 NeuroPilot은 전용 AI 프로세서를 사용할 필요가 없다. 소프트웨어는 CPU와 GPU, APU 간에 사용 가능한 컴퓨팅 리소스를 지능적으로 감지하고 자동으로 최상의 리소스를 선택할 수 있다.

5) Core ML

Core ML은 개발자가 머신러닝 모델을 앱에 쉽게 통합할 수 있는 애플 프레임워크이다. Core ML은 iOS와 watchOS, macOS, tvOS에서 사용할 수 있다. Core ML은 심층신경망(컨볼루션과 반복), 트리 앙상블(부스트트리, 랜덤포레스트, 의사결정 트리), 일반화된 선형 모델을 포함하면서 광범위한 머신러닝 방법 세트에 대한 공용 파일 형식(.mlmodel)을 도입한다.

공식 웹사이트 https://developer.apple.com/documentation/coreml

6) MACE

MACE(Mobile AI Compute Engine)는 안드로이드, iOS, 리눅스, 윈도우즈 디바이스에서 모바일 이기종 컴퓨팅에 최적화된 딥러닝 추론 프레임워크이다. 다음과 같은 목표에 중점을 두어 설계하였다.

- 성능: 런타임은 NEON과 OpenCL, Hexagon으로 최적화되고 Winograd 알고리즘이 도입되어 컨볼루션 작업 속도를 높인다. 초기화도 더 빠르게 최적화된다.

- 전력 소비: big.LITTLE 스케줄링, Adreno GPU 힌트와 같이 칩 종속 전력 옵션이 향상된 API가 포함된다.

- 응답성: 모델을 실행할 때 UI 응답성 보장이 필수사항인 경우가 있다. OpenCL 커널을 자동으로 작은 단위로 분할하는 것과 같은 메커니즘이 도입되어 UI 렌더링 작업을 더욱 좋게 한다.

- 메모리 사용량과 라이브러리 공간: 그래프 레벨의 메모리 할당 최적화와 버퍼 재사용이 지원된다. 코어 라이브러리는 라이브러리 공간 점유를 작게 유지하기 위해 최소한의 외부 종속성을 유지한다.

- 모델 보호: 모델 보호는 설계 초기부터 우선순위가 가장 높다. 모델을 C++ 코드와 난독화로 변환하는 것과 같은 기술이 다양하게 도입되었다.

- 플랫폼 범위: 최근 퀄컴과 MediaTek, Pinecone, 기타 ARM 기반 칩을 포함하는 범위이다. CPU 런타임은 안드로이드, iOS, 리눅스를 지원한다.

- 풍부한 모델 형식 지원: TensorFlow와 Caffe, ONNX 모델 형식이 지원된다.

AI 제품 품질관리 체크리스트

부록 C-1 AI 제품 PoC 단계

1) 목적·KPI 목표 정의(단계 활동)

<표> 목적(비즈니스 과제)의 구체성(보증활동시 유의사항)

품질보증 관점	품질보증 체크리스트
고객의 기대수준 기대수준이 '보통 수준'인지 여부	· AI에 의해 해결하려는 비즈니스 과제의 명확화 - 고객의 비즈니스 과제가 명확하게 되어 있는가?(AI 적용 자체를 목적으로 되어 있지 않은가?) · AI에 의한 사업 과제의 해결가능성 - AI에 의해 고객의 비즈니스 과제를 해결할 수 있는가? · AI에 의해 해결하려는 비즈니스 과제 해결의 효과 - AI를 이용해서 고객의 기대 효과(목표 성능 등)가 명확하게 되어 있는가? - '인간'과 동등 이상의 효과를 기대하고 있는가?

<표> 기대 효과, 검증 내용의 명확성(보증활동시 유의사항)

품질보증 관점	품질보증 체크리스트
'합리적인' 설명을 요구하는 수준 정도, '추정' 또는 '예측'을 하고 싶어하는 수준 '원인' 또는 '책임'을 요구하고 싶어하는 정도 공감하는 분위기와 업무 방식의 적절성	· AI의 설명가능성에 대한 이해도 - AI 처리 결과에 대한 설명이 곤란한 점이 있다는 사실을 고객이 이해하고 있는가? · AI의 설명가능성과 정확성에 대한 이해도 - AI의 종류에 따라 출력 결과의 설명 근거를 보여줄 수 있는 것(이진 트리 등)과 어려운 것(딥러닝 등)이 있다는 사실과 설명가능성이 AI 정확성에 반비례할 수도 있다는 사실을 고객이 이해하고 있는가? · 모델 선택에 대한 이해도 - 개발자가 선택한 모델에 대해 그 선택을 고객측과 합의하고 있는가? 이때, 선택의 근거 등을 설명하고 고객이 이해할 수 있는가?

2) 데이터 설계(단계 활동)

<표> 목적과 데이터 간의 매핑(보증활동시 유의사항)

품질보증 관점	품질보증 체크리스트
데이터의 양과 질에 대한 인식	· 고객의 비즈니스 과제에 부합하는 데이터의 필요성에 대한 이해도 - 고객은 AI 성능 향상과 고객의 비즈니스 과제에 부합하는 데이터가 필요하다는 것을 이해하고 있는가? 또한, 이러한 데이터를 보유하고 있는가? · AI의 학습에 필요한 데이터의 질과 양에 대한 이해도 - AI에 의한 사업 과제 해결에 많은 데이터를 포괄적으로 제공할 필요가 있음을 고객이 이해하고 있는가?

<표> 데이터의 질과 양 확보(보증활동시 유의사항)

품질보증 관점	품질보증 체크리스트
양은 충분한가? 비용은 적정한가? 의미 있는 양인가? 가공 데이터로 증량을 해도 괜찮은가?	· AI 학습에 필요한 데이터 양을 확보 · PoC 단계에 필요한 데이터 양을 준비 · 교차검증과 일반화 성능확인 등에 사용할 데이터 확보
데이터의 품질은 적절한가? - 요구하는 모집단의 샘플인가, 실데이터인가? - 불필요한 데이터가 포함되어 있지 않은가? - 데이터에 관한 요구사항·제약사항이 충족되는가? - 필요한 요소를 적절히 포함한 (분포) 샘플인가? - 편중이나 편향, 오염은 없는가? - 각각의 데이터는 상식적인 값인가?	· 학습에 사용할 데이터가 비즈니스 과제와 일치하는 정도 - 과제 해결에 연결되는 데이터가 고객으로부터 제공되고 있는가? 혹은 생성해서 획득할 수 있는가? · 데이터의 품질 확보 - 가정 모집단을 정의한 다음, 포괄적으로 샘플 데이터를 검색하고, 편향은 없는가? · 데이터의 특성 평가 - 편향과 편견, 교란 등에 관한 위험을 평가했는가? · 한도를 벗어난 값과 결측값 제거 - 정해진 방침에 의거하여 수정을 하는가?

3) 프로토타입(단계 활동)

<표> 시스템의 실현 가능성(보증활동시 유의사항)

품질보증 관점	품질보증 체크리스트
지속적인 접근 방식 PoC와 β 출시라는 개념을 이해하는 정도	· 애자일 소프트웨어 개발에 대한 이해도 - 기존의 연역적인 폭포수형 개발과는 다른 귀납적 애자일형 개발이라는 점을 고객이 이해하고 있는가?

4) 효과 확인·분석(단계 활동)

<표> 기대 효과의 확실성(보증활동시 유의사항)

품질보증 관점	품질보증 체크리스트

고객의 기대수준
 	
기대수준이 '보통 수준'인지 여부
	· AI에 의해 해결하려는 비즈니스 과제의 명확화
	  - 고객의 비즈니스 과제가 명확하게 되어 있는가?(AI 적용 자체를 목적으로 되어 있지 않는가?)
	
	· AI에 의한 사업 과제의 해결가능성
	  - AI에 의해 고객의 비즈니스 과제를 해결할 수 있는가?
	
	· AI에 의해 해결하려는 비즈니스 과제 해결의 효과
	  - AI를 이용해서 고객의 기대 효과(목표 성능 등)가 명확하게 되어 있는가?
	  - '인간'과 동등 이상의 효과를 기대하고 있는가?

<표> 환경의존성에 대한 평가(보증활동시 유의사항)

품질보증 관점	품질보증 체크리스트

정확도와 정밀도, 재현율, F 값 등 성능지표	· 학습 결과의 타당성
	  - 학습 후 손실함수의 오차는 허용 범위 이내인가?
	
	  - 성능지표 값은 목표 성능에 도달하고 있는가?

일반화 성능	· 일반화 성능 목표 　- 일반화 성능을 요구사항으로 명확하게 규정하고 있는가? 　- 학습 후 모델의 일반화 성능은 학습시의 성능과 비교하여 현저하게 저하되지 않는가? · 일반화 성능 측정 방법 　- 일반화 성능을 측정하는 방법이 정의되었는가? 　- 교차검증에 사용하는 검증용 데이터를 확보하고 있는가?
학습을 제대로 진행했는가? 국소적인 부분에 한해 최적화되어 있지 않은가?	· 학습 과정의 타당성 　- 학습 후 손실함수의 오차는 허용 범위 이내인가? 　- 손실함수의 잔차[1]는 비정상적인 변화를 보여주고 있지 않은가? 　* 잔차(residual): 추정된 수학 모델에 입각하는 예측값과 실측값과의 차이
충분히 다양한 데이터로 검증을 수행하는가?(수학적 다양성과 의미적 다양성, 사회적/문화적 다양성)	· 검증용 데이터의 타당성 　- 비즈니스 과제의 다양성을 고려하여 가정한 모집단에 대해 편향이 없는 포괄적인 데이터로 검증을 실시했는가?

5) 위험 도출·확인·분석(단계 활동)

<표> 확률 동작에 대한 수용 관련 위험 평가(보증활동시 유의사항)

품질보증 관점	품질보증 체크리스트
확률적 동작이라는 점에 대한 수용 고객이 위험과 부작용의 몰이해와 미수용	· 확률적 동작에서 출력되는 AI에 대한 이해도 　- AI의 출력 결과가 확률적 동작(확률적으로 그럴듯함)에 의해 출력되는 것을 고객이 이해하고 있는가? · 확률적 동작에서 출력된 결과에 대한 위험 허용 　- 확률적 동작(확률적으로 그럴듯함)에 의해 출력된 결과를 허용하는 것이 가능한가? · AI 제품의 출력에 대한 책임의 명확화 　- 확률적 동작(확률적으로 그럴듯함)의 AI 제품이 출력한 결과에 따라 인적 피해 등이 발생한 경우 책임 소재가 명확하게 되어 있는가?
지속적인 접근 방식 PoC와 β 출시라는 개념을 이해하는 정도	· 애자일 소프트웨어 개발에 대한 이해도 　- 기존의 연역적인 폭포수형 개발과는 다른 귀납적 애자일형 개발이라는 점을 고객이 이해하고 있는가?

1　추정된 수학 모델에 입각하는 예측값과 실측값과의 차이이다.

데이터의 양과 질에 대한 인식	· 고객의 비즈니스 과제에 부합하는 데이터의 필요성에 대한 이해도
	- 고객은 AI 성능 향상과 고객의 비즈니스 과제에 부합하는 데이터가 필요하다는 것을 이해하고 있는가? 또한, 이러한 데이터를 보유하고 있는가?
	· AI의 학습에 필요한 데이터의 질과 양에 대한 이해도
	- AI에 의한 사업 과제 해결에 많은 데이터를 포괄적으로 제공할 필요가 있음을 고객이 이해하고 있는가?
보증성과 설명가능성, 납득 가능성은 충분 한가?	· AI 제품 설명가능성
	- AI의 출력 결과에 대한 근거를 설명할 수 있는가?
	- 혹은 통계적 기법 등을 이용하여 결과의 타당성을 보여주는 것이 가능한가?

<표> 기타 시스템 품질에 대한 위험 평가(보증활동시 유의사항)

품질보증 관점	품질보증 체크리스트
비즈니스 가치가 제대로 제공되고 있는가?	· AI 제품에 대한 고객 가치 - 제공하는 AI 제품이 고객의 비즈니스 과제 해결에 적합한가?
심각한 품질 사고 발생 가능성은 낮은가?(품질 사고의 심각한 정도는 도메인에 따라 다를 수 있음) - 신체나 생명에 대한 위험과 경제적 피해 - 사회와 환경에 미치는 영향 - 불편함, 매력 없음, 의미 없음, 미풍양속에 반함	· AI 제품에 대한 위험 예측 타당성 - AI 제품의 출력에 의한 품질 사고 발생의 위험 분석(상황 분석, HAZOP 분석 등)과 발생 시 피해 최소화 대책이 검토되고 있는가? * HAZOP(Hazard & Operability Analysis)
시스템 사고 도달 범위와 안전 기능, 내공격성이 충분한 정도인가? 필요한 경우, AI의 기여도를 억제할 수단이 있는가?	· AI 제품에 대한 안전성 확보 - 안전·보안 메커니즘이 포함된 아키텍처 설계가 고려되어 있는가? - 제공하는 AI 제품의 출력에 대한 안전 설계가 고려되어 있는가? · 이상 출력을 방지하는 제어 메커니즘의 확보 - AI의 이상 작동을 자가 판단할 수 있는 구조와 출력 데이터를 모니터링하고 적절한 출력 범위 내에서 컨트롤하는 구조를 구현하고 있는가? · AI 제품에 대한 무결성(고장이나 이상을 탐지·진단하고 복구하는 능력)을 확보 - AI의 신뢰성 저하를 감지한 경우, 시스템을 멈추지 않고 AI를 제외한 구조를 구현할 수 있는가?(AI를 사용하지 않는 시스템으로 원활하게 이행하는 구조) · 학습에 피드백할 데이터의 안전성 확보 - 학습에 사용하는 데이터에 대해 성능 저하로 이어질 악성 데이터의 혼입을 방지할 수 있는가? - 혹은 학습 전에 악성 데이터를 제거하는 수단이 있는가?

품질 사고를 일으킬 수 있는 사건의 발생 빈도는 낮다고 추정할 수 있는가? - 사건의 발생 빈도 - 검증된 사건의완전성 - 환경 통제성(우연한 발생 또는 의도적 공격)	· AI 제품의 안전 작동 　- AI 제품의 동작 이력을 바탕으로 통계적 기법 등을 활용하여 안전성을 보여줄 수 있는가?

6) 아키텍처 개념 설계(단계 활동)

<표> 요구사항에 따라 구성 확인(보증활동시 유의사항)

품질보증 관점	품질보증 체크리스트
시스템의 구성 부품(하드웨어와 OS)을 계획하고 있는가?	· 운용시를 고려한 하드웨어 개발 　- 운용시 부하와 데이터 양에 따라 하드웨어를 선정하고 있는가? 　- 유지보수와 고장시 대응을 계획하고 있는가? · 업데이트를 고려한 OS 선정 　- OS의 업데이트 빈도와 지원 기간을 고려하여 OS를 사용하고 있는가? 　- OS의 업데이트에 대한 대응과 지원이 끝난 때의 대응에 대비하고 있는가?

<표> 권리·발명 관련 일관성(보증활동시 유의사항)

품질보증 관점	품질보증 체크리스트
저작권과 지적재산권, 개인정보보호 규정 준수, 사회적 수용이 필요한 정도	· AI 제품의 저작권과 지적재산권 등에 관한 계약에 동의 　- AI 제품에 대한 저작권과 지적재산권 등에 대해 고객과 계약에서 동의가 이루어지고 있는가? · AI 제품의 저작권과 지적재산권 등에 관한 이해도 　- AI 제품의 저작권과 지적재산권 등이 고객에게 이해되고 있는가? · AI에 사용되는 고객 데이터에 대한 보안 수준과 공개 범위, 취급 제한의 명확화 　- AI에 사용되는 데이터 보안 수준과 공개 범위, 취급 제한은 명확하게 되어 있는가? · AI 제품에 포함된 데이터의 권리에 관한 동의 　- 학습용 데이터, 검증용 데이터, 운영시 데이터 등 모든 데이터에 대해 데이터의 권리와 이용 규칙 등이 명확하게 되어 있는가?

책임 소재의 명확성	· 고객 이해관계자의 명확화 - 제품 이해관계자를 명확히 도출하고 각자가 제품에 어떻게 관여하는지를 명확하게 하고 있는가? · AI 제품 결과에 대한 책임의 명확화 - 확률적 동작(확률적으로 그럴듯함)의 AI 제품이 출력한 결과에 따라 인적 피해 등이 발생한 경우 책임 소재가 명확하게 되어 있는가?
고객의 협력과 참여 수준	· AI 제품 개발에 대한 고객의 협력도와 참여도 - 고객이 보유하고 있는 데이터의 제공과 검증(PoC)에서 고객이 협조적인가?

부록 C-2 AI 시스템 개발 단계

1) 요구사항 정의(단계 활동)

<표> 사용 환경과 유스케이스 정의(보증활동시 유의사항)

품질보증 관점	품질보증 체크리스트
환경의존성을 고려한 달성 목표를 명확히 하고 있는가?	· 시스템이 대상으로 하는 환경 조건의 명확화 - PoC 결과에 기반한 환경의존성을 고려하고 있는가? · 시스템의 안정적인 동작과 안전, 보안에 대한 품질보증 - 요구사항 정의에 따라 데이터 수집을 포함한 달성 목표를 명확히 하고 있는가? - 응용 프로그램에 대한 외부기관의 인증과 품질보증 활동을 준비하고 이해관계자에게 설명하고 있는가?

<표> 시스템 구성 조건 정의(보증활동시 유의사항)

품질보증 관점	품질보증 체크리스트
시스템의 구성 부품(하드웨어와 OS)을 계획하고 있는가?	· 운용시를 고려한 하드웨어 개발 - 운용시 부하와 데이터 양에 따라 하드웨어를 선정하고 있는가? - 유지보수와 고장시 대응을 계획하고 있는가? · 업데이트를 고려한 OS 선정 - OS의 업데이트 빈도와 지원 기간을 고려하여 OS를 사용하고 있는가? - OS의 업데이트에 대한 대응과 지원이 끝난 때의 대응에 대비하고 있는가?

<표> 위험관리(보증활동시 유의사항)

품질보증 관점	품질보증 체크리스트

저작권과 지적재산권, 개인정보보호 규정 준수, 사회적 수용이 필요한 정도	· AI 제품의 저작권과 지적재산권 등에 관한 계약에 동의
	  - AI 제품에 대한 저작권과 지적재산권 등에 대해 고객과 계약에서 동의가 이루어지고 있는가?
	
	· AI 제품의 저작권과 지적재산권 등에 관한 이해도
	  - AI 제품의 저작권과 지적재산권 등이 고객에게 이해되고 있는가?
	
	· AI에 사용되는 고객 데이터에 대한 보안 수준과 공개 범위, 취급 제한의 명확화
	  - AI에 사용되는 데이터 보안 수준과 공개 범위, 취급 제한은 명확하게 되어 있는가?
	
	· AI 제품에 포함된 데이터의 권리에 관한 동의
	  - 학습용 데이터, 검증용 데이터, 운영시 데이터 등 모든 데이터에 대해 데이터의 권리와 이용 규칙 등이 명확하게 되어 있는가?

책임 소재의 명확성	· 고객 이해관계자의 명확화
	  - 제품 이해관계자를 명확히 도출하고 각자가 제품에 어떻게 관여하는지를 명확하게 하고 있는가?
	
	· AI 제품 결과에 대한 책임의 명확화
	  - 확률적 동작(확률적으로 그럴듯함)의 AI 제품이 출력한 결과에 따라 인적 피해 등이 발생한 경우 책임 소재가 명확하게 되어 있는가?

심각한 품질 사고 발생 가능성은 낮은가?(품질 사고의 심각한 정도는 도메인에 따라 다를 수 있음) - 신체나 생명에 대한 위험과 경제적 피해 - 사회와 환경에 미치는 영향 - 불편함, 매력 없음, 의미 없음, 미풍양속에 반함	· AI 제품에 대한 위험 예측 타당성 - AI 제품의 출력에 의한 품질 사고 발생의 위험 분석(상황 분석, HAZOP 분석 등)과 발생시 피해 최소화 대책이 검토되고 있는가? * HAZOP(Hazard & Operability Analysis)

<표> 품질목표 설정(보증활동시 유의사항)

품질보증 관점	품질보증 체크리스트
고객의 기대수준 기대수준이 '보통 수준'인지 여부	· AI에 의해 해결하려는 비즈니스 과제의 명확화 - 고객의 비즈니스 과제가 명확하게 되어 있는가?(AI 적용 자체를 목적으로 되어 있지 않는가?) · AI에 의한 사업 과제의 해결가능성 - AI에 의해 고객의 비즈니스 과제를 해결할 수 있는가? · AI에 의해 해결하려는 비즈니스 과제 해결의 효과 - AI를 이용해서 고객의 기대 효과(목표 성능 등)가 명확하게 되어 있는가? - '인간'과 동등 이상의 효과를 기대하고 있는가?
환경의존성을 고려한 달성 목표를 명확히 하고 있는가?	· 시스템이 대상으로 하는 환경 조건의 명확화 - PoC 결과에 기반한 환경의존성을 고려하고 있는가? · 시스템의 안정적인 동작과 안전, 보안에 대한 품질보증 - 요구사항 정의에 따라 데이터 수집을 포함한 달성 목표를 명확히 하고 있는가? - 응용 프로그램에 대한 외부기관의 인증과 품질보증 활동을 준비하고 이해관계자에게 설명하고 있는가?
잘 진행될 전망이 있는가? - 새로운 특징을 신속하게 추가할 수 있는가? - 모델을 신속하게 개선할 수 있는가? - 학습과 추론의 디버깅 수단을 가지고 있는가?	· PoC와 단계적 출시에 의한 성능 향상 전망 · PoC 단계에서 학습에 사용하는 데이터의 검토와 특징량의 추가 - 모델의 개선 등을 통해 성능 향상을 기대할 수 있는가?

2) 기본 설계(단계 활동)

<표> 시스템의 안전장치(Fail Safe) 설계(보증활동시 유의사항)

품질보증 관점	품질보증 체크리스트
온라인으로 학습할 경우 그 영향을 적절히 고려하고 있는가?	· 이상치에 대한 구조의 타당성 - 온라인 학습에서 신뢰할 수 있는 데이터 구간을 정의하고 예상치 못한 데이터에 의한 학습을 방지하는 구조를 구축했는가?

시스템 사고 도달 범위와 안전 기능, 내공격성이 충분한 정도인가?	· AI 제품에 대한 안전성 확보
	  - 안전·보안 메커니즘이 포함된 아키텍처 설계가 고려되어 있는가?
	
	  - 제공하는 AI 제품의 출력에 대한 안전 설계가 고려되어 있는가?

필요한 경우, AI의 기여도를 억제할 수단이 있는가?	· 이상 출력을 방지하는 제어 메커니즘의 확보 - AI의 이상 작동을 자가 판단할 수 있는 구조와 출력 데이터를 모니터링하고 적절한 출력 범위 내에서 컨트롤하는 구조를 구현하고 있는가?
	· AI 제품에 대한 무결성(고장이나 이상을 탐지·진단하고 복구하는 능력)을 확보 - AI의 신뢰성 저하를 감지한 경우, 시스템을 멈추지 않고 AI를 제외한 구조를 구현할 수 있는가?(AI를 사용하지 않는 시스템으로 원활하게 이행하는 구조)

	· 학습에 피드백할 데이터의 안전성 확보
	  - 학습에 사용하는 데이터에 대해 성능 저하로 이어질 악성 데이터의 혼입을 방지할 수 있는가?
	
	  - 혹은 학습 전에 악성 데이터를 제거하는 수단이 있는가?

품질 사고를 일으킬 수 있는 사건의 발생 빈도는 낮다고 추정할 수 있는가? - 사건의 발생 빈도 - 검증된 사건의 완전성 - 환경 통제성(우연한 발생 또는 의도적 공격)	· AI 제품의 안전 작동 - AI 제품의 동작 이력을 바탕으로 통계적 기법 등을 활용하여 안전성을 보여줄 수 있는가?

<표> 운영중 평가에 대한 설계(Canary Release) (보증활동시 유의사항)

품질보증 관점	품질보증 체크리스트
충분히 짧은 단위로 반복적 개발을 수행하는가? 모델 시스템의 품질 향상 주기는 충분히 짧은가?	· 애자일 소프트웨어 개발 수행 능력 - 애자일 소프트웨어 개발을 실시함에 있어서 필요한 고객 협력과 인력, 시설 등의 내부 환경과 개발 절차 등에 미비함은 없는가?

자료와 롤백은 간편하고 신속하게 할 수 있는가?	· AI 제품 형상관리의 타당성
	  - AI 프로그램과 학습용 데이터 세트 등의 버전에 대해 적절하게 형상관리가 이루어지고 있는가?
	
	· 출시 계획의 타당성
	  - AI 프로그램 릴리스 계획은 제품의 특성과 고객의 요구에 따라 적절히 정해져 있는가?
	
	· 롤백의 신속성
	  릴리스한 AI 프로그램에 이상이 발생한 경우 신속하게 롤백할 방법이 있는가?

<표> 운영중 사고 대응시 롤백 설계(보증활동시 유의사항)

품질보증 관점	품질보증 체크리스트
시스템 사고 도달 범위와 안전 기능, 내공격성이 충분한 정도인가? 필요한 경우, AI의 기여도를 억제할 수단이 있는가?	· AI 제품에 대한 안전성 확보 - 안전·보안 메커니즘이 포함된 아키텍처 설계가 고려되어 있는가? - 제공하는 AI 제품의 출력에 대한 안전 설계가 고려되어 있는가? · 이상 출력을 방지하는 제어 메커니즘의 확보 - AI의 이상 작동을 자가 판단할 수 있는 구조와 출력 데이터를 모니터링하고 적절한 출력 범위 내에서 컨트롤하는 구조를 구현하고 있는가? · AI 제품에 대한 무결성(고장이나 이상을 탐지·진단하고 복구하는 능력)을 확보 - AI의 신뢰성 저하를 감지한 경우, 시스템을 멈추지 않고 AI를 제외한 구조를 구현할 수 있는가?(AI를 사용하지 않는 시스템으로 원활하게 이행하는 구조) · 학습에 피드백할 데이터의 안전성 확보 - 학습에 사용하는 데이터에 대해 성능 저하로 이어질 악성 데이터의 혼입을 방지할 수 있는가? - 혹은 학습 전에 악성 데이터를 제거하는 수단이 있는가?
품질 사고를 일으킬 수 있는 사건의 발생 빈도는 낮다고 추정할 수 있는가? - 사건의 발생 빈도 - 검증된 사건의 완전성 - 환경 통제성(우연한 발생 또는 의도적 공격)	· AI 제품의 안전 작동 - AI 제품의 동작 이력을 바탕으로 통계적 기법 등을 활용하여 안전성을 보여줄 수 있는가?
성능 등 시스템의 동작이 저하되고 있지 않는가?	· 작업 후 시스템 동작의 타당성 - 입력 데이터의 특성이 변화하고 성능이 저하되지 않았는지 확인하는 방법은 있는가? - 입력 데이터의 특성 변화가 있을 경우에도 시스템의 정상 작동을 유지하는 방법이 있어서 품질 사고를 예방할 수 있는가?
자료와 롤백은 간편하고 신속하게 할 수 있는가?	· AI 제품 형상관리의 타당성 - AI 프로그램과 학습용 데이터 세트 등의 버전에 대해 적절하게 형상관리가 이루어지고 있는가? · 출시 계획의 타당성 - AI 프로그램 릴리스 계획은 제품의 특성과 고객의 요구에 따라 적절히 정해져 있는가? · 롤백의 신속성 - 릴리스한 AI 프로그램에 이상이 발생한 경우 신속하게 롤백할 방법이 있는가?

<표> 운영 모니터링 설계(보증활동시 유의사항)

품질보증 관점	품질보증 체크리스트
온라인으로 학습할 경우 그 영향을 적절히 고려하고 있는가?	· 이상치에 대한 구조의 타당성 　- 온라인 학습에서 신뢰할 수 있는 데이터 구간을 정의하고 예상치 못한 데이터에 의한 학습을 방지하는 구조를 구축했는가?
목표지표의 측정이 어려운 경우, 측정할 수 있는 지표와 그 관련성이 타당한가?	· 직접 데이터를 측정할 수 없어서 간접적으로 데이터를 측정하는 경우, 그 방법의 타당성을 검증했는가? · 측정 방법에 따라 노이즈가 포함되거나 특성이 바뀌거나 하지 않는가? · '미래 값의 예측' 등 정답이 분명하지 않은 AI 대해 합격/불합격을 판단하기 위한 측정 방법이 정해져 있는가, 또한 고객과 합의할 수 있는가?
성능 등 시스템의 동작이 저하되고 있지 않는가?	· 작업 후 시스템 동작의 타당성 　- 입력 데이터의 특성이 변화하고 성능이 저하되지 않았는지 확인하는 방법은 있는가? 　- 입력 데이터의 특성 변화가 있을 경우에도 시스템의 정상 작동을 유지하는 방법이 있어서 품질 사고를 예방할 수 있는가?
운영 상황에 대해 지속적인 피드백을 받는가?	· AI 제품 개발에 대한 고객의 협력 정도 　- AI 제품 개발에 있어서 고객으로부터 충분한 협조를 받고, 검증(PoC) 결과에 대해 고객으로부터 지속적인 피드백을 받을 수 있는가?

<표> 요구사항에 근거한 구성요소 설계(보증활동시 유의사항)

품질보증 관점	품질보증 체크리스트
향후 데이터 증가·처리량 증가를 대비하여 시스템을 확장할 수 있는가?	· 운용시 수집하는 데이터 양을 고려 　- 운용시 어떤 데이터를 어느 정도 축적할 것을 예측하고 요구사항에 반영하고 있는가? 　- 현재 보유하고 있지 않지만, 향후 취득할 가능성이 있는 데이터를 대비해 확장성을 고려하고 있는가?
시스템의 구성 부품(하드웨어와 OS)을 계획하고 있는가?	· 운용시를 고려한 하드웨어 개발 　- 운용시 부하와 데이터 양에 따라 하드웨어를 선정하고 있는가? 　- 유지보수와 고장시 대응을 계획하고 있는가? · 업데이트를 고려한 OS 선정 　- OS의 업데이트 빈도와 지원 기간을 고려하여 OS를 사용하고 있는가? 　- OS의 업데이트에 대한 대응과 지원이 끝난 때의 대응에 대비하고 있는가?

3) 시스템 테스트(단계 활동)

<표> 시스템 요구 품질에 대한 평가(보증활동시 유의사항)

품질보증 관점	품질보증 체크리스트
고객의 기대수준 기대수준이 '보통 수준'인지 여부	· AI에 의해 해결하려는 비즈니스 과제의 명확화 - 고객의 비즈니스 과제가 명확하게 되어 있는가?(AI 적용 자체를 목적으로 되어 있지 않는가?) · AI에 의한 사업 과제의 해결가능성 - AI에 의해 고객의 비즈니스 과제를 해결할 수 있는가? · AI에 의해 해결하려는 비즈니스 과제 해결의 효과 - AI를 이용해서 고객의 기대 효과(목표 성능 등)가 명확하게 되어 있는가? - '인간'과 동등 이상의 효과를 기대하고 있는가?
환경의존성을 고려한 달성 목표를 명확히 하고 있는가?	· 시스템이 대상으로 하는 환경 조건의 명확화 - PoC 결과에 기반한 환경의존성을 고려하고 있는가? · 시스템의 안정적인 동작과 안전, 보안에 대한 품질보증 - 요구사항 정의에 따라 데이터 수집을 포함한 달성 목표를 명확히 하고 있는가? - 응용 프로그램에 대한 외부기관의 인증과 품질보증 활동을 준비하고 이해관계자에게 설명하고 있는가?
충분히 짧은 단위로 반복적 개발을 수행하는가? 모델 시스템의 품질 향상 주기는 충분히 짧은가?	· 애자일 소프트웨어 개발 수행 능력 - 애자일 소프트웨어 개발을 실시함에 있어서 필요한 고객 협력과 인력, 시설 등의 내부 환경과 개발 절차 등에 미비함은 없는가?
운영 상황에 대해 지속적인 피드백을 받는가?	· AI 제품 개발에 대한 고객의 협력 정도 - AI 제품 개발에 있어서 고객으로부터 충분한 협조를 받고, 검증(PoC) 결과에 대해 고객으로부터 지속적인 피드백을 받을 수 있는가?
자료와 롤백은 간편하고 신속하게 할 수 있는가?	· AI 제품 형상관리의 타당성 - AI 프로그램과 학습용 데이터 세트 등의 버전에 대해 적절하게 형상관리가 이루어지고 있는가? · 출시 계획의 타당성 - AI 프로그램 릴리스 계획은 제품의 특성과 고객의 요구에 따라 적절히 정해져 있는가? · 롤백의 신속성 - 릴리스한 AI 프로그램에 이상이 발생한 경우 신속하게 롤백할 방법이 있는가?

<표> 설명가능성과 환경의존성에 대한 로깅 데이터 충분성 평가(보증활동시 유의사항)

품질보증 관점	품질보증 체크리스트
양은 충분한가? 비용은 적정한가? 의미 있는 양인가? 가공 데이터로 증량을 해도 괜찮은가?	· AI 학습에 필요한 데이터 양을 확보 · PoC 단계에 필요한 데이터 양을 준비 · 교차검증과 일반화 성능확인 등에 사용할 데이터 확보

데이터의 품질은 적절한가?
- 요구하는 모집단의 샘플인가, 실데이터인가?
- 불필요한 데이터가 포함되어 있지 않은가?
- 데이터에 관한 요구사항·제약사항이 충족되는가?
- 필요한 요소를 적절히 포함한(분포) 샘플인가?
- 편중이나 편향, 오염은 없는가?
- 각각의 데이터는 상식적인 값인가?
	· 학습에 사용할 데이터가 비즈니스 과제와 일치하는 정도
	  - 과제 해결에 연결되는 데이터가 고객으로부터 제공되고 있는가? 혹은 생성해서 획득할 수 있는가?
	· 데이터의 품질 확보
	  - 가정 모집단을 정의한 다음, 포괄적으로 샘플 데이터를 검색하고, 편향은 없는가?
	· 데이터의 특성 평가
	  - 편향과 편견, 교란 등에 관한 위험을 평가했는가?
	· 한도를 벗어난 값과 결측값 제거
	  - 정해진 방침에 의거하여 수정을 하는가?

너무 복잡하거나 간단하지 않은가?
데이터의 성질(다중 공선성 등)은 적절하게 고려되고 있는가?
포함하면 안되는 모집단의 데이터와 섞여 있지 않는가?
라벨은 타당한가?
	· 비즈니스 과제(문제)에 대한 데이터 정의(가정 모델)의 복잡성
	  - 비즈니스 과제 모델링시 데이터의 설명변수의 개수·인과관계의 수가 너무 복잡하거나 혹은 너무 간단하지 않은가?
	  - 다중 공선성을 고려하고 있는가?
	· 데이터의 입수 경로와 관리의 타당성
	  - 데이터의 입수·취득 경로가 명확한지, 데이터 관리 방법에 문제는 없는가?
	· 라벨 정확성
	  - 학습용으로 정답값을 포함하는 적절한 데이터 세트로 되어 있는가?

온라인으로 학습할 경우 그 영향을 적절히 고려하고 있는가?	· 이상치에 대한 구조의 타당성 - 온라인 학습에서 신뢰할 수 있는 데이터 구간을 정의하고 예상치 못한 데이터에 의한 학습을 방지하는 구조를 구축했는가?
학습 프로그램 또는 데이터 생성 프로그램의 결함으로 인해 데이터의 의미가 훼손되지는 않는가?	· 여러 하위 시스템에서 얻은 데이터의 무결성 확인 - 여러 하위 시스템에서 얻은 데이터 시간의 일관성을 맞추기 위해 각각의 하위 시스템에서 얻은 데이터의 결손과 무결성을 확인하고 있는가?

품질 사고를 일으킬 수 있는 사건의 발생 빈도는 낮다고 추정할 수 있는가? - 사건의 발생 빈도 - 검증된 사건의 완전성 - 환경 통제성(우연한 발생 또는 의도적 공격)	·AI 제품의 안전 작동 - AI 제품의 동작 이력을 바탕으로 통계적 기법 등을 활용하여 안전성을 보여줄 수 있는가?
보증성과 설명가능성, 납득가능성은 충분 한가?	·AI 제품 설명가능성 - AI의 출력 결과에 대한 근거를 설명할 수 있는가? - 혹은 통계적 기법 등을 이용하여 결과의 타당성을 보여주는 것이 가능한가?

<표> 동작 검증이 필요한 시스템의 안전장치(Fail Safe) 테스트(보증활동시 유의사항)

품질보증 관점	품질보증 체크리스트
심각한 품질 사고 발생 가능성은 낮은가?(품질 사고의 심각한 정도는 도메인에 따라 다를 수 있음) - 신체나 생명에 대한 위험과 경제적 피해 - 사회와 환경에 미치는 영향 - 불편함, 매력 없음, 의미 없음, 미풍양속에 반함	·AI 제품에 대한 위험 예측 타당성 - AI 제품의 출력에 의한 품질 사고 발생의 위험 분석(상황 분석, HAZOP 분석 등)과 발생시 피해 최소화 대책이 검토되고 있는가? * HAZOP(Hazard & Operability Analysis)
시스템 사고 도달 범위와 안전 기능, 내공격성이 충분한 정도인가? 필요한 경우, AI의 기여도를 억제할 수단이 있는가?	·AI 제품에 대한 안전성 확보 - 안전·보안 메커니즘이 포함된 아키텍처 설계가 고려되어 있는가? - 제공하는 AI 제품의 출력에 대한 안전 설계가 고려되어 있는가? ·이상 출력을 방지하는 제어 메커니즘의 확보 - AI의 이상 작동을 자가 판단할 수 있는 구조와 출력 데이터를 모니터링하고 적절한 출력 범위 내에서 컨트롤하는 구조를 구현하고 있는가? ·AI 제품에 대한 무결성(고장이나 이상을 탐지·진단하고 복구하는 능력)을 확보 - AI의 신뢰성 저하를 감지한 경우, 시스템을 멈추지 않고 AI를 제외한 구조를 구현할 수 있는가?(AI를 사용하지 않는 시스템으로 원활하게 이행하는 구조) ·학습에 피드백할 데이터의 안전성 확보 - 학습에 사용하는 데이터에 대해 성능 저하로 이어질 악성 데이터의 혼입을 방지할 수 있는가? - 혹은 학습 전에 악성 데이터를 제거하는 수단이 있는가?

품질 사고를 일으킬 수 있는 사건의 발생 빈도는 낮다고 추정할 수 있는가? - 사건의 발생 빈도 - 검증된 사건의 완전성 - 환경 통제성(우연한 발생 또는 의도적 공격)	· AI 제품의 안전 작동 - AI 제품의 동작 이력을 바탕으로 통계적 기법 등을 활용하여 안전성을 보여줄 수 있는가?

<표> 운영 모니터링의 타당성 평가(보증활동시 유의사항)

품질보증 관점	품질보증 체크리스트
성능 등 시스템의 동작이 저하되고 있지 않는가?	· 작업 후 시스템 동작의 타당성 - 입력 데이터의 특성이 변화하고 성능이 저하되지 않았는지 확인하는 방법은 있는가? - 입력 데이터의 특성 변화가 있을 경우에도 시스템의 정상 작동을 유지하는 방법이 있어서 품질 사고를 예방할 수 있는가?
향후 데이터 증가·처리량 증가를 대비하여 시스템을 확장할 수 있는가?	· 운용시 수집하는 데이터 양을 고려 - 운용시 어떤 데이터를 어느 정도 축적할 것을 예측하고 요구사항에 반영하고 있는가? - 현재 보유하고 있지 않지만, 향후 취득할 가능성이 있는 데이터를 대비해 확장성을 고려하고 있는가?

4) 수락 시험(단계 활동)

<표> 운영 환경에서의 운영 요구사항(관리 절차 등) 적합성 평가(보증활동시 유의사항)

품질보증 관점	품질보증 체크리스트
고객의 기대수준 기대수준이 '보통 수준'인지 여부	· AI에 의해 해결하려는 비즈니스 과제의 명확화 - 고객의 비즈니스 과제가 명확하게 되어 있는가?(AI 적용 자체를 목적으로 되어 있지 않는가?) · AI에 의한 사업 과제의 해결가능성 - AI에 의해 고객의 비즈니스 과제를 해결할 수 있는가? · AI에 의해 해결하려는 비즈니스 과제 해결의 효과 - AI를 이용해서 고객의 기대 효과(목표 성능 등)가 명확하게 되어 있는가? - '인간'과 동등 이상의 효과를 기대하고 있는가?

일반화 성능	· 일반화 성능 목표 　- 일반화 성능을 요구사항으로 명확하게 규정하고 있는가? 　- 학습 후 모델의 일반화 성능은 학습시의 성능과 비교하여 현저하게 저하되지 않는가? · 일반화 성능 측정 방법 　- 일반화 성능을 측정하는 방법이 정의되었는가? 　- 교차검증에 사용하는 검증용 데이터를 확보하고 있는가?
환경의존성을 고려한 달성 목표를 명확히 하고 있는가?	· 시스템이 대상으로 하는 환경 조건의 명확화 　- PoC 결과에 기반한 환경의존성을 고려하고 있는가? · 시스템의 안정적인 동작과 안전, 보안에 대한 품질보증 　- 요구사항 정의에 따라 데이터 수집을 포함한 달성 목표를 명확히 하고 있는가? 　- 응용 프로그램에 대한 외부기관의 인증과 품질보증 활동을 준비하고 이해관계자에게 설명하고 있는가?
운영 상황에 대해 지속적인 피드백을 받는가?	· AI 제품 개발에 대한 고객의 협력 정도 　- AI 제품 개발에 있어서 고객으로부터 충분한 협조를 받고, 검증(PoC) 결과에 대해 고객으로부터 지속적인 피드백을 받을 수 있는가?
자료와 롤백은 간편하고 신속하게 할 수 있는가?	· AI 제품 형상관리의 타당성 　- AI 프로그램과 학습용 데이터 세트 등의 버전에 대해 적절하게 형상관리가 이루어지고 있는가? · 출시 계획의 타당성 　- AI 프로그램 릴리스 계획은 제품의 특성과 고객의 요구에 따라 적절히 정해져 있는가? · 롤백의 신속성 릴리스한 AI 프로그램에 이상이 발생한 경우 신속하게 롤백할 방법이 있는가?
시스템 라이프사이클을 고려한 업데이트 계획이 있는가?	· AI 제품 업데이트 계획의 타당성 　- AI 제품의 전체 라이프사이클을 고려한 업데이트 계획이 수립되어 있는가? 　- 업데이트 계획은 타당한가? 　- 업데이트 계획은 OS의 업데이트 데이터 특성 변화에 따른 대응, 데이터 양의 증가에 따른 대응 등을 포함하는가?

<표> 운영 환경에서 환경의존성 평가(보증활동시 유의사항)

품질보증 관점	품질보증 체크리스트
데이터의 양과 질에 대한 인식	· 고객의 비즈니스 과제에 부합하는 데이터의 필요성에 대한 이해도 　- 고객은 AI 성능 향상과 고객의 비즈니스 과제에 부합하는 데이터가 필요하다는 것을 이해하고 있는가? 또한, 이러한 데이터를 보유하고 있는가? · AI의 학습에 필요한 데이터의 질과 양에 대한 이해도 　- AI에 의한 사업 과제 해결에 많은 데이터를 포괄적으로 제공할 필요가 있음을 고객이 이해하고 있는가?
데이터의 품질은 적절한가? - 요구하는 모집단의 샘플인가, 실데이터인가? - 불필요한 데이터가 포함되어 있지 않은가? - 데이터에 관한 요구사항·제약사항이 충족되는가? - 필요한 요소를 적절히 포함한(분포) 샘플인가? - 편중이나 편향, 오염은 없는가? - 각각의 데이터는 상식적인 값인가?	· 학습에 사용할 데이터가 비즈니스 과제와 일치하는 정도 　- 과제 해결에 연결되는 데이터가 고객으로부터 제공되고 있는가? 혹은 생성해서 획득할 수 있는가? · 데이터의 품질 확보 가정 모집단을 정의한 다음, 포괄적으로 샘플 데이터를 검색하고, 편향은 없는가? · 데이터의 특성 평가 　- 편향과 편견, 교란 등에 관한 위험을 평가했는가? · 한도를 벗어난 값과 결측값 제거 　- 정해진 방침에 의거하여 수정을 하는가?
너무 복잡하거나 간단하지 않은가? 데이터의 성질(다중 공선성 등)은 적절하게 고려되고 있는가? 포함하면 안되는 모집단의 데이터와 섞여 있지 않는가? 라벨은 타당한가?	· 비즈니스 과제(문제)에 대한 데이터 정의(가정 모델)의 복잡성 　- 비즈니스 과제 모델링시 데이터의 설명변수의 개수·인과관계의 수가 너무 복잡하거나 혹은 너무 간단하지 않은가? 　- 다중 공선성을 고려하고 있는가? · 데이터의 입수 경로와 관리의 타당성 　- 데이터의 입수·취득 경로가 명확한지, 데이터 관리 방법에 문제는 없는가? · 라벨 정확성 　- 학습용으로 정답값을 포함하는 적절한 데이터 세트로 되어 있는가?
노이즈에 잘 견디는가?	· AI 노이즈 내성(견고성) 　- 센서 데이터 등을 혼입하는 노이즈(상정하는 모집단 외의 데이터) 등으로 AI의 성능이 크게 저하되지 않는가?
향후 데이터 증가·처리량 증가를 대비하여 시스템을 확장할 수 있는가?	· 운용시 수집하는 데이터 양을 고려 　- 운용시 어떤 데이터를 어느 정도 축적할 것을 예측하고 요구사항에 반영하고 있는가? 　- 현재 보유하고 있지 않지만, 향후 취득할 가능성이 있는 데이터를 대비해 확장성을 고려하고 있는가?
시스템의 구성 부품(하드웨어와 OS)을 계획하고 있는가?	· 운용시를 고려한 하드웨어 개발 　- 운용시 부하와 데이터 양에 따라 하드웨어를 선정하고 있는가? 　- 유지보수와 고장시 대응을 계획하고 있는가? · 업데이트를 고려한 OS 선정 　- OS의 업데이트 빈도와 지원 기간을 고려하여 OS를 사용하고 있는가? 　- OS의 업데이트에 대한 대응과 지원이 끝난 때의 대응에 대비하고 있는가?

부록 C-3 AI 컴포넌트 주변장치 개발 단계

1) P1-P3 개발(단계 활동)

<표> P1: 입력 보장에 대한 규칙 구현(보증활동시 유의사항)

품질보증 관점	품질보증 체크리스트
양은 충분한가? 비용은 적정한가? 의미 있는 양인가? 가공 데이터로 증량을 해도 괜찮은가?	· AI 학습에 필요한 데이터 양을 확보 · PoC 단계에 필요한 데이터 양을 준비 · 교차검증과 일반화 성능확인 등에 사용할 데이터 확보

데이터의 품질은 적절한가?
- 요구하는 모집단의 샘플인가, 실데이터인가?
- 불필요한 데이터가 포함되어 있지 않은가?
-데이터에 관한 요구사항·제약사항이 충족되는가?
- 필요한 요소를 적절히 포함한(분포) 샘플인가?
- 편중이나 편향, 오염은 없는가?
- 각각의 데이터는 상식적인 값인가?
	· 학습에 사용할 데이터가 비즈니스 과제와 일치하는 정도
	  - 과제 해결에 연결되는 데이터가 고객으로부터 제공되고 있는가? 혹은 생성해서 획득할 수 있는가?
	
	· 데이터의 품질 확보
	  - 가정 모집단을 정의한 다음, 포괄적으로 샘플 데이터를 검색하고, 편향은 없는가?
	
	· 데이터의 특성 평가
	  - 편향과 편견, 교란 등에 관한 위험을 평가했는가?
	
	· 한도를 벗어난 값과 결측값 제거
	  - 정해진 방침에 의거하여 수정을 하는가?

너무 복잡하거나 간단하지 않은가?
데이터의 성질(다중 공선성 등)은 적절하게 고려되고 있는가?
포함하면 안되는 모집단의 데이터와 섞여 있지 않는가?
라벨은 타당한가?
	· 비즈니스 과제(문제)에 대한 데이터 정의(가정 모델)의 복잡성
	  - 비즈니스 과제 모델링시 데이터의 설명변수의 개수·인과관계의 수가 너무 복잡하거나 혹은 너무 간단하지 않은가?
	
	  - 다중 공선성을 고려하고 있는가?
	
	· 데이터의 입수 경로와 관리의 타당성
	  - 데이터의 입수·취득 경로가 명확한지, 데이터 관리 방법에 문제는 없는가?
	
	· 라벨 정확성
	  - 학습용으로 정답값을 포함하는 적절한 데이터 세트로 되어 있는가?

온라인으로 학습할 경우 그 영향을 적절히 고려하고 있는가?	· 이상치에 대한 구조의 타당성 - 온라인 학습에서 신뢰할 수 있는 데이터 구간을 정의하고 예상치 못한 데이터에 의한 학습을 방지하는 구조를 구축했는가?
학습 프로그램 또는 데이터 생성 프로그램의 결함으로 인해 데이터의 의미가 훼손되지는 않는가?	· 여러 하위 시스템에서 얻은 데이터의 무결성 확인 - 여러 하위 시스템에서 얻은 데이터 시간의 일관성을 맞추기 위해 각각의 하위 시스템에서 얻은 데이터의 결손과 무결성을 확인하고 있는가?

향후 데이터 증가·처리량 증가를 대비하여 시스템을 확장할 수 있는가?	· 운용시 수집하는 데이터 양을 고려 - 운용시 어떤 데이터를 어느 정도 축적할 것을 예측하고 요구사항에 반영하고 있는가? - 현재 보유하고 있지 않지만, 향후 취득할 가능성이 있는 데이터를 대비해 확장성을 고려하고 있는가?

<표> P2: 실행 모니터링과 중복 구현 여부(보증활동시 유의사항)

품질보증 관점	품질보증 체크리스트
심각한 품질 사고 발생 가능성은 낮은가?(품질 사고의 심각한 정도는 도메인에 따라 다를 수 있음) - 신체나 생명에 대한 위험과 경제적 피해 - 사회와 환경에 미치는 영향 - 불편함, 매력 없음, 의미 없음, 미풍양속에 반함	· AI 제품에 대한 위험 예측 타당성 - AI 제품의 출력에 의한 품질 사고 발생의 위험 분석(상황 분석, HAZOP 분석 등)과 발생시 피해 최소화 대책이 검토되고 있는가? * HAZOP(Hazard & Operability Analysis)
시스템 사고 도달 범위와 안전 기능, 내공격성이 충분한 정도인가? 필요한 경우, AI의 기여도를 억제할 수단이 있는가?	· AI 제품에 대한 안전성 확보 - 안전·보안 메커니즘이 포함된 아키텍처 설계가 고려되어 있는가? - 제공하는 AI 제품의 출력에 대한 안전 설계가 고려되어 있는가? · 이상 출력을 방지하는 제어 메커니즘의 확보 - AI의 이상 작동을 자가 판단할 수 있는 구조와 출력 데이터를 모니터링하고 적절한 출력 범위 내에서 컨트롤하는 구조를 구현하고 있는가? · AI 제품에 대한 무결성(고장이나 이상을 탐지·진단하고 복구하는 능력)을 확보 - AI의 신뢰성 저하를 감지한 경우, 시스템을 멈추지 않고 AI를 제외한 구조를 구현할 수 있는가?(AI를 사용하지 않는 시스템으로 원활하게 이행하는 구조) · 학습에 피드백할 데이터의 안전성 확보 - 학습에 사용하는 데이터에 대해 성능 저하로 이어질 악성 데이터의 혼입을 방지할 수 있는가? - 혹은 학습 전에 악성 데이터를 제거하는 수단이 있는가?

<표> P3: 출력 보장에 대한 규칙 구현(보증활동시 유의사항)

품질보증 관점	품질보증 체크리스트
모델이 진부화되거나 실제 데이터에 대한 예측 품질이 저하되고 있지 않은가?	· 실제 데이터 특성의 타당성 - 실제 데이터와 동일한 특성을 갖는 데이터를 확보하는 것이 가능한가? · 상정한 실제 데이터 모델과 실제 데이터의 특성 분석 - 개발시에 상정한 실제 데이터 모델과 실제 데이터(운용 데이터)의 특성 차이와 손실함수 요인에 대한 분석을 하는가?
심각한 품질 사고 발생 가능성은 낮은가?(품질 사고의 심각한 정도는 도메인에 따라 다를 수 있음) - 신체나 생명에 대한 위험과 경제적 피해 - 사회와 환경에 미치는 영향 - 불편함, 매력 없음, 의미 없음, 미풍양속에 반함	· AI 제품에 대한 위험 예측 타당성 - AI 제품의 출력에 의한 품질 사고 발생의 위험 분석(상황 분석, HAZOP 분석 등)과 발생시 피해 최소화 대책이 검토되고 있는가? * HAZOP(Hazard & Operability Analysis)
시스템 사고 도달 범위와 안전 기능, 내공격성이 충분한 정도인가? 필요한 경우, AI의 기여도를 억제할 수단이 있는가?	· AI 제품에 대한 안전성 확보 - 안전·보안 메커니즘이 포함된 아키텍처 설계가 고려되어 있는가? - 제공하는 AI 제품의 출력에 대한 안전 설계가 고려되어 있는가? · 이상 출력을 방지하는 제어 메커니즘의 확보 - AI의 이상 작동을 자가 판단할 수 있는 구조와 출력 데이터를 모니터링하고 적절한 출력 범위 내에서 컨트롤하는 구조를 구현하고 있는가? · AI 제품에 대한 무결성(고장이나 이상을 탐지·진단하고 복구하는 능력)을 확보 - AI의 신뢰성 저하를 감지한 경우, 시스템을 멈추지 않고 AI를 제외한 구조를 구현할 수 있는가?(AI를 사용하지 않는 시스템으로 원활하게 이행하는 구조) · 학습에 피드백할 데이터의 안전성 확보 - 학습에 사용하는 데이터에 대해 성능 저하로 이어질 악성 데이터의 혼입을 방지할 수 있는가? - 혹은 학습 전에 악성 데이터를 제거하는 수단이 있는가?

2) 인프라 구축(단계 활동)

<표> 시스템의 안전장치(Fail Safe) 설계(보증활동시 유의사항)

품질보증 관점	품질보증 체크리스트
학습용 데이터와 검증용 데이터가 독립적인가?	· 교차검증과 일반화 성능 등에 사용하는 데이터의 독립성 - 교차검증과 일반화 성능 등에 사용하는 데이터를 독립적으로 분리·관리하고 있는가?
시스템 사고 도달 범위와 안전 기능, 내공격성이 충분한 정도인가? 필요한 경우, AI의 기여도를 억제할 수단이 있는가?	· AI 제품에 대한 안전성 확보 - 안전·보안 메커니즘이 포함된 아키텍처 설계가 고려되어 있는가? - 제공하는 AI 제품의 출력에 대한 안전 설계가 고려되어 있는가? · 이상 출력을 방지하는 제어 메커니즘의 확보 - AI의 이상 작동을 자가 판단할 수 있는 구조와 출력 데이터를 모니터링하고 적절한 출력 범위 내에서 컨트롤하는 구조를 구현하고 있는가? · AI 제품에 대한 무결성(고장이나 이상을 탐지·진단하고 복구하는 능력)을 확보 - AI의 신뢰성 저하를 감지한 경우, 시스템을 멈추지 않고 AI를 제외한 구조를 구현할 수 있는가?(AI를 사용하지 않는 시스템으로 원활하게 이행하는 구조) · 학습에 피드백할 데이터의 안전성 확보 - 학습에 사용하는 데이터에 대해 성능 저하로 이어질 악성 데이터의 혼입을 방지할 수 있는가? - 혹은 학습 전에 악성 데이터를 제거하는 수단이 있는가?
품질 사고를 일으킬 수 있는 사건의 발생 빈도는 낮다고 추정할 수 있는가? - 사건의 발생 빈도 - 검증된 사건의 완전성 - 환경 통제성(우연한 발생 또는 의도적 공격)	· AI 제품의 안전 작동 - AI 제품의 동작 이력을 바탕으로 통계적 기법 등을 활용하여 안전성을 보여줄 수 있는가?

<표> 운영중 평가에 대한 설계(Canary Release) (보증활동시 유의사항)

품질보증 관점	품질보증 체크리스트
충분히 짧은 단위로 반복적 개발을 수행하는가? 모델 시스템의 품질 향상 주기는 충분히 짧은가?	· 애자일 소프트웨어 개발 수행 능력 - 애자일 소프트웨어 개발을 실시함에 있어서 필요한 고객 협력과 인력, 시설 등의 내부 환경과 개발 절차 등에 미비함은 없는가?

자료와 롤백은 간편하고 신속하게 할 수 있는가?	· AI 제품 형상관리의 타당성
	  - AI 프로그램과 학습용 데이터 세트 등의 버전에 대해 적절하게 형상관리가 이루어지고 있는가?
	
	· 출시 계획의 타당성
	  - AI 프로그램 릴리스 계획은 제품의 특성과 고객의 요구에 따라 적절히 정해져 있는가?
	
	· 롤백의 신속성
	  - 릴리스한 AI 프로그램에 이상이 발생한 경우 신속하게 롤백할 방법이 있는가?

<표> 운영중 사고 대응시 롤백 설계(보증활동시 유의사항)

품질보증 관점	품질보증 체크리스트

시스템 사고 도달 범위와 안전 기능, 내공격성이 충분한 정도인가?
 	
필요한 경우, AI의 기여도를 억제할 수단이 있는가?
	· AI 제품에 대한 안전성 확보
	  - 안전·보안 메커니즘이 포함된 아키텍처 설계가 고려되어 있는가?
	
	  - 제공하는 AI 제품의 출력에 대한 안전 설계가 고려되어 있는가?
	
	· 이상 출력을 방지하는 제어 메커니즘의 확보
	  - AI의 이상 작동을 자가 판단할 수 있는 구조와 출력 데이터를 모니터링하고 적절한 출력 범위 내에서 컨트롤하는 구조를 구현하고 있는가?
	
	· AI 제품에 대한 무결성(고장이나 이상을 탐지·진단하고 복구하는 능력)을 확보
	  - AI의 신뢰성 저하를 감지한 경우, 시스템을 멈추지 않고 AI를 제외한 구조를 구현할 수 있는가?(AI를 사용하지 않는 시스템으로 원활하게 이행하는 구조)
	
	· 학습에 피드백할 데이터의 안전성 확보
	  - 학습에 사용하는 데이터에 대해 성능 저하로 이어질 악성 데이터의 혼입을 방지할 수 있는가?
	
	  - 혹은 학습 전에 악성 데이터를 제거하는 수단이 있는가?

품질 사고를 일으킬 수 있는 사건의 발생 빈도는 낮다고 추정할 수 있는가? - 사건의 발생 빈도 - 검증된 사건의 완전성 - 환경 통제성(우연한 발생 또는 의도적 공격)	· AI 제품의 안전 작동 - AI 제품의 동작 이력을 바탕으로 통계적 기법 등을 활용하여 안전성을 보여줄 수 있는가?

성능 등 시스템의 동작이 저하되고 있지 않은가?	· 작업 후 시스템 동작의 타당성
	  - 입력 데이터의 특성이 변화하고 성능이 저하되지 않았는지 확인하는 방법은 있는가?
	
	  - 입력 데이터의 특성 변화가 있을 경우에도 시스템의 정상 작동을 유지하는 방법이 있어서 품질 사고를 예방할 수 있는가?

자료와 롤백은 간편하고 신속하게 할 수 있는가?	· AI 제품 형상관리의 타당성 　- AI 프로그램과 학습용 데이터 세트 등의 버전에 대해 적절하게 형상관리가 이루어지고 있는가? · 출시 계획의 타당성 　- AI 프로그램 릴리스 계획은 제품의 특성과 고객의 요구에 따라 적절히 정해져 있는가? · 롤백의 신속성 　- 릴리스한 AI 프로그램에 이상이 발생한 경우 신속하게 롤백할 방법이 있는가?

<표> 운영 모니터링 설계(보증활동시 유의사항)

품질보증 관점	품질보증 체크리스트
온라인으로 학습할 경우 그 영향을 적절히 고려하고 있는가?	· 이상치에 대한 구조의 타당성 　- 온라인 학습에서 신뢰할 수 있는 데이터 구간을 정의하고 예상치 못한 데이터에 의한 학습을 방지하는 구조를 구축했는가?
목표지표의 측정이 어려운 경우, 측정할 수 있는 지표와 그 관련성이 타당한가?	- 직접 데이터를 측정할 수 없어서 간접적으로 데이터를 측정하는 경우, 그 방법의 타당성을 검증했는가? - 측정 방법에 따라 노이즈가 포함되거나 특성이 바뀌거나 하지 않는가? - '미래 값의 예측' 등 정답이 분명하지 않은 AI 대해 합격/불합격을 판단하기 위한 측정 방법이 정해져 있는가, 또한 고객과 합의할 수 있는가?
성능 등 시스템의 동작이 저하되고 있지 않은가?	· 작업 후 시스템 동작의 타당성 　- 입력 데이터의 특성이 변화하고 성능이 저하되지 않았는지 확인하는 방법은 있는가? 　- 입력 데이터의 특성 변화가 있을 경우에도 시스템의 정상 작동을 유지하는 방법이 있어서 품질 사고를 예방할 수 있는가?
운영 상황에 대해 지속적인 피드백을 받는가?	· AI 제품 개발에 대한 고객의 협력 정도 　- AI 제품 개발에 있어서 고객으로부터 충분한 협조를 받고, 검증(PoC) 결과에 대해 고객으로부터 지속적인 피드백을 받을 수 있는가?

<표> 요구사항에 근거한 구성요소 설계(보증활동시 유의사항)

품질보증 관점	품질보증 체크리스트
향후 데이터 증가·처리량 증가를 대비하여 시스템을 확장할 수 있는가?	· 운용시 수집하는 데이터 양을 고려 　- 운용시 어떤 데이터를 어느 정도 축적할 것을 예측하고 요구사항에 반영하고 있는가? 　- 현재 보유하고 있지 않지만, 향후 취득할 가능성이 있는 데이터를 대비해 확장성을 고려하고 있는가?

| 시스템의 구성 부품(하드웨어와 OS)을 계획하고 있는가? | · 운용시를 고려한 하드웨어 개발
  - 운용시 부하와 데이터 양에 따라 하드웨어를 선정하고 있는가?

  - 유지보수와 고장시 대응을 계획하고 있는가?

· 업데이트를 고려한 OS 선정
  - OS의 업데이트 빈도와 지원 기간을 고려하여 OS를 사용하고 있는가?

  - OS의 업데이트에 대한 대응과 지원이 끝난 때의 대응에 대비하고 있는가? |

3) 데이터 정의 평가(단계 활동)

\<표\> 개발·운용시 데이터 수집과 모델 평가 구조(보증활동시 유의사항)

품질보증 관점	품질보증 체크리스트
고객의 협력과 참여 수준	· AI 제품 개발에 대한 고객의 협력도와 참여도 - 고객이 보유하고 있는 데이터의 제공과 검증(PoC)에서 고객이 협조적인가?
양은 충분한가? 비용은 적정한가? 의미 있는 양인가? 가공 데이터로 증량을 해도 괜찮은가?	· AI 학습에 필요한 데이터 양을 확보 · PoC 단계에 필요한 데이터 양을 준비 · 교차검증과 일반화 성능확인 등에 사용할 데이터 확보

데이터의 품질은 적절한가?
- 요구하는 모집단의 샘플인가, 실데이터인가?
- 불필요한 데이터가 포함되어 있지 않은가? - 데이터에 관한 요구사항·제약사항이 충족되는가?
- 필요한 요소를 적절히 포함한(분포) 샘플인가?
- 편중이나 편향, 오염은 없는가?
- 각각의 데이터는 상식적인 값인가?
	· 학습에 사용할 데이터가 비즈니스 과제와 일치하는 정도
	  - 과제 해결에 연결되는 데이터가 고객으로부터 제공되고 있는가? 혹은 생성해서 획득할 수 있는가?
	
	· 데이터의 품질 확보
	  - 가정 모집단을 정의한 다음, 포괄적으로 샘플 데이터를 검색하고, 편향은 없는가?
	
	· 데이터의 특성 평가
	  - 편향과 편견, 교란 등에 관한 위험을 평가했는가?
	
	· 한도를 벗어난 값과 결측값 제거
	  - 정해진 방침에 의거하여 수정을 하는가?

너무 복잡하거나 간단하지 않은가?
데이터의 성질(다중 공선성 등)은 적절하게 고려되고 있는가?
포함하면 안되는 모집단의 데이터와 섞여 있지 않은가?
라벨은 타당한가?
	· 비즈니스 과제(문제)에 대한 데이터 정의(가정 모델)의 복잡성
	  - 비즈니스 과제 모델링시 데이터의 설명변수의 개수·인과관계의 수가 너무 복잡하거나 혹은 너무 간단하지 않은가?
	
	  - 다중 공선성을 고려하고 있는가?
	
	· 데이터의 입수 경로와 관리의 타당성
	  - 데이터의 입수·취득 경로가 명확한지, 데이터 관리 방법에 문제는 없는가?
	
	· 라벨 정확성
	  - 학습용으로 정답값을 포함하는 적절한 데이터 세트로 되어 있는가?

학습용 데이터와 검증용 데이터가 독립적인가?	· 교차검증과 일반화 성능 등에 사용하는 데이터의 독립성 - 교차검증과 일반화 성능 등에 사용하는 데이터를 독립적으로 분리·관리하고 있는가?
정확도와 정밀도, 재현율, F값 등 성능지표	· 학습 결과의 타당성 - 학습 후 손실함수의 오차는 허용 범위 이내인가? - 성능지표 값은 목표 성능에 도달하고 있는가?
일반화 성능	· 일반화 성능 목표 - 일반화 성능을 요구사항으로 명확하게 규정하고 있는가? - 학습 후 모델의 일반화 성능은 학습시의 성능과 비교하여 현저하게 저하되지 않는가? · 일반화 성능 측정 방법 - 일반화 성능을 측정하는 방법이 정의되었는가? - 교차검증에 사용하는 검증용 데이터를 확보하고 있는가?

<표> 운용시 모니터링과 롤백에 대한 대응

품질보증 관점	품질보증 체크리스트
온라인으로 학습할 경우 그 영향을 적절히 고려하고 있는가?	· 이상치에 대한 구조의 타당성 - 온라인 학습에서 신뢰할 수 있는 데이터 구간을 정의하고 예상치 못한 데이터에 의한 학습을 방지하는 구조를 구축했는가?
목표지표의 측정이 어려운 경우, 측정할 수 있는 지표와 그 관련성이 타당한가?	· 직접 데이터를 측정할 수 없어서 간접적으로 데이터를 측정하는 경우, 그 방법의 타당성을 검증했는가? · 측정 방법에 따라 노이즈가 포함되거나 특성이 바뀌거나 하지 않는가? · '미래 값의 예측' 등 정답이 분명하지 않은 AI 대해 합격/불합격을 판단하기 위한 측정 방법이 정해져 있는가? 또한, 고객과 합의할 수 있는가?
성능 등 시스템의 동작이 저하되고 있지 않는가?	· 작업 후 시스템 동작의 타당성 - 입력 데이터의 특성이 변화하고 성능이 저하되지 않았는지 확인하는 방법은 있는가? - 입력 데이터의 특성 변화가 있을 경우에도 시스템의 정상 작동을 유지하는 방법이 있어서 품질 사고를 예방할 수 있는가?
운영 상황에 대해 지속적인 피드백을 받는가?	· AI 제품 개발에 대한 고객의 협력 정도 - AI 제품 개발에 있어서 고객으로부터 충분한 협조를 받고, 검증(PoC) 결과에 대해 고객으로부터 지속적인 피드백을 받을 수 있는가?
자료와 롤백은 간편하고 신속하게 할 수 있는가?	· AI 제품 형상관리의 타당성 - AI 프로그램과 학습용 데이터 세트 등의 버전에 대해 적절하게 형상관리가 이루어지고 있는가? · 출시 계획의 타당성 - AI 프로그램 릴리스 계획은 제품의 특성과 고객의 요구에 따라 적절히 정해져 있는가? · 롤백의 신속성 - 릴리스한 AI 프로그램에 이상이 발생한 경우 신속하게 롤백할 방법이 있는가?

<표> 데이터 프라이버시와 안전성 확인

품질보증 관점	품질보증 체크리스트

저작권과 지적재산권, 개인정보보호 규정 준수, 사회적 수용이 필요한 정도	· AI 제품의 저작권과 지적재산권 등에 관한 계약에 동의
	  - AI 제품에 대한 저작권과 지적재산권 등에 대해 고객과 계약에서 동의가 이루어지고 있는가?
	
	· AI 제품의 저작권과 지적재산권 등에 관한 이해도
	  - AI 제품의 저작권과 지적재산권 등이 고객에게 이해되고 있는가?
	
	· AI에 사용되는 고객 데이터에 대한 보안 수준과 공개 범위, 취급 제한의 명확화
	  - AI에 사용되는 데이터 보안 수준과 공개 범위, 취급 제한은 명확하게 되어 있는가?
	
	· AI 제품에 포함된 데이터의 권리에 관한 동의
	  - 학습용 데이터, 검증용 데이터, 운영시 데이터 등 모든 데이터에 대해 데이터의 권리와 이용 규칙 등이 명확하게 되어 있는가?

학습 프로그램 또는 데이터 생성 프로그램의 결함으로 인해 데이터의 의미가 훼손되지는 않는가?	· 여러 하위 시스템에서 얻은 데이터의 무결성 확인 - 여러 하위 시스템에서 얻은 데이터 시간의 일관성을 맞추기 위해 각각의 하위 시스템에서 얻은 데이터의 결손과 무결성을 확인하고 있는가?

심각한 품질 사고 발생 가능성은 낮은가?(품질 사고의 심각한 정도는 도메인에 따라 다를 수 있음)
- 신체나 생명에 대한 위험과 경제적 피해
- 사회와 환경에 미치는 영향
- 불편함, 매력 없음, 의미 없음, 미풍양속에 반함
	· AI 제품에 대한 위험 예측 타당성
	  - AI 제품의 출력에 의한 품질 사고 발생의 위험 분석(상황 분석, HAZOP 분석 등)과 발생시 피해 최소화 대책이 검토되고 있는가?
	
	  * HAZOP(Hazard & Operability Analysis)

시스템 사고 도달 범위와 안선 기능, 내공격성이 충분한 정도인가?
 	
필요한 경우, AI의 기여도를 억제할 수단이 있는가?
	· AI 제품에 대한 안전성 확보
	  - 안전·보안 메커니즘이 포함된 아키텍처 실계가 고려되어 있는가?
	  - 제공하는 AI 제품의 출력에 대한 안전 설계가 고려되어 있는가?
	
	· 이상 출력을 방지하는 제어 메커니즘의 확보
	  - AI의 이상 작동을 자가 판단할 수 있는 구조와 출력 데이터를 모니터링하고 적절한 출력 범위 내에서 컨트롤하는 구조를 구현하고 있는가?
	
	· AI 제품에 대한 무결성(고장이나 이상을 탐지·진단하고 복구하는 능력)을 확보
	  - AI의 신뢰성 저하를 감지한 경우, 시스템을 멈추지 않고 AI를 제외한 구조를 구현할 수 있는가?(AI를 사용하지 않는 시스템으로 원활하게 이행하는 구조)
	
	· 학습에 피드백할 데이터의 안전성 확보
	  - 학습에 사용하는 데이터에 대해 성능 저하로 이어질 악성 데이터의 혼입을 방지할 수 있는가?
	  - 혹은 학습 전에 악성 데이터를 제거하는 수단이 있는가?

품질 사고를 일으킬 수 있는 사건의 발생 빈도는 낮다고 추정할 수 있는가? - 사건의 발생 빈도 - 검증된 사건의 완전성 - 환경 통제성(우연한 발생 또는 의도적 공격)	· AI 제품의 안전 작동 - AI 제품의 동작 이력을 바탕으로 통계적 기법 등을 활용하여 안전성을 보여줄 수 있는가?

<표> 평가 데이터(테스트 데이터)의 타당성 확인

품질보증 관점	품질보증 체크리스트
데이터의 품질은 적절한가? - 요구하는 모집단의 샘플인가, 실데이터인가? - 불필요한 데이터가 포함되어 있지 않은가? - 데이터에 관한 요구사항·제약사항이 충족되는가? - 필요한 요소를 적절히 포함한(분포) 샘플인가? - 편중이나 편향, 오염은 없는가? - 각각의 데이터는 상식적인 값인가?	· 학습에 사용할 데이터가 비즈니스 과제와 일치하는 정도 - 과제 해결에 연결되는 데이터가 고객으로부터 제공되고 있는가? 혹은 생성해서 획득할 수 있는가? · 데이터의 품질 확보 - 가정 모집단을 정의한 다음, 포괄적으로 샘플 데이터를 검색하고, 편향은 없는가? · 데이터의 특성 평가 - 편향과 편견, 교란 등에 관한 위험을 평가했는가? · 한도를 벗어난 값과 결측값 제거 - 정해진 방침에 의거하여 수정을 하는가?
너무 복잡하거나 간단하지 않은가? 데이터의 성질(다중 공선성 등)은 적절하게 고려되고 있는가? 포함하면 안되는 모집단의 데이터와 섞여 있지 않는가? 라벨은 타당한가?	· 비즈니스 과제(문제)에 대한 데이터 정의(가정 모델)의 복잡성 - 비즈니스 과제 모델링시 데이터의 설명변수의 개수·인과관계의 수가 너무 복잡하거나 혹은 너무 간단하지 않은가? - 다중 공선성을 고려하고 있는가? · 데이터의 입수 경로와 관리의 타당성 - 데이터의 입수·취득 경로가 명확한지, 데이터 관리 방법에 문제는 없는가? · 라벨 정확성 - 학습용으로 정답값을 포함하는 적절한 데이터 세트로 되어 있는가?
정확도와 정밀도, 재현율, F 값 등 성능지표	· 학습 결과의 타당성 - 학습 후 손실함수의 오차는 허용 범위 이내인가? - 성능지표 값은 목표 성능에 도달하고 있는가?
학습을 제대로 진행했는가? 국소적인 부분에 한해 최적화되어 있지 않은가?	· 학습 과정의 타당성 - 학습 후 손실함수의 오차는 허용 범위 이내인가? - 손실함수의 잔차는 비정상적인 변화를 보여주고 있지 않은가? * 잔차(residual): 추정된 수학 모델에 입각하는 예측값과 실측값과의 차이

충분히 다양한 데이터로 검증을 수행하는가?(수학적 다양성과 의미적 다양성, 사회적/문화적 다양성)	· 검증용 데이터의 타당성 - 비즈니스 과제의 다양성을 고려하여 가정한 모집단에 대해 편향이 없는 포괄적인 데이터로 검증을 실시했는가?

4) 효과·위험 평가(단계 활동)

<표> AI 구성요소 동작 검증을 위한 적절한 방법 선택(변형 테스트, 통계적 평가)(보증활동시 유의사항)

품질보증 관점	품질보증 체크리스트
적절한 알고리즘인지 검토하는가?	· AI 구조의 타당성 - 알고리즘의 선택 근거에 따라 하이퍼 파라미터의 설정 근거가 명확하게 되어 있는가?
충분히 다양한 데이터로 검증을 수행하는가?(수학적 다양성과 의미적 다양성, 사회적/문화적 다양성)	· 검증용 데이터의 타당성 - 비즈니스 과제의 다양성을 고려하여 가정한 모집단에 대해 편향이 없는 포괄적인 데이터로 검증을 실시했는가?
목표지표의 측정이 어려운 경우, 측정할 수 있는 지표와 그 관련성이 타당한가?	· 직접 데이터를 측정할 수 없어서 간접적으로 데이터를 측정하는 경우, 그 방법의 타당성을 검증했는가? · 측정 방법에 따라 노이즈가 포함되거나 특성이 바뀌거나 하지 않는가? · '미래 값의 예측' 등 정답이 분명하지 않은 AI 대해 합격/불합격을 판단하기 위한 측정 방법이 정해져 있는가, 또한 고객과 합의할 수 있는가?
성능 등 시스템의 동작이 저하되고 있지 않은가?	· 작업 후 시스템 동작의 타당성 - 입력 데이터의 특성이 변화하고 성능이 저하되지 않았는지 확인하는 방법은 있는가? - 입력 데이터의 특성 변화가 있을 경우에도 시스템의 정상 작동을 유지하는 방법이 있어서 품질 사고를 예방할 수 있는가?

<표> 오판과 예상치 못한 동작 확인, 운영 방법 일치(보증활동시 유의사항)

품질보증 관점	품질보증 체크리스트
학습용 데이터와 검증용 데이터가 독립적인가?	· 교차검증과 일반화 성능 등에 사용하는 데이터의 독립성 - 교차검증과 일반화 성능 등에 사용하는 데이터를 독립적으로 분리·관리하고 있는가?
심각한 품질 사고 발생 가능성은 낮은가?(품질 사고의 심각한 정도는 도메인에 따라 다를 수 있음) - 신체나 생명에 대한 위험과 경제적 피해 - 사회와 환경에 미치는 영향 - 불편함, 매력 없음, 의미 없음, 미풍양속에 반함	· AI 제품에 대한 위험 예측 타당성 - AI 제품의 출력에 의한 품질 사고 발생의 위험 분석(상황 분석, HAZOP 분석 등)과 발생시 피해 최소화 대책이 검토되고 있는가? * HAZOP(Hazard & Operability Analysis)

<표> 시스템의 안전성에 대한 평가(보증활동시 유의사항)

품질보증 관점	품질보증 체크리스트
심각한 품질 사고 발생 가능성은 낮은가?(품질 사고의 심각한 정도는 도메인에 따라 다를 수 있음) - 신체나 생명에 대한 위험과 경제적 피해 - 사회와 환경에 미치는 영향 - 불편함, 매력 없음, 의미 없음, 미풍양속에 반함	· AI 제품에 대한 위험 예측 타당성 - AI 제품의 출력에 의한 품질 사고 발생의 위험 분석(상황 분석, HAZOP 분석 등)과 발생시 피해 최소화 대책이 검토되고 있는가? * HAZOP(Hazard & Operability Analysis)
시스템 사고 도달 범위와 안전 기능, 내공격성이 충분한 정도인가? 필요한 경우, AI의 기여도를 억제할 수단이 있는가?	· AI 제품에 대한 안전성 확보 - 안전·보안 메커니즘이 포함된 아키텍처 설계가 고려되어 있는가? - 제공하는 AI 제품의 출력에 대한 안전 설계가 고려되어 있는가? · 이상 출력을 방지하는 제어 메커니즘의 확보 - AI의 이상 작동을 자가 판단할 수 있는 구조와 출력 데이터를 모니터링하고 적절한 출력 범위 내에서 컨트롤하는 구조를 구현하고 있는가? · AI 제품에 대한 무결성(고장이나 이상을 탐지·진단하고 복구하는 능력)을 확보 - AI의 신뢰성 저하를 감지한 경우, 시스템을 멈추지 않고 AI를 제외한 구조를 구현할 수 있는가?(AI를 사용하지 않는 시스템으로 원활하게 이행하는 구조) · 학습에 피드백할 데이터의 안전성 확보 - 학습에 사용하는 데이터에 대해 성능 저하로 이어질 악성 데이터의 혼입을 방지할 수 있는가? - 혹은 학습 전에 악성 데이터를 제거하는 수단이 있는가?

품질 사고를 일으킬 수 있는 사건의 발생 빈도는 낮다고 추정할 수 있는가? - 사건의 발생 빈도 - 검증된 사건의 완전성 - 환경 통제성(우연한 발생 또는 의도적 공격)	· AI 제품의 안전 작동 - AI 제품의 동작 이력을 바탕으로 통계적 기법 등을 활용하여 안전성을 보여줄 수 있는가?

<표> 예측 정확도와 실행 성능에 대한 평가(보증활동시 유의사항)

품질보증 관점	품질보증 체크리스트
정확도와 정밀도, 재현율, F 값 등 성능지표	· 학습 결과의 타당성 - 학습 후 손실함수의 오차는 허용 범위 이내인가? - 성능지표 값은 목표 성능에 도달하고 있는가?
일반화 성능	· 일반화 성능 목표 - 일반화 성능을 요구사항으로 명확하게 규정하고 있는가? - 학습 후 모델의 일반화 성능은 학습시의 성능과 비교하여 현저하게 저하되지 않는가? · 일반화 성능 측정 방법 - 일반화 성능을 측정하는 방법이 정의되었는가? - 교차검증에 사용하는 검증용 데이터를 확보하고 있는가?
노이즈에 잘 견디는가?	· AI 노이즈 내성(견고성) - 센서 데이터 등을 혼입하는 노이즈(상정하는 모집단 외의 데이터) 등으로 AI의 성능이 크게 저하되지 않는가?
성능 등 시스템의 동작이 저하되고 있지 않는가?	· 작업 후 시스템 동작의 타당성 - 입력 데이터의 특성이 변화하고 성능이 저하되지 않았는지 확인하는 방법은 있는가? - 입력 데이터의 특성 변화가 있을 경우에도 시스템의 정상 작동을 유지하는 방법이 있어서 품질 사고를 예방할 수 있는가?

부록 C-4 AI 컴포넌트 개발 단계

1) 학습용 데이터 설계(단계 활동)

<표> 학습 대상 데이터의 유효성 확인(보증활동시 유의사항)

품질보증 관점	품질보증 체크리스트
시스템 대상을 사전에 정의하고 데이터의 변경 또는 내용에 대해 확인을 하는가?	· 데이터의 변경 또는 확인 - 설비의 자연적인 노후화와 구매 물자의 변경, 자연 환경, 기후 변화 등 예기치 못한 변동요인을 고려하여 데이터의 분류와 검증이 적절한가? - 단계적으로 데이터의 변경 또는 내용에 대한 확인 등 변경관리를 하는가?
모델이 진부화되거나 실제 데이터에 대한 예측 품질이 저하되고 있지 않은가?	· 실제 데이터 특성의 타당성 - 실제 데이터와 동일한 특성을 갖는 데이터를 확보하는 것이 가능한가? · 상정한 실제 데이터 모델과 실제 데이터의 특성 분석 - 개발시에 상정한 실제 데이터 모델과 실제 데이터(운용 데이터)의 특성 차이와 손실함수 요인에 대한 분석을 하는가?

<표> 주석과 레이블의 정확성 확인(보증활동시 유의사항)

품질보증 관점	품질보증 체크리스트
데이터의 품질은 적절한가? - 요구하는 모집단의 샘플인가, 실데이터인가? - 불필요한 데이터가 포함되어 있지 않은가? - 데이터에 관한 요구사항·제약사항이 충족되는가? - 필요한 요소를 적절히 포함한(분포) 샘플인가? - 편중이나 편향, 오염은 없는가? - 각각의 데이터는 상식적인 값인가?	· 학습에 사용할 데이터가 비즈니스 과제와 일치하는 정도 - 과제 해결에 연결되는 데이터가 고객으로부터 제공되고 있는가? 혹은 생성해서 획득할 수 있는가? · 데이터의 품질 확보 - 가정 모집단을 정의한 다음, 포괄적으로 샘플 데이터를 검색하고, 편향은 없는가? · 데이터의 특성 평가 - 편향과 편견, 교란 등에 관한 위험을 평가했는가? · 한도를 벗어난 값과 결측값 제거 - 정해진 방침에 의거하여 수정을 하는가?

| 너무 복잡하거나 간단하지 않은가?
데이터의 성질(다중 공선성 등)은 적절하게 고려되고 있는가?
포함하면 안되는 모집단의 데이터와 섞여 있지 않는가?
라벨은 타당한가? | · 비즈니스 과제(문제)에 대한 데이터 정의(가정 모델)의 복잡성
  - 비즈니스 과제 모델링시 데이터의 설명변수의 개수·인과관계의 수가 너무 복잡하거나 혹은 너무 간단하지 않은가?
  - 다중 공선성을 고려하고 있는가?
· 데이터의 입수 경로와 관리의 타당성
  - 데이터의 입수·취득 경로가 명확한지, 데이터 관리 방법에 문제는 없는가?
· 라벨 정확성
  - 학습용으로 정답값을 포함하는 적절한 데이터 세트로 되어 있는가? |

<표> 평가 데이터(데스트용 데이터)의 타당성 확인(보증활동시 유의사항)

품질보증 관점	품질보증 체크리스트
학습용 데이터와 검증용 데이터가 독립적인가?	· 교차검증과 일반화 성능 등에 사용하는 데이터의 독립성 - 교차검증과 일반화 성능 등에 사용하는 데이터를 독립적으로 분리·관리하고 있는가?

모델이 진부화되거나 실제 데이터에 대한 예측 품질이 저하되고 있지 않은가?	· 실제 데이터 특성의 타당성
	  - 실제 데이터와 동일한 특성을 갖는 데이터를 확보하는 것이 가능한가?
	· 상정한 실제 데이터 모델과 실제 데이터의 특성 분석
	  - 개발시에 상정한 실제 데이터 모델과 실제 데이터 (운용 데이터)의 특성 차이와 손실함수 요인에 대한 분석을 하는가?

<표> 클렌징과 증량, 데이터 생성 방법의 적절성(보증활동시 유의사항)

품질보증 관점	품질보증 체크리스트
양은 충분한가? 비용은 적정한가? 의미 있는 양인가? 가공 데이터로 증량을 해도 괜찮은가?	· AI 학습에 필요한 데이터 양을 확보 · PoC 단계에 필요한 데이터 양을 준비 · 교차검증과 일반화 성능확인 등에 사용할 데이터 확보

데이터의 품질은 적절한가?
- 요구하는 모집단의 샘플인가, 실데이터인가?
- 불필요한 데이터가 포함되어 있지 않은가? - 데이터에 관한 요구사항·제약사항이 충족되는가?
- 필요한 요소를 적절히 포함한(분포) 샘플인가?
- 편중이나 편향, 오염은 없는가?
- 각각의 데이터는 상식적인 값인가?
	· 학습에 사용할 데이터가 비즈니스 과제와 일치하는 정도
	  - 과제 해결에 연결되는 데이터가 고객으로부터 제공되고 있는가? 혹은 생성해서 획득할 수 있는가?
	· 데이터의 품질 확보
	  - 가정 모집단을 정의한 다음, 포괄적으로 샘플 데이터를 검색하고, 편향은 없는가?
	· 데이터의 특성 평가
	  - 편향과 편견, 교란 등에 관한 위험을 평가했는가?
	· 한도를 벗어난 값과 결측값 제거
	  - 정해진 방침에 의거하여 수정을 하는가?

너무 복잡하거나 간단하지 않은가?
데이터의 성질(다중 공선성 등)은 적절하게 고려되고 있는가?
포함하면 안되는 모집단의 데이터와 섞여 있지 않는가?
라벨은 타당한가?
	· 비즈니스 과제(문제)에 대한 데이터 정의(가정 모델)의 복잡성
	  - 비즈니스 과제 모델링시 데이터의 설명변수의 개수·인과관계의 수가 너무 복잡하거나 혹은 너무 간단하지 않은가?
	  - 다중 공선성을 고려하고 있는가?
	·· 데이터의 입수 경로와 관리의 타당성
	  - 데이터의 입수·취득 경로가 명확한지, 데이터 관리 방법에 문제는 없는가?
	· 라벨 정확성
	  - 학습용으로 정답값을 포함하는 적절한 데이터 세트로 되어 있는가?

2) AI 컴포넌트 구현(단계 활동)

<표> 하이퍼 파라미터 선택의 타당성 확인(보증활동시 유의사항)

품질보증 관점	품질보증 체크리스트
적절한 알고리즘인지 검토하는가?	· AI 구조의 타당성 - 알고리즘의 선택 근거에 따라 하이퍼 파라미터의 설정 근거가 명확하게 되어 있는가?

<표> 입력 데이터 가공 처리의 타당성 확인(알고리즘별) (보증활동시 유의사항)

품질보증 관점	품질보증 체크리스트
데이터의 품질은 적절한가? - 요구하는 모집단의 샘플인가, 실데이터인가? - 불필요한 데이터가 포함되어 있지 않은가? - 데이터에 관한 요구사항·제약사항이 충족되는가? - 필요한 요소를 적절히 포함한(분포) 샘플인가? - 편중이나 편향, 오염은 없는가? - 각각의 데이터는 상식적인 값인가?	· 학습에 사용할 데이터가 비즈니스 과제와 일치하는 정도 - 과제 해결에 연결되는 데이터가 고객으로부터 제공되고 있는가? 혹은 생성해서 획득할 수 있는가? · 데이터의 품질 확보 가정 모집단을 정의한 다음, 포괄적으로 샘플 데이터를 검색하고, 편향은 없는가? · 데이터의 특성 평가 - 편향과 편견, 교란 등에 관한 위험을 평가했는가? · 한도를 벗어난 값과 결측값 제거 - 정해진 방침에 의거하여 수정을 하는가?
너무 복잡하거나 간단하지 않은가? 데이터의 성질(다중 공선성 등)은 적절하게 고려되고 있는가? 포함하면 안되는 모집단의 데이터와 섞여 있지 않은가? 라벨은 타당한가?	· 비즈니스 과제(문제)에 대한 데이터 정의(가정 모델)의 복잡성 - 비즈니스 과제 모델링시 데이터의 설명변수의 개수·인과관계의 수가 너무 복잡하거나 혹은 너무 간단하지 않은가? - 다중 공선성을 고려하고 있는가? · 데이터의 입수 경로와 관리의 타당성 - 데이터의 입수·취득 경로가 명확한지, 데이터 관리 방법에 문제는 없는가? · 라벨 정확성 - 학습용으로 정답값을 포함하는 적절한 데이터 세트로 되어 있는가?

3) AI 모델 개발(단계 활동)

<표> 학습 방법의 타당성(보증활동시 유의사항)

품질보증 관점	품질보증 체크리스트
적절한 알고리즘인지 검토하는가?	· AI 구조의 타당성 - 알고리즘의 선택 근거에 따라 하이퍼 파라미터의 설정 근거가 명확하게 되어 있는가?

<표> 학습용 데이터와 하이퍼 파라미터 등의 형상관리(보증활동시 유의사항)

품질보증 관점	품질보증 체크리스트
적절한 알고리즘인지 검토하는가?	· AI 구조의 타당성 - 알고리즘의 선택 근거에 따라 하이퍼 파라미터의 설정 근거가 명확하게 되어 있는가?
자료와 롤백은 간편하고 신속하게 할 수 있는가?	· AI 제품 형상관리의 타당성 - AI 프로그램과 학습용 데이터 세트 등의 버전에 대해 적절하게 형상관리가 이루어지고 있는가? · 출시 계획의 타당성 - AI 프로그램 릴리스 계획은 제품의 특성과 고객의 요구에 따라 적절히 정해져 있는가? · 롤백의 신속성 - 릴리스한 AI 프로그램에 이상이 발생한 경우 신속하게 롤백할 방법이 있는가?

4) 모델 평가(단계 활동)

<표> 학습에서 예측까지의 내부 상태의 변화를 관찰, 확인할 수 있는지 여부(DNN 범위 등) (보증활동시 유의사항)

품질보증 관점	품질보증 체크리스트
적절한 알고리즘인지 검토하는가?	· AI 구조의 타당성 - 알고리즘의 선택 근거에 따라 하이퍼 파라미터의 설정 근거가 명확하게 되어 있는가?

<표> 기대하는 예측 정확도에 대한 실제 값의 확인(보증활동시 유의사항)

품질보증 관점	품질보증 체크리스트
정확도와 정밀도, 재현율, F 값 등 성능지표	· 학습 결과의 타당성 - 학습 후 손실함수의 오차는 허용 범위 이내인가? - 성능지표 값은 목표 성능에 도달하고 있는가?
일반화 성능	· 일반화 성능 목표 - 일반화 성능을 요구사항으로 명확하게 규정하고 있는가? - 학습 후 모델의 일반화 성능은 학습시의 성능과 비교하여 현저하게 저하되지 않는가? · 일반화 성능 측정 방법 - 일반화 성능을 측정하는 방법이 정의되었는가? - 교차검증에 사용하는 검증용 데이터를 확보하고 있는가?
학습을 제대로 진행했는가? 국소적인 부분에 한해 최적화되어 있지 않은가?	· 학습 과정의 타당성 - 학습 후 손실함수의 오차는 허용 범위 이내인가? - 손실함수의 잔차는 비정상적인 변화를 보여주고 있지 않는가? * 잔차(residual): 추정된 수학 모델에 입각하는 예측값과 실측값과의 차이

<표> 환경의존성과 설명용이성으로 대응할 수 있는지 여부(보증활동시 유의사항)

품질보증 관점	품질보증 체크리스트
보증성과 설명가능성, 납득가능성은 충분한가?	· AI 제품 설명가능성 - AI의 출력 결과에 대한 근거를 설명할 수 있는가? - 혹은 통계적 기법 등을 이용하여 결과의 타당성을 보여주는 것이 가능한가?

부록 C-5 AI 제품 운영 단계

1) 출시(단계 활동)

<표> 출시 후 문제가 발생하면 피해를 최소화(보증활동시 유의사항)

품질보증 관점	품질보증 체크리스트
자료와 롤백은 간편하고 신속하게 할 수 있는가?	· 출시 계획대로 출시 - 개발시 정해진 출시 계획에 따라 분리되어 출시 있는가? 또한 필요에 따라 출시 계획은 사전에 검토되고 있는가? · 롤백의 신속성 - 출시한 AI 프로그램에 이상이 발생했을 경우 신속하게 롤백할 수 있는가?

2) 운영 현장 효과 평가(단계 활동)

<표> 환경의존성에 대한 조정·평가 시간을 고려한 출시 간격, 출시했을 때 운영 환경에서 개발시 고려한 효과를 얻을 수 있을지 여부(보증활동시 유의사항)

품질보증 관점	품질보증 체크리스트
고객의 기대수준 기대수준이 '보통 수준'인지 여부	· AI에 의한 비즈니스 과제 해결 만족도 - 고객은 AI에 의한 과제 해결 결과에 만족하고 있는가? · AI의 성능 유지에 대한 지속적인 개선의 이해도 - AI의 성능을 유지하기 위해서는 지속적으로 학습을 거듭해 개선할 필요가 있음을 고객이 이해하고 있는가?
지속적인 접근 방식 PoC와 β 출시라는 개념을 이해하는 정도	· 확률적 동작에서 출력된 결과의 위험 허용 - 확률적 동작(확률적으로 그럴듯함)에 의해 출력된 결과를 허용하는 것이 가능한가? · 운영 후 개선의 검증 방법에 대한 이해도 - 운영 후 개선 내용은 프로그램의 수정이 아닌 데이터의 추가 학습/재학습이나 매개변수 조정 등으로 수행된다는 사실을 고객이 이해하고 있는가?
비즈니스 가치가 제대로 제공되고 있는가?	· AI 제품에 대한 고객 가치 - 제공하는 AI 제품이 고객의 비즈니스 과제 해결에 적합한가?
자료와 롤백은 간편하고 신속하게 할 수 있는가?	· 출시 계획대로 출시 - 개발시 정해진 출시 계획에 따라 분리되어 출시 있는가? 또한 필요에 따라 출시 계획은 사전에 검토되고 있는가? · 롤백의 신속성 - 출시한 AI 프로그램에 이상이 발생했을 경우 신속하게 롤백할 수 있는가?

개발 팀 외부의 이해관계자는 충분히 납득하고 있는가?	· 현장은 충분히 납득하고 있는지 여부 - AI 운영에 대해 현장 조직이 충분히 납득하고 있고, 피드백을 얻을 수 있는가?
시스템 라이프사이클을 고려한 업데이트 계획이 있는가?	· 계획에 따라 업데이트 여부 - 수립된 계획에 의거하여 시스템 업데이트가 수행되는가?

3) 모니터링(단계 활동)

<표> 입력과 출력을 모니터링하고 이상 여부를 확인(보증활동시 유의사항)

품질보증 관점	품질보증 체크리스트
데이터의 양과 질에 대한 인식	· 운영중인 데이터 경향의 변화에 대한 고객의 이해 - 운영중 학습시와 다른 데이터 경향이 나오는 경우 기존 모델에서 제대로 추론할 수 없게 될 가능성이 있음을 고객이 이해하고 있는가? - 또한, 운영중에 데이터의 추세를 지속적으로 모니터링하고 고객과 정보를 공유할 수 있는가?
온라인으로 학습할 경우 그 영향을 적절히 고려하고 있는가?	· 이상치 감시 - 신뢰할 수 있는 데이터 구간을 벗어난 데이터가 얼마나 있는지 모니터링하고 입력 데이터의 질을 모니터링하는가?
학습 프로그램 또는 데이터 생성 프로그램의 결함으로 인해 데이터의 의미가 훼손되지는 않는가?	· 데이터 무결성 모니터링 - 머신러닝 모듈에 입력되는 데이터의 무결성을 확인하고 출력 데이터의 데이터 변화를 감시하고 있는가?
정확도와 정밀도, 재현율, F 값 등 성능지표	· 작업 후 시스템 동작 타당성 - 운용 단계에서 입력 데이터의 특성 변화, 모델의 손실함수 여부를 확인하는 방법은 있는가?
모델이 진부화되거나 실제 데이터에 대한 예측 품질이 저하되고 있지 않은가?	· 개발 데이터와 운영 데이터의 특성 차이 - 개발시에 상정한 데이터와 운영중인 실제 데이터가 동일한 특성을 가지고 있으며, 예측 품질이 저하되지 않는가? - 데이터 특성에 차이가 있는 경우에는 특성의 차이를 확인하고 성능 저하에 관련되는지 분석하고 있는가?
성능 등 시스템의 동작이 저하되고 있지 않은가?	· 작업 후 시스템 동작의 타당성 - 입력 데이터의 특성이 변화하고 성능이 저하되지 않았는지 확인하는 방법은 있는가? - 입력 데이터의 특성 변화가 있을 경우에도 시스템의 정상 작동을 유지하는 방법이 있어서 품질 사고를 예방할 수 있는가?

| 향후 데이터 증가·처리량 증가를 대비하여 시스템을 확장할 수 있는가? | · 운용중인 데이터 양의 모니터링과 제어
  - 운용시 축적된 데이터 양을 모니터링하고 기준에 근거하여 삭제하는가?

  - 또한, 시스템 요구사항에서 정한 예측범위를 초과하지 않는지 모니터링 하고 있는가? |

4) 정밀도 성능 용량 모니터링(단계 활동)

<표> 데이터와 로그 용량, 개인정보보호, 안전 등을 고려한 저장 방법의 적절성(보증활동시 유의사항)

품질보증 관점	품질보증 체크리스트

데이터의 양과 질에 대한 인식	· 운영중인 데이터 경향의 변화에 대한 고객의 이해
	  - 운영중 학습시와 다른 데이터 경향이 나오는 경우 기존 모델에서 제대로 추론할 수 없게 될 가능성이 있음을 고객이 이해하고 있는가?
	
	  - 또한, 운영중에 데이터의 추세를 지속적으로 모니터링하고 고객과 정보를 공유할 수 있는가?

저작권과 지적재산권, 개인정보보호 규정 준수, 사회적 수용이 필요한 정도	· 운영 후 개선된 AI 제품의 저작권과 지적재산권 등에 관한 계약에 동의
	  - 운영 후 열린 모델의 변화(추가 학습/재학습 등)시 확정된 권리에 저촉되지 않는가?(예를 들어, 개발 및 공급 업체의 지적재산권을 학습 모델에 적용할 경우, 이용자측에서 그 모델을 업데이트할 때의 고려가 이루어지고 있는가?)
	
	  - 재학습 등에 의해 운영 후 개선된 AI 제품의 저작권과 지적재산권 등에 대해 계약에서 동의가 이루어지고 있는가?
	
	  - 운영중에 입력되는 고객 사용자의 데이터에 대한 권리와 대우가 명확하게 되어 있는가?

데이터의 품질은 적절한가?
- 요구하는 모집단의 샘플인가, 실데이터인가?
- 불필요한 데이터가 포함되어 있지 않은가? - 데이터에 관한 요구사항·제약사항이 충족되는가?
- 필요한 요소를 적절히 포함한(분포) 샘플인가?
- 편중이나 편향, 오염은 없는가?
- 각각의 데이터는 상식적인 값인가?
	· 운영 데이터의 필요성
	  - 개발시에는 없었던 데이터를 얻을 수 있는 가능성이 있으므로, 기 수집 못했던 데이터를 기록하는 프로세스를 구축하고 있는가?
	
	  - 운용에서 발견한 오류와 다양성에 대한 데이터를 확보했는가?
	
	· 데이터의 특성 평가
	  - 운용중인 데이터에 도입시와 다른 편향이 존재하는가? 또한 그 배경을 분석하고 있는가?
	
	· 한도를 벗어난 값과 결측값 제거
	  - 정해진 방침에 의거하여 수정을 하는가?

시스템 사고 도달 범위와 안전 기능, 내공격성이 충분한 정도인가? 필요한 경우, AI의 기여도를 억제할 수단이 있는가?	· 학습에 피드백하는 데이터의 안전성 확보 - 학습시 피드백 데이터에 의해 성능 저하로 이어질 수 있는 악성 데이터의 혼입을 방지할 수 있는가? - 또는 학습 전에 악성 데이터를 제거하는 수단이 있는가? · 추론에 사용하는 데이터의 안전성 확보 - 운용중에 추론에 사용하는 입력 데이터에 대해 비정상적인 동작을 초래할 수 있는 비정상적이거나 악의적인 데이터를 제거할 수 있는 수단이 있는가? · AI 제품에 대한 무결성(고장이나 이상을 탐지·진단하고 복구하는 능력)을 확보 - AI의 신뢰성 저하를 감지한 경우, 시스템을 멈추지 않고 AI를 제외한 구조를 구현할 수 있는가?(AI를 사용하지 않는 시스템으로 원활하게 이행하는 구조)
품질 사고를 일으킬 수 있는 사건의 발생 빈도는 낮다고 추정할 수 있는가? - 사건의 발생 빈도 - 검증된 사건의 완전성 - 환경 통제성(우연한 발생 또는 의도적 공격)	· AI 제품의 안전 작동 - AI 제품의 동작 이력을 바탕으로 통계적 기법 등을 활용하여 안전성을 보여줄 수 있는가?

5) 문제 대응·유지보수(단계 활동)

<표> 개발 환경, 검증 환경에서도 재현 가능 여부(보증활동시 유의사항)

품질보증 관점	품질보증 체크리스트
일반화 성능	· 운용시 교차검증 방법 정의 - 검증용 데이터의 변화가 커지는 경우에서도 확인할 수 있는 교차검증 방법을 정의했는가?

6) 인프라 업데이트·확장(단계 활동)

<표> 리소스(GPU, HDD, 네트워크)가 필요에 따라 확장이 가능한지 여부(보증활동시 유의사항)

품질보증 관점	품질보증 체크리스트
향후 데이터 증가·처리량 증가를 대비하여 시스템을 확장할 수 있는가?	· 운용중인 데이터 양의 모니터링과 제어 - 운용시 축적된 데이터 양을 모니터링하고 기준에 근거하여 삭제하는가? - 또한, 시스템 요구사항에서 정한 예측범위를 초과하지 않는지 모니터링 하고 있는가?

7) 모델·학습용 데이터 형상관리(단계 활동)

<표> 모델과 실제 구성 데이터를 조합하여 형상관리(보증활동시 유의사항)

품질보증 관점	품질보증 체크리스트
향후 데이터 증가·처리량 증가를 대비하여 시스템을 확장할 수 있는가?	· 운용중인 데이터 양의 모니터링과 제어 - 운용시 축적된 데이터 양을 모니터링하고 기준에 근거하여 삭제하는가? - 또한, 시스템 요구사항에서 정한 예측범위를 초과하지 않는지 모니터링 하고 있는가?
시스템의 구성 부품(하드웨어와 OS)을 계획하고 있는가?	· 계획에 의거 하드웨어 유지 보수 - 운용중 부하와 데이터 양은 예상대로인가? - 개발시 수립한 계획에 의거 하드웨어에 대한 점검을 실시하고 있는가? · OS 업데이트 - 보안 업데이트 등 OS 업데이트에 맞춰 시스템 업데이트를 실시하고 있는가?
자료와 롤백은 간편하고 신속하게 할 수 있는가?	· 출시 계획대로 출시 - 개발시 정해진 출시 계획에 따라 분리되어 출시 있는가? 또한, 필요에 따라 출시 계획은 사전에 검토되고 있는가 · 롤백의 신속성 - 출시한 AI 프로그램에 이상이 발생했을 경우 신속하게 롤백할 수 있는가?
개발 팀 외부의 이해관계자는 충분히 납득하고 있는가?	· 현장은 충분히 납득하고 있는지 여부 - AI 운영에 대해 현장 조직이 충분히 납득하고 있고, 피드백을 얻을 수 있는가?

8) 사고 대응(단계 활동)

<표> 확률적 행동을 근거로 조사·수정 등의 필요성을 판단(보증활동시 유의사항)

품질보증 관점	품질보증 체크리스트
고객의 협력과 참여 수준	· 운영중인 계속 고객의 협력·참여 - 운영중에도 계속해서 고객과 의견을 교환하면서 진행되고 있는가? - 고객의 피드백을 매번 얻을 수 있는가?
개발 팀 외부의 이해관계자는 충분히 납득하고 있는가?	· 현장은 충분히 납득하고 있는지 여부 - AI 운영에 대해 현장 조직이 충분히 납득하고 있고, 피드백을 얻을 수 있는가?

<표> 고객의 지식에 의한 추론과 상이한 결과·빈도에 대한 설명(보증활동시 유의사항)

품질보증 관점	품질보증 체크리스트
확률적 동작이라는 점에 대한 수용 고객이 위험과 부작용의 몰이해와 미수용	· 확률적 동작에서 출력된 결과의 위험 허용 　- 확률적 동작(확률적으로 그럴듯함)에 의해 출력된 결과를 허용하는 것이 가능한가?
데이터의 양과 질에 대한 인식	· 운영중인 데이터 경향의 변화에 대한 고객의 이해 　- 운영중 학습시와 다른 데이터 경향이 나오는 경우 기존 모델에서 제대로 추론할 수 없게 될 가능성이 있음을 고객이 이해하고 있는가? 　- 또한, 운영중에 데이터의 추세를 지속적으로 모니터링하고 고객과 정보를 공유할 수 있는가?
개발 팀 외부의 이해관계자는 충분히 납득하고 있는가?	· 현장은 충분히 납득하고 있는지 여부 　- AI 운영에 대해 현장 조직이 충분히 납득하고 있고, 피드백을 얻을 수 있는가?

9) 모델 업데이트(단계 활동)

<표> 데이터 추가와 데이터 망실(모델 롤백), 특징량 추가, 훈련 알고리즘 변경 여부(보증활동시 유의사항)

품질보증 관점	품질보증 체크리스트
지속적인 접근 방식 PoC와 β 출시라는 개념을 이해하는 정도	· 확률적 동작에서 출력된 결과의 위험 허용 　- 확률적 동작(확률적으로 그럴듯함)에 의해 출력된 결과를 허용하는 것이 가능한가? · 운영 후 개선의 검증 방법에 대한 이해도 　- 운영 후 개선 내용은 프로그램의 수정이 아닌 데이터의 추가 학습/재학습이나 매개변수 조정 등으로 수행된다는 사실을 고객이 이해하고 있는가?
시스템 대상을 사전에 정의하고 데이터의 변경 또는 내용에 대해 확인을 하는가?	· 데이터의 변경 또는 확인 　- 설비의 자연적인 노후화와 구매 물자의 변경, 자연 환경, 기후 변화 등 예기치 못한 변동요인을 고려하여 데이터의 분류와 검증이 적절한가? 　- 단계적으로 데이터의 변경 또는 내용에 대한 확인 등 변경관리를 하는가?
허용 가능한 성능저하 범위 또는 성능저하의 영향 범위를 파악할 수 있는가? 학습은 재현할 수 있는가?	· 재학습 후 손실함수 허용치 운용 단계에서 입력 데이터의 특성 변화 또는 출력의 추가 등으로 재학습을 실시한 결과, 재학습 이전 성능과 비교하여 성능 저하는 어느 수준까지 허용하는가?
경험을 기술에 반영하는가?	· 개발 연구 결과의 반영 　- 지금까지 AI 개발 및 운영에서 확보한 지식을 적용하여 개선활동을 수행하고 있는가?
개발 팀 외부의 이해관계자는 충분히 납득하고 있는가?	- 현장은 충분히 납득하고 있는지? 　- AI 운영에 대해 현장 조직이 충분히 납득하고 있고, 피드백을 얻을 수 있는가?

참고 문헌

[1장]

Peter Jeffcock, "What's the Difference Between AI, Machine Learning, and Deep Learning?", https://blogs.oracle.com/big-data/difference-ai-machine-learning-deep-learning, Oracle Big Data Blog, July 11, 2018.

"Machine Learning Zero to Hero (Google I/O'19)", https://youtu.be/VwVg9jCtqaU, TensorFlow, May 10, 2019.

Kexin Pei, Yinzhi Cao, Junfeng Yang, Suman Jana, "DeepXplore: Automated Whitebox Testing of Deep Learning Systems", Columbia University, Lehigh University, https://www.cs.columbia.edu/~junfeng/papers/deepxplore-sosp17.pdf, October 28, 2017.

ED SPERLING, "Deep Learning Spreads", Semiconductor Engineering, https://semiengineering.com/deep-learning-spreads/, January 31, 2018.

M. Mitchell Waldrop, "News Feature: What are the limits of deep learning?", PNAS, https://www.pnas.org/content/116/4/1074, January 22, 2019.

Hongyu Liu and Bo Lang, "Machine Learning and Deep Learning Methods for Intrusion Detection Systems: A Survey", file:///C:/Users/park7/Dropbox/%EB%82%B4%20PC%20(DESKTOP-P52543V)/Downloads/applsci-09-04396.pdf, Applied Science, October 2019.

Asrul Adam , Mohd Ibrahim Shapiai , Lim Chun Chew and Zuwairie Ibrahim , "A Two-Step Supervised Learning Artificial Neural Network for Imbalanced Dataset Problems", https://www.researchgate.net/figure/An-architecture-of-ANN-for-binary-classification_fig1_236678811, Research Gate, September 2011.

Clare Liu , "A Top Machine Learning Algorithm Explained: Support Vector Machines (SVM)", https://www.kdnuggets.com/2020/03/machine-learning-algorithm-svm-explained.html, KDnuggets.

"K-Nearest Neighbor(KNN) Algorithm for Machine Learning", https://www.javatpoint.com/k-nearest-neighbor-algorithm-for-machine-learning, Javatpoint.

Niklas Donges, "The Logistic Regression Algorithm", https://www.experfy.com/blog/bigdata-cloud/the-logistic-regression-algorithm/, Experfy Inc, January 8, 2019.

"Decision Tree Classifier-Classification and Decision Tree Classifier Introduction", http://mines.humanoriented.com/classes/2010/fall/csci568/portfolio_exports/lguo/decisionTree.html.

DENNY BRITZ, "Recurrent Neural Networks Tutorial, Part 1 - Introduction to RNNs", http://www.wildml.com/2015/09/recurrent-neural-networks-tutorial-part-1-introduction-to-rnns/, September 17, 2015.

"Keras LSTM tutorial - How to easily build a powerful deep learning language model-A brief introduction to LSTM networks", https://adventuresinmachinelearning.com/keras-lstm-tutorial/, Adventures in Machine Learning.

Sayantini, "Restricted Boltzmann Machine Tutorial - Introduction to Deep Learning Concepts", https://www.edureka.co/

blog/restricted-boltzmann-machine-tutorial/, Education Solutions Pvt. Ltd., May 21,2020.

Qiu Tang, Yi Chai and Jianfeng Qu, "Fisher Discriminative Sparse Representation Based on DBN for Fault Diagnosis of Complex System", https://www.researchgate.net/publication/325200688_Fisher_Discriminative_Sparse_Representation_Based_on_DBN_for_Fault_Diagnosis_of_Complex_System, Research Gate, May 2018.

Ian J. Goodfellow, Jean Pouget-Abadie, Mehdi Mirza, Bing Xu, David Warde-Farley, Sherjil Ozair, Aaron Courville, Yoshua Bengio, "Generative Adversarial Networks", https://arxiv.org/abs/1406.2661v1, Cornell University, Jun 10, 2014.

"Deepfake Videos: GAN Sythesizes a Video From a Single Photo", https://neurohive.io/en/news/deepfake-videos-gan-sythesizes-a-video-from-a-single-photo/, May 2019.

[2장]

"Amazon Rekognition", https://aws.amazon.com/ko/rekognition/?blog-cards.sort-by=item.additionalFields.created-Date&blog-cards.sort-order=desc, AWS.

Jacob Snow, "Amazon's Face Recognition Falsely Matched 28 Members of Congress With Mugshots", https://www.aclu.org/blog/privacy-technology/surveillance-technologies/amazons-face-recognition-falsely-matched-28, American Civil Liberties Union, July 26, 2018.

Tracy Watson, "TOP ARTIFICIAL INTELLIGENCE FAILS IN IMAGE AND FACIAL RECOGNITION", https://skywell.software/blog/top-artificial-intelligence-fails/, Skywell Software, October 28, 2019.

Leo Shvedsky, "TV Anchor Accidentally Triggers Wave Of Amazon Dollhouse Purchases", https://www.good.is/articles/tv-anchor-triggers-voice-amazon-purchases-dollhouse, GOOD Worldwide Inc., January 09, 2017.

BBC News, "Uber's self-driving operator charged over fatal crash", https://www.bbc.com/news/technology-54175359, BBC, September 16, 2020.

Eliza Strickland, "How IBM Watson Overpromised and Underdelivered on AI Health Care", https://spectrum.ieee.org/biomedical/diagnostics/how-ibm-watson-overpromised-and-underdelivered-on-ai-health-care, IEEE Spectrum, April 02, 2019.

Thomas W. Dinsmore, "NOTES ON A WATSON FAIL", https://thomaswdinsmore.com/2018/02/21/notes-on-a-watson-fail/, Machine learning Artificial Intelligence, February 21, 2018.

Thomas W. Dinsmore, "IS AI FAILING?", https://thomaswdinsmore.com/2020/01/14/is-ai-failing/, Machine learning Artificial Intelligence, January 14, 2020.

Gregory Vial, Jinglu Jiang, Tanya Giannelia, and Ann-Frances Cameron, "The Data Problem Stalling AI", https://sloanreview.mit.edu/article/the-data-problem-stalling-ai/, Massachusetts Institute of Technology, December 08, 2020.

ISO/IEC 25024:2015, "Systems and software engineering — Systems and software Quality Requirements and Evaluation (SQuaRE) — Measurement of data quality", ISO, October 15, 2015.

Robroe, "Why Artificial Intelligence (AI) Projects Succeed or Fail?", https://www.flexrule.com/archives/artificial-intelligence-for-the-real-world/, FlexRule, September 7, 2020.

Valentina Lenarduzzi, Francesco Lomio, Sergio Moreschini, Davide Taibi and Damian Andrew Tamburri, "Software Quality for AI: Where we are now?", ResearchGate, August 2020.

Catalin DUMITRAS, "Technical Debt: Crash Course", https://www.pentalog.com/blog/technical-debt-crash-course, Massachusetts Institute of Technology, May 9, 2018.

Maksym Zavershynskyi, "Technical Debt in Machine Learning ", https://towardsdatascience.com/technical-debt-in-machine-learning-8b0fae938657, Towards Data Science, Jul 2, 2017.

Paul Voosen, "How AI detectives are cracking open the black box of deep learning", https://www.sciencemag.org/news/2017/07/how-ai-detectives-are-cracking-open-black-box-deep-learning, AAAS, Jul. 6, 2017.

박영근, "4차산업혁명시대 SW품질관리 초점(5G기반 조선해양 스마트통신 플랫폼 및 융합서비스 개발 과제 세미나 발표자료)", ㈜스텝포워드솔루션, 2020.11.23.

[3장]

Market business News, "What is GIGO (garbage in, garbage out)?", https://marketbusinessnews.com/financial-glossary/gigo-garbage-in-garbage-out/

Alexandre Gonfalonieri, "How to Build A Data Set For Your Machine Learning Project", https://towardsdatascience.com/how-to-build-a-data-set-for-your-machine-learning-project-5b3b871881ac, Towards Data Science February 14, 2019.

"The Ultimate Guide to Data Labeling for Machine Learning", https://www.cloudfactory.com/data-labeling-guide, Cloud Factory.

Md Zahangir Alom, Tarek M. Taha, Chris Yakopcic, Stefan Westberg, Paheding Sidike, Mst Shamima Nasrin, Mahmudul Hasan, Brian C. Van Essen, Abdul A. S. Awwal and Vijayan K. Asari, "A State-of-the-Art Survey on Deep Learning Theory and Architectures", file:///C:/Users/park7/Dropbox/%EB%82%B4%20PC%20(DESKTOP-P52543V)/Downloads/A_State-of-the-Art_Survey_on_Deep_Learning_Theory_%20(1).pdf, Research Gate, March 5, 2019.

Alexandre Gonfalonieri, "How to Build A Data Set For Your Machine Learning Project", https://towardsdatascience.com/how-to-build-a-data-set-for-your-machine-learning-project-5b3b871881ac, Towards Data Science, Feb 14, 2019.

Mary K. Pratt, "machine learning bias (AI bias)", https://searchenterpriseai.techtarget.com/definition/machine-learning-bias-algorithm-bias-or-AI-bias, Tech Target, July 2020.

Ehsan Toreini ehsan.toreini, "The relationship between trust in AI and trustworthy machine learning technologies", https://www.groundai.com/project/the-relationship-between-trust-in-ai-and-trustworthy-machine-learning-technologies/2, School of Computing, Newcastle University, Nov 27, 2019.

ISO/IEC 25024:2015, "Systems and software engineering — Systems and software Quality Requirements and Evaluation (SQuaRE) — Measurement of data quality", ISO, October 15, 2015.

과학기술정보통신부, "인공지능 데이터 품질 표준안", https://www.korea.kr/news/pressReleaseView.do?newsId=156414025, 대한민국 정책 브리핑, 2020.10.05

Naim Mhedhbi, "Text Classification: Tf-Idf vs Word2Vec vs Bert", https://www.kaggle.com/naim99/text-classification-tf-idf-vs-word2vec-vs-bert, Kaggle.

"Image and Video Understanding: A Roadmap For Implementation", https://www.stradigi.ai/blog/computer‑vision‑implementation/, Stradigi, September, 2018.

Stephanie Glen, "Comparing Model Evaluation Techniques Part 2: Classification and Clustering", https://www.datascience-central.com/profiles/blogs/comparing‑model‑evaluation‑techniques‑part‑2, Data Science Central, July 212019.

박영근, "4차산업혁명시대 SW품질관리 초점(5G기반 조선해양 스마트통신 플랫폼 및 융합서비스 개발 과제 세미나 발표자료)", ㈜스텝포워드솔루션, 2020.11.23.

"Introduction to Fraud Detection Algorithms in Machine Learning", https://intellipaat.com/blog/fraud‑detection‑machine‑learning‑algorithms/, Intelli Paat, September 12, 2019.

Ashwin Raj, "The Not So Naive Bayes‑Taking the Naive Approach to Build a Spam Classifier", https://towardsdatascience.com/the‑not‑so‑naive‑bayes‑b795eaa0f69b, Towards Data Science.

Andrew Ng, "Machine Learning Yearning‑Technical Strategy for AI Engineers In the Era of Deep Learning", https://d2wvfoqc9gyqzf.cloudfront.net/content/uploads/2018/09/Ng‑MLY01‑13.pdf, deeplearning.ai, 2018.

Matthew Mayo, KDnuggets, "Understanding the Bias‑Variance Tradeoff: An Overview", https://www.kdnuggets.com/2016/08/bias‑variance‑tradeoff‑overview.html, KDnuggets

AJITESH KUMAR, : Bias & Variance Concepts & Interview Questions", https://vitalflux.com/bias‑variance‑concepts‑interview‑questions/, Data Analytics, December 16, 2020.

Subhi J. Al'Aref, Khalil Anchouche, Gurpreet Singh and James K Min, "Clinical applications of machine learning in cardiovascular disease and its relevance to cardiac imaging", Research Gate, July 2018.

Adele Simor, "Quick Data Lessons: Cherry Picking", https://www.geckoboard.com/blog/quick‑data‑lessons‑cherry‑picking/, GECKOBOARD, September 07, 2017.

Matt David, "Survivorship Bias", https://dataschool.com/misrepresenting‑data/survivorship‑bias/, Chartio, February 07, 2021.

Moiz Saifee, "Can AI Algorithms be Biased?‑Defining, detecting and avoiding bias", https://towardsdatascience.com/can‑ai‑algorithms‑be‑biased‑6ab05f499ed6, Towards Data Science, Jan 17, 2020.

M. Mitchell Waldrop, "Synthetic media: The real trouble with deepfakes", https://knowablemagazine.org/article/technology/2020/synthetic‑media‑real‑trouble‑deepfakes, Knowable Magazine, March 16.2020.

Jesus Rodriguez, "What's New in Deep Learning Research: Reducing Bias and Discrimination in Machine Learning Models with AI Fairness 360", https://www.linkedin.com/pulse/whats‑new‑deep‑learning‑research‑reducing‑bias‑models‑jesus‑rodriguez, Linkedin, September 24, 2018.

Ben R., "WHAT IS BIAS‑VARIANCE TRADE‑OFF & HOW DOES IT INFLUENCE YOUR MACHINE LEARNING MODEL?", https://www.coriers.com/what‑is‑bias‑variance‑trade‑off‑how‑does‑it‑influence‑your‑machine‑learning‑model/, Coriers, June 17, 2019.

Zhang Zhang, Yi Zhao, Jing Liu, Shuo Wang, Ruyi Tao, Ruyue Xin & Jiang Zhang, "A general deep learning framework for network reconstruction and dynamics learning", https://appliednetsci.springeropen.com/articles/10.1007/s41109‑019‑0194‑4, Springer Nature, November 26, 2019.

SHUBHAM JAIN, " An Overview of Regularization Techniques in Deep Learning (with Python code)", https://www.analyticsvidhya.com/blog/2018/04/fundamentals-deep-learning-regularization-techniques/, Analytics Vidhya, April 19, 2018.

Ananda Mohon Ghosh, " Early Stopping with PyTorch to Restrain your Model from Overfitting ", https://medium.com/analytics-vidhya/early-stopping-with-pytorch-to-restrain-your-model-from-overfitting-dce6de4081c5 , Analytics Vidhya, Februry 09, 2020.

P. Santhanam, "Quality Management of Machine Learning Systems", https://arxiv.org/abs/2006.09529, Cornell University, February 07, 2020.

Kexin Pei, Yinzhi Cao, Junfeng Yang, and Suman Jana, "DeepXplore: Automated Whitebox Testing of Deep Learning Systems", https://www.cs.columbia.edu/~junfeng/papers/deepxplore-sosp17.pdf, Columbia University, Lehigh University, October 28, 2017.

Eric Breck, Neoklis Polyzotis, Sudip Roy, Steven Euijong Whang, and Martin Zinkevich, "DATA VALIDATION FOR MACHINE LEARNING", https://mlsys.org/Conferences/2019/doc/2019/167.pdf, Proceedings of the 2nd SysML Conference, Palo Alto, CA, USA, 2019.

Amy E. Hodler, "AI & Graph Technology: AI Explainability", https://neo4j.com/blog/ai-graph-technology-ai-explainability/, Neo4j, Inc. Aug 26, 2019.

"ALGORITHMIC DISCRIMINATION", https://sensitivenets.com/what/, SensitiveNets.

Han Xu, Yao Ma, Haochen Liu, Debayan Deb, Hui Liu, Jiliang Tang, and Anil K. Jain, "Adversarial Attacks and Defenses in Images, Graphs and Text: A Review", https://arxiv.org/abs/1909.08072, Cornell University, October 09, 2019.

Pushmeet Kohli, Krishnamurthy (Dj) Dvijotham, Jonathan Uesato, and Sven Gowal, "Identifying and eliminating bugs in learned predictive models", https://deepmind.com/blog/article/robust-and-verified-ai, DeepMind, March 08, 2019.

[4장]

Andreas Vogelsang, and Markus Borg, "Requirements Engineering for Machine Learning: Perspectives from Data Scientists", https://arxiv.org/abs/1908.04674, Cornell University, August 13, 2019.

Paul Gosden , "TS.47 CR1001 AI Mobile Device Requirements Specification", https://www.gsma.com/aboutus/working-groups/wp-content/uploads/2019/09/TS.47-CR1001-1.docx, GSMA, December 08, 2019.

Gerard Numan, "Testing Artificial Intelligence", https://www.researchgate.net/publication/337400746_Testing_Artificial_Intelligence, November 16, 2020.

Sanjit A. Seshia, Dorsa Sadigh+, and S. Shankar Sastry, "Towards Verified Artificial Intelligence", https://arxiv.org/abs/1606.08514, Cornell University, July 23, 2019.

Dusica Marijan, and Arnaud Gotlieb, "Software Testing for Machine Learning", "https://aaai.org/ojs/index.php/AAAI/article/view/7084/6938.

Jie M. Zhang, Mark Harman, Lei Ma, and Yang Liu, "Machine Learning Testing: Survey, Landscapes and Horizons", https://arxiv.org/abs/1906.10742, Cornell University, December 21, 2019.

Jie M. Zhang, Mark Harman, Benjamin Guedj, Earl T. Barr, and John Shawe-Taylor, "Perturbation Validation: A New Heuristic to Validate Machine Learning Models", https://arxiv.org/abs/1905.10201, Cornell University February 21, 2020.

Seyed-Mohsen Moosavi-Dezfooli, Alhussein Fawzi, and Pascal Frossard, "DeepFool: a simple and accurate method to fool deep neural networks", https://arxiv.org/abs/1511.04599, Cornell University, July 04, 2016.

Ricardo Baeza-Yates, and Zeinab Liaghat, "Quality-Efficiency Trade-offs in Machine Learning for Text Processing", https://arxiv.org/abs/1711.02295, Cornell University, November 07, 2017.

"Visually probe the behavior of trained machine learning models, with minimal coding", https://pair-code.github.io/what-if-tool/index.html#demos, What-If Tool.

Shiqing Ma, Yingqi Liu, "MODE: automated neural network model debugging via state differential analysis and input selection", 2018.

Lei Ma, Fuyuan Zhang, Jiyuan Sun, Minhui Xue, Bo Li, Felix Juefei-Xu, Chao Xie, Li Li, Yang Liu, Jianjun Zhao, and Yadong Wang, "DeepMutation: Mutation Testing of Deep Learning Systems" https://arxiv.org/abs/1805.05206, Cornell University, August 14, 2018.

Teemu Kanstrén, "Metamorphic Testing of Machine-Learning Based Systems(Techniques for Testing Autonomous Cars and other ML-Based Systems)", https://towardsdatascience.com/metamorphic-testing-of-machine-learning-based-systems-e1fe13baf048, October 23, 2020

Ferdian Thung, Shaowei Wang, David Lo, and Lingxiao Jiang, "An Empirical Study of Bugs in Machine Learning Systems", https://ieeexplore.ieee.org/document/6405375, IEEE, April 04, 2013.

[5장]

Koichi Hamada, Fuyuki Ishikawa, Satoshi Masuda, and Mineo Matsuya, "Guidelines for Quality Assurance of Machine Learning-based Artificial Intelligence", http://ksiresearch.org/seke/seke20paper/paper094.pdf, The 32nd International Conference on Software Engineering & Knowledge Engineering (SEKE20).

AIプロダクト品質保証コンソーシアムQA4AIコンソーシアム) 編, "AIプロダクト品質保証ガイドライン", http://www.qa4ai.jp/QA4AI.Guideline.202008.pdf, 2020.08 版公開 改訂版.

"マシンコントローラに搭載可能なAI技術の開発", https://www.omron.co.jp/technology/omrontechnics/2018/OMT_WEB_20180510.pdf, OMRON TECHNICS 技術論文 第50巻 第1号 (通巻161号) 2018年5月.